国家自然科学基金重点项目
"基于中国情境的企业内部控制有效性研究"
（项目批准号71332004）

应用型高等院校财会类专业规划教材

企业内部控制
理论与实践

>> 胡为民　林　斌　编著

电子工业出版社
Publishing House of Electronics Industry
北京·BEIJING

未经许可，不得以任何方式复制或抄袭本书之部分或全部内容。
版权所有，侵权必究。

图书在版编目（CIP）数据

企业内部控制：理论与实践 / 胡为民，林斌编著. —北京：电子工业出版社，2018.8
ISBN 978-7-121-34751-1

Ⅰ. ①企… Ⅱ. ①胡… ②林… Ⅲ. ①企业内部管理－高等学校－教材 Ⅳ. ①F272.3

中国版本图书馆 CIP 数据核字(2018)第 159507 号

策划编辑：刘露明
责任编辑：刘淑敏
印　　刷：北京盛通商印快线网络科技有限公司
装　　订：北京盛通商印快线网络科技有限公司
出版发行：电子工业出版社
　　　　　北京市海淀区万寿路 173 信箱　邮编 100036
开　　本：787×1092　1/16　印张：14.5　字数：347 千字
版　　次：2018 年 8 月第 1 版
印　　次：2023 年 1 月第 7 次印刷
定　　价：49.00 元

凡所购买电子工业出版社图书有缺损问题，请向购买书店调换。若书店售缺，请与本社发行部联系，联系及邮购电话：(010) 88254888，88258888。
质量投诉请发邮件至 zlts@phei.com.cn，盗版侵权举报请发邮件至 dbqq@phei.com.cn。
本书咨询联系方式：(010) 88254199，sjb@phei.com.cn。

编辑委员会

主　编：胡为民　迪博企业风险管理技术有限公司
　　　　林　斌　中山大学
编　委：袁天荣　中南财经政法大学
　　　　舒　伟　西安财经学院
　　　　张　丽　迪博企业风险管理技术有限公司
　　　　阳　尧　迪博企业风险管理技术有限公司
　　　　王　丹　迪博企业风险管理技术有限公司
　　　　余　露　迪博企业风险管理技术有限公司
　　　　吴婷婷　迪博企业风险管理技术有限公司

前　言

本书是国家自然科学基金重点项目"基于中国情境的企业内部控制有效性研究"（项目批准号：71332004）的阶段性成果。

本书的编写源自迪博大数据事业部研发的一款针对高校的教学软件产品——DIB内部控制与风险管理教学软件，因此，本书可作为该教学软件的配套教材；同时，由于其内容的完整性和适用性，本书也可作为独立的内部控制与风险管理教材来使用。

当前，随着科学技术、传播技术和多媒体的迅猛发展，教育教学改革已成为高校面临的重要课题。未来，教育教学改革将朝着以学生学习为中心，注重学生参与，注重实践式学习，强调以应用为基础的问题解决方向转变。特别是，信息技术应用于教育可能产生的教学模式甚至学校形态的改变将成为21世纪教育的最大变革，已被许多国家所关注。2016年，教育部《关于中央部门所属高校深化教育教学改革的指导意见》强调，要"着力推进信息技术与教育教学深度融合""要以受众面广、量大的公共课、基础课和专业核心课为重点，建设一批以大规模在线开放课程为代表、课程应用与教学服务相融通的优质在线开放课程"。DIB内部控制与风险管理教学软件正是在此背景下研发的，旨在帮助教师搭建科学合理的在线教学平台和实践教学平台。一是通过课程资料、辅助资料、练习题等的在线共享和应用，为学生提供一个良好的自主学习平台，突出以学生学习为中心的教学方式；二是通过情境模拟的方式，使学生能够更多地参与到应用实践中，更好地提升学习效果。

从内部控制领域来看，随着我国财政部、审计署、证券监督管理委员会（以下简称证监会）、银行业监督管理委员会（以下简称银监会）和保险监督管理委员会（以下简称保监会）五部委联合印发的《企业内部控制基本规范》及配套指引的面世，加强和完善企业内部控制系统、提高企业经营管理水平和风险防范能力的需求不断提高。特别是近年来，国内外宏观经济、政治、社会环境正在发生深刻、复杂的变化，世界经济复苏乏力、局部冲突和动荡频发、全球性问题加剧，国内发展步入新时代，经济新常态特征更加明显，供给侧结构性改革、依法治国等各项措施全面推进，这些都为企业的经营环境带来了严峻挑战，也对企业的内部控制和风险管理能力提出了更高要求。总体来看，在监管机构的不断推动和企业自身的不断努力下，经过近几年的内部控制实践，中国企业的内部控制建设已由点及面地进入全面内部控制建设阶段，境内外的上市公司、上海证券交易所和深圳证券交易所主板上市公司、国有企业等大中型企业都先后开展了内部控制规范实施工作，财政部2017年6月发布的《小企业内部控制规范（试行）》为小企业建立和实施内部控制提供了指引。然而，纵观企业内部控制建设中存在的问题，内部控制人才储备不足已成为制约企业内部控制能力和水平的关键问题。同时，近年来不少企业所发生的财务造假、产品质量不合格等种种内部控制失效案件也凸显了企业人员内部控制意识的薄弱和内部控制能力的不足。企业急需内部控制方面的专业人才。因此，本书出版的目的之一就是为高校培养适应社会需要的应用型内部控制人才提供助力。

本书全面、系统地阐述了内部控制的基础理论和实务操作。全书分为7章。

第一章主要阐述企业内部控制的相关理论与发展，重点阐述了内部控制的概念、目标与原则，以及COSO《内部控制整合框架》和《企业风险管理整合框架》的主要内容，并对国内外内部控制的发展历程、我国企业内部控制规范体系及企业内部控制的新发展进行了介绍。

第二章以我国企业内部控制基本规范为依据，对企业内部控制的五个基本要素——内部环境、风险评估、控制活动、信息与沟通、内部监督——进行了介绍，重点介绍了各要素的主要内容及关注要点。

第三章介绍管理业绩控制方法。重点介绍了组织控制、资金集中管理控制、预算管理控制、绩效管理控制四种重要的业绩控制方法，并阐述了每种方法的基本内容、主要流程和关键控制措施。

第四章阐述了业务流程控制的相关知识，包括流程的定义、流程控制的目的和原则等。重点阐述了流程控制的基本程序和方法，并具体介绍了销售与收款循环、采购与付款循环、生产循环、筹资活动、投资活动等重要业务活动的控制目标、主要风险、流程图和关键控制点。

第五章主要阐述内部控制评价的基本知识。重点阐述了企业内部控制评价的目的及作用，内部控制评价的主体、评价内容、评价程序和方法，以及内部控制缺陷认定等内容，同时介绍了企业内部控制评价报告的编报要求。

第六章介绍企业内部控制审计。重点对内部控制审计的定义、范围与内容，内部控制审计的程序和方法，以及内部控制审计报告的内容和审计意见等进行了介绍，并通过一个示例展示了企业内部控制审计的具体实施过程。

第七章通过万科和超日太阳两个案例，分别从成功和失败两个角度展现了企业内部控制实践的典型经验，使学生对内部控制的相关知识和理念能够有深刻的体会，从而举一反三。

本书在内容和形式上都独具特色。一是内容更加全面、系统、实用，不仅包含了内部控制的基础理论和实务的一般知识，还吸收了教学软件推广过程中收集到的市场需求内容，重点增加了业务流程控制、财务风险控制、管理业绩控制三个方面的主要知识，使内部控制知识结构和体系更加全面、系统。同时，内容更多地突出以应用为基础，强调了实务操作方法的介绍，增强了学生解决实际问题和适应社会的能力。二是形式更加丰富，通过导入案例、学习目标、学习导航图、拓展阅读、图表、答疑解惑、要点提示、案例探讨等多种形式，增强了可读性和趣味性，能够更好地激发学生的学习兴趣，并为学生自主学习打下了很好的基础。

本书适用于高校财经类、经管类专业本科和专科学生，也可作为企业内部控制培训的基础教材。此外，本书也可供其他从事企业风控实务工作的人员，以及需要了解内部控制基本知识的人士参阅。

最后，感谢参与本书编写的迪博公司各位同事，感谢为本书修改提出宝贵意见的闫乐华老师，感谢为本书出版做出贡献的各位朋友！由于受时间、精力等各方面因素的制约，书中难免存在不当和疏漏之处，欢迎业界专家和广大读者批评指正！

编 者

目 录

第一章　企业内部控制理论与发展 ... 1
　　第一节　内部控制的概念、目标与原则 ... 2
　　第二节　内部控制的发展历程 ... 4
　　第三节　COSO 内部控制框架 ... 9
　　第四节　我国企业内部控制规范体系 ... 18
　　第五节　企业内部控制的新发展 ... 19
　　本章小结 ... 23
　　课后习题 ... 23

第二章　内部控制要素 ... 25
　　第一节　内部环境 ... 26
　　第二节　风险评估 ... 33
　　第三节　控制活动 ... 45
　　第四节　信息与沟通 ... 47
　　第五节　内部监督 ... 53
　　本章小结 ... 56
　　课后习题 ... 56

第三章　管理业绩控制 ... 57
　　第一节　组织控制 ... 58
　　第二节　资金集中管理控制 ... 64
　　第三节　预算管理控制 ... 69
　　第四节　绩效管理控制 ... 76
　　本章小结 ... 84
　　课后习题 ... 85

第四章　业务流程控制 ... 87
　　第一节　流程控制的目的与程序 ... 88

第二节　销售与收款循环控制 104
　　第三节　采购与付款循环控制 109
　　第四节　生产循环控制 113
　　第五节　筹资活动控制 123
　　第六节　投资活动控制 127
　　本章小结 131
　　课后习题 131

第五章　内部控制评价 133
　　第一节　内部控制评价的目的与作用 134
　　第二节　内部控制评价主体 135
　　第三节　内部控制评价内容 138
　　第四节　内部控制评价程序和方法 148
　　第五节　内部控制缺陷认定 161
　　第六节　内部控制评价报告 170
　　本章小结 171
　　课后习题 171

第六章　内部控制审计 173
　　第一节　内部控制审计的定义、范围与内容 174
　　第二节　内部控制审计的程序和方法 177
　　第三节　内部控制审计示例 185
　　第四节　内部控制审计报告 204
　　本章小结 205
　　课后习题 206

第七章　案例 207
　　案例一：万科内部控制管理体系 207
　　案例二：超日太阳的陨落 215

参考文献 223

第一章

企业内部控制理论与发展

【导入案例】

2017年，全球食品行业巨头雀巢在一个月内连续遭遇信任危机。

据媒体报道，2017年7月中旬，雀巢（中国）6名前员工因涉嫌违规开拓医务渠道，通过非法手段抢占部分医院"第一口奶"，被兰州市中级人民法院终审判决侵犯公民个人信息罪。

7月18日，上海雀巢产品服务有限公司经销的两款特殊医学用途婴儿配方食品，因为硒检出值低于产品包装标签明示值的33.7%和37.4%而登上了国家食品药品监督管理总局的黑名单。7月25日，上海市食品药品监督管理局公布，上海雀巢产品服务有限公司被浦东新区市场监督管理局立案调查，相关批次产品被召回下架。

7月31日，国家质检总局发布的《2017年6月未予准入的食品化妆品信息》显示，雀巢及其下属品牌克宁共有6批次、10.82吨来自中国台湾地区的进口奶粉被拒绝入境，原因是"超范围使用营养强化剂维生素B_2、B_6、B_{12}"。

一连串产品问题的陆续爆发，显示雀巢公司在生产管理体系、质量安全体系、销售管理体系和诚信体系等方面都存在问题，企业内部控制存在明显漏洞和不完善的地方。

当前，号称"史上最严"的奶粉新政——《婴幼儿配方乳粉产品配方注册管理办法》已正式实施。新政对奶粉的检测标准、企业的配方研发能力和质量安全追溯都提出了更高的标准和要求。雀巢是为数不多的全部通过配方注册制的外资企业。然而此时遭遇信任危机，对雀巢销售情况可能造成巨大影响。

由此可见，内部控制对于企业发展具有重要保障作用。那么，内部控制究竟是什么，它能够为企业带来哪些益处？接下来让我们一起探讨。

【学习目标】

- ✦ 了解内部控制的基本概念、控制目标原则。
- ✦ 了解国内外企业内部控制的发展历程。
- ✦ 掌握COSO内部控制与企业风险管理整合框架的主要内容、与两者的比较。
- ✦ 掌握我国企业内部控制规范体系的整体框架。
- ✦ 掌握企业内部控制理论的最新发展，重点掌握COSO内部控制整合框架和企业风险管理整合框架的最新发展。

【学习导航图】

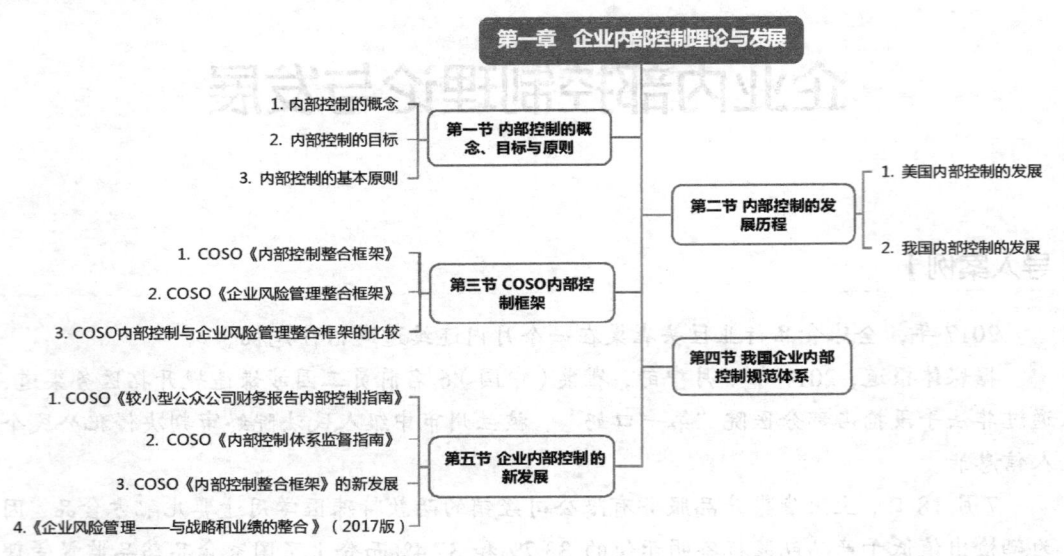

第一节　内部控制的概念、目标与原则

一、内部控制的概念

1949 年，美国注册会计师协会（American Institute of Gertified Public Accountants,AICPA）首次对内部控制做了权威性的定义：内部控制是使管理部门所制定的旨在保护资产、保证会计资料可靠性和完整性、提高经营效率的各项政策得以贯彻执行的组织计划和相互配套的各种方法及措施。

《世界最高审计机关组织内部控制准则》规定，内部控制是为达成管理目标，提供合理保证的管理工具。内部控制的目标包括：配合组织任务，使各项作业均能有条不紊且更经济有效地运作，并提高产品与服务的品质；保证资源，以避免因浪费、舞弊、管理不当、错误、诈欺及其他违法事件而遭受损失；遵循法律、规章及各项管理作业规定；提供值得信赖的财务管理资料，并能适时适当地披露有关资料。

COSO《内部控制整合框架》将内部控制定义为：由一个企业的董事会、管理层和其他人员实现的过程，旨在为下列目标提供合理保证：财务报告的可靠性；经营的效果和效率；符合适用的法律和法规。2013 年修订后的新 COSO《内部控制整合框架》将报告目标范畴扩展为内部财务报告、内部非财务报告、外部财务报告和外部非财务报告。

COSO《企业风险管理整合框架》是《内部控制整合框架》的进一步演变、拓展和细化，它强调了内部控制的风险导向性，其目的是将风险控制在可承受单位内，以合理保证企业战略目标、经营目标、报告目标和合规目标的实现。

我国 2008 年发布的《企业内部控制基本规范》在借鉴国外先进理念的基础上，立足我国基本国情和企业实际特点，将内部控制定义为：由企业董事会、监事会、经理层和全体员工实施的、旨在实现控制目标的过程。内部控制的目标是合理保证企业经营管理合法合规，资产安全，财务报告及相关信息真实、完整，提高经营效率和效果，促进企业实现发展战略。这是目前为止我国对内部控制最为权威的定义，被广泛采用。

根据上述定义，可以发现，内部控制具有如下特点。

（1）内部控制是管理的一部分。内部控制是一种管理理念、工具和手段。大到整个企业经营活动的内部审计，小到门卫的登记制度，都属于内部控制的范畴。

（2）内部控制是动态的管理过程，而不是静态的管理制度。企业不仅要制定完善的内部控制制度，更重要的是通过有效执行内部控制制度来实现企业的目标。同时，要根据内外部环境的变化对内部控制进行调整和改进。

（3）内部控制需要全员的共同参与，而非一个部门的事情。内部控制绝不是一个部门的工作或职责，它需要企业各个部门、各个层级、全体员工的共同参与和努力。内部控制必须融入企业的日常管理和业务活动中，才能真正发挥对企业目标实现的保障作用。

（4）内部控制的核心理念是"目标—风险—控制"。内部控制到底控制什么？答案是控制风险。一般来说，企业在实现发展目标的过程中往往会面临各种不确定因素，即风险，完善的内部控制有助于企业预防和防范风险。

（5）内部控制只为企业实现控制目标提供合理的保证。由于内部控制存在固有局限性，内部控制体系并不能解决企业所有的问题，只能在一定程度上提供合理保证。

二、内部控制的目标

根据《企业内部控制基本规范》，内部控制的五大目标如下。

（1）企业经营管理合法合规。守法和诚信是企业健康发展的基石，逾越法律的短期发展必将付出沉重代价。内部控制要求企业必须将发展置于国家法律法规允许的基本框架之下，在守法的基础上实现自身的发展。

（2）资产安全。资产安全是投资者、债权人和其他利益相关者普遍关注的重大问题，是企业可持续发展的物质基础。良好的内部控制应当为资产安全提供扎实的制度保障。

（3）财务报告及相关信息真实、完整。可靠、及时的信息报告能够为企业提供准确而完整的信息，支持企业经营管理决策和对营运活动及业绩的监控；同时，保证对外披露的信息报告的真实、完整，有利于提升企业的诚信度和公信力，维护企业良好的声誉和形象。

（4）提高经营效率和效果。它要求企业结合自身所处的特定内外部环境，通过建立健全有效的内部控制，不断提高经营活动的盈利能力和管理效率。

（5）促进企业实现发展战略。这是内部控制的终极目标。它要求企业将近期利益与长远利益结合起来，在企业经营管理中努力做出符合战略要求、有利于提升可持续发展能力和创造长久价值的策略选择。

三、内部控制的基本原则

根据《企业内部控制基本规范》，企业建立和实施内部控制应该遵循五项基本原则：全面性、重要性、制衡性、适应性及成本效益原则。

（1）全面性原则。内部控制应当贯穿决策、执行和监督全过程，覆盖企业及其所属单位的各种业务和事项，实现全过程、全员性控制，不存在内部控制空白点。

（2）重要性原则。内部控制应当在全面控制的基础上，关注重要业务事项和高风险领域，并采取更为严格的控制措施，确保不存在重大缺陷。企业应当根据所处行业环境和营业特点，从业务事项的性质和涉及金额两个方面来考虑是否及如何实行重点控制。

（3）制衡性原则。内部控制应当在治理结构、机构设置及权责分配、业务流程等方面形成相互制约、相互监督，同时兼顾运营效率。它要求企业完成某项工作必须经过互不隶属的两个或两个以上的岗位或环节；同时，还要求履行内部控制监督职能的机构或人员具有良好的独立性。

（4）适应性原则。内部控制应当与企业经营规模、业务范围、竞争状况和风险水平等相适应，并随着情况的变化及时加以调整。它要求企业建立和实施内部控制应当具有前瞻性，适时地对内部控制系统进行评估，发现可能存在的问题并及时采取措施予以补救。

（5）成本效益原则。内部控制应当权衡实施成本与预期效益，以适当的成本实现有效控制。它要求企业内部控制建设必须统筹考虑投入成本和产出收益之比。对成本效益原则的判断要从企业整体利益出发，尽管某些控制会影响工作效率，但可能避免整个企业面临更大的损失，此时仍应实施相应控制。

> **拓展阅读**　正确认识内部控制的作用和局限性
>
> 详见"DIB 内部控制与风险管理教学软件（试用版）—辅助资源—拓展阅读—阅读 1　正确认识内部控制的作用和局限性"。
>
> 登录地址：http://teachdemo.dibtime.com，登录账号：zhangmeng，登录密码：123456。

第二节　内部控制的发展历程

一、美国内部控制的发展

国外内部控制的发展主要以美国为代表，其内部控制发展过程大致可以分为内部牵制、内部控制制度、内部控制结构、内部控制整合框架及企业风险管理整合框架五个阶段。

（一）内部牵制阶段（20 世纪 40 年代之前）

内部牵制是指在对具体业务进行分工时，不能由一个部门或一个人完成一项业务的全过程，而必须有其他部门或人员参与，并且与之衔接的部门能自动地对前面已完成工作的正确性进行检查。在内部牵制阶段，内部控制主要表现为一种以职责分工为特征的审计方法，其主要目的是保护企业内部现金资产的安全和会计账簿记录的准确。

18 世纪中期，随着工业革命爆发，企业规模不断扩大，组织形式日益复杂，社会化大分工出现，这都推动了内部牵制实践的快速发展。实践的发展同时也促进了理论的形成。1912年，R. H. 蒙哥马利提出了内部牵制理论，认为"两个或两个以上的个人或部门无意识地犯同样错误的可能性很小；两个或两个以上的个人和部门有意识地串通舞弊的可能性大大低于一个人或部门舞弊的可能性"。因此，内部牵制要求"在经营管理中凡涉及财产物资和货币资金的收付、结算及其登记工作，应当由两个或两个以上的人员来处理，以便彼此牵制"。

（二）内部控制制度阶段（20世纪40年代至70年代末）

在内部控制制度阶段，内部控制以内部会计控制为核心，重点是建立健全规章制度。

这一阶段，各种组织和机构出台了一系列内部控制规章制度，其中具有代表性的有：1949年，美国注册会计师协会（AICPA）发表了《内部控制——协作体系的要素及其对于管理层和独立公共会计师的重要性》的报告；1958年，美国审计程序委员会《审计程序公告第29号》（SAP No.29），将内部控制划分为内部会计控制和内部管理控制；1963年，美国审计程序委员会发布SAP No.33，并提出"独立审计师主要考虑与会计有关的控制"；1972年，美国审计准则委员会发布《审计准则公告第1号》（SAS No.1），将内部控制分为管理控制和会计控制；1986年，最高审计机关国际组织发布《关于绩效审计、公营企业审计和审计质量的总声明》。

除了上述有关内部控制的规章制度的出台，还有一件意义重大的事件，即1974年AICPA成立了审计师责任委员会，也就是著名的科恩委员会。科恩委员会成立后提出两个重要建议：第一，公司管理当局应在出具财务报告的同时再出具一份披露公司内部控制系统状况的报告；第二，审计师应对管理当局出具的内部控制报告进行评价并报告。

（三）内部控制结构阶段（20世纪80年代）

1988年，AICPA在《审计准则公告第55号》（SAS No.55）中以"内部控制结构"的提法替代了"内部控制"，并废除了"内部会计控制"和"内部管理控制"两种概念的划分，对企业内部控制结构进行了如下定义：内部控制结构是合理保证企业特定目标的实现而建立的各种政策和程序，包括内部控制环境、会计制度和控制程序三个要素。这代表着内部控制发展进入了第三个阶段。

（四）内部控制整合框架阶段（20世纪90年代）

内部控制整合框架阶段是在以上三个阶段的基础上，把内部控制要素整合成五个相互关联的部分。从外部环境看，内部控制整合框架的产生可以追溯到20世纪70年代的"水门事件"。美国政府在对"水门事件"的调查中，发现某些公司为了做成贸易和保持贸易关系，竟然贿赂某些外国官员。而为了掩盖这些不合法的支出，他们往往伪造会计记录，或者另设账外记录。

鉴于此，1977年，美国政府将"每个公司必须设计和建立有效的内部控制制度"以立法形式在《反国外贿赂法》（FCPA）中予以颁布。FCPA要求公司对外报告的披露者设计一个内部会计控制系统，并维持其有效性，为下列目标的实现提供合理保证：① 交易在管理当局的授权或特殊授权下执行；② 交易按需记录，保证资产在账面上得到反映；③ 只有在得到管理当局的一般授权或特殊授权之后，资产的接近才得到允许；④ 将账面资产与实存资产在合理的期间内进行核对，并对产生的任何差异均采取适当的措施。

1985年，由美国注册会计师协会（American Institute of Certified Public Accountants，AICPA）、美国会计学会（American Accounting Association，AAA）、财务经理人协会（Financial Executiers International，FEI）、国际内部审计师协会（Institute of Internal Auditors，IIA）、美国管理会计师协会（Institute of Management Accountants，IMA）联合创建了反虚假财务报告委员会（通常称为 Treadway 委员会），旨在探讨财务报告中产生舞弊的原因，并寻找解决之道。两年后，基于该委员会的建议，其赞助机构成立了发起人委员会（Committee of Sponsoring Organization，COSO），专门研究内部控制问题。

1992年9月，COSO发布了《内部控制整合框架》（COSO-IC，简称COSO报告），并于1994年进行了增补。由于COSO《内部控制整合框架》提出的内部控制理论和体系集内部控制理论和实践发展之大成，成为现代内部控制最具权威性的框架，因此在业内备受推崇，得到了广泛推广和应用。

在COSO《内部控制整合框架》中，内部控制被定义为由一个企业的董事会、管理层和其他人员实现的过程，旨在为实现下列目标提供合理保证：财务报告的可靠性，经营的效果和效率，以及符合适用的法律法规；并把内部控制划分为五个相互关联的要素，分别是控制环境、风险评估、控制活动、信息与沟通、监控。

2013年，在保持内部控制核心定义及内部控制五要素不变的基础上，COSO委员会对《内部控制整合框架》进行了修订，发布了新版的《内部控制整体框架》及其配套指引，以帮助各类组织高效地建立和维护有效的内部控制体系，更好地适应业务与经营环境变化，促进主体目标的实现。

（五）企业风险管理整合框架阶段（进入21世纪）

企业风险管理整合框架将内部控制整合框架五要素拓展成了八要素，这八要素相互关联，成为一个严密的整体。同时，将内部控制与风险管理理念贯穿其中，所以这个整体被称为企业风险管理整合框架。而追溯促进企业风险管理整合框架形成的原因时，就不得不提到21世纪初美国爆发的几大财务丑闻。

2001年，美国安然公司财务丑闻的爆发极大地震撼了美国和整个国际社会。作为世界最大的能源交易商，安然在2000年的总收入高达1 010亿美元。然而就在次年的11月8日，安然被迫承认做了假账，虚报数字让人瞠目结舌：自1997年以来，安然虚报盈利近6亿美元。

无独有偶，几个月之后，世界通信（Worldcom）公司财务造假被揭穿，承认至少有38亿美元的支出被做了手脚，用来虚增现金流和利润；同时，该公司2001年14亿美元的利润和2002年第一季度1.3亿美元的盈利也属子虚乌有。

令人触目惊心的是，安然和世界通信公司事件并不是财务造假案的终结，在有关机构的介入调查和整肃下，施乐、默克、强生、奎斯特相继被爆出巨额财务造假。

在此背景下，为了提高民众对美国金融市场及政府经济政策的信心，2002年7月，美国国会通过了《萨班斯法案》，该法案对渎职和做假账的企业主管实行严厉的制裁，对上市公司实行更为严格的监管（第302、404、906条款）。

《萨班斯法案》要求上市公司全面关注风险，加强风险管理，这在客观上也推动了《内部控制整合框架》的进一步发展。与此同时，COSO也意识到《内部控制整合框架》自身也存在一些问题，如过分注重财务报告，而没有从企业全局与战略的高度来关注企业风险。在内部和外部双重因素的推动下，2004年9月，COSO发布了《企业风险管理整合框架》（COSO-ERM），这标志着COSO最新的内部控制研究成果面世了。

在《内部控制整合框架》五要素的基础上，COSO《企业风险管理整合框架》的构成要素增加到八个，即内部环境、目标设定、事项识别、风险评估、风险应对、控制活动、信息与沟通、监控。八个要素相互关联，贯穿于企业风险管理的过程中。

2017年，基于企业风险管理的不断演变和致力于满足组织在当今商业环境中改进其风险管理的需要，COSO对2004版《企业风险管理整合框架》进行了更新，正式发布了新版（2017版）企业风险管理框架——《企业发展管理——与战略和业绩的整合》。新框架重新定义了风险及风险管理，强调风险管理与企业战略和业绩的整合而不仅仅是协同，风险管理要融入企业战略、绩效和价值提升中，并强调说明这是一个真正的"管理框架"而不再是"控制框架"。同时，新框架对五大要素进行了"去风险化"，调整后的五大要素分别为：治理与文化，战略与目标设定，绩效，审查和修订，信息、沟通和报告。该框架将风险管理视为组织管理的有机组成部分，强调树立以风险为导向的管理理念，为企业管理者提供了崭新的视角。

拓展阅读 国外其他国家内部控制与风险管理标准

详见"DIB内部控制与风险管理教学软件（试用版）—辅助资源—拓展阅读—阅读2 国外其他国家内部控制与风险管理标准"。

登录地址：http://teachdemo.dibtime.com，登录账号：zhangmeng，登录密码：123456。

二、我国内部控制的发展

在内部控制规范化成为全球性趋势的背景下，随着资本市场在我国的迅速发展，我国政府和利益相关者开始日益注重公司的内部控制建设问题。1999年修订的《会计法》第一次以法律形式对建立健全内部控制提出了原则要求，财政部随即连续制定发布了包括《内部会计控制规范——基本规范》在内的七项内部会计控制规范。而真正将内部控制和风险管理形成法规，还是在美国《萨班斯法案》颁布之后。

我国内部控制的发展主要经历了三个阶段，分别是内部牵制阶段、会计控制阶段和内部控制体系阶段。

（一）内部牵制阶段（20世纪70年代末至80年代）

1988年，财政部发布了《CPA检查验证会计报表规则（试行）》，提出注册会计师对委托人内部管理制度完善程度和有效性的检查，包括会计制度、财务收支管理制度、财产管理制度、会计工作机构的内部稽核制度、内部审计制度、其他管理制度及各管理机构的内部报告和相互牵制制度。此外，财政部还发布了《会计人员职权条例》(1978)、《会计人员工作规则》(1984)、《会计法》(1985)。这一时期被看作我国内部控制与风险管理发展的第一阶段，即内部牵制阶段。该阶段的特点是主要重视对会计舞弊的防范。

（二）会计控制阶段（20 世纪 90 年代）

1997 年亚洲金融危机的爆发，暴露出资本市场和企业管理上的一些新问题。与此同时，震惊全国的"琼民源案件"和"郑百文案件"的发生，更暴露出我国企业会计技术薄弱、会计信息失真、报表虚假及做假账现象严重。为进一步规范资本市场秩序，提高企业公司治理水平，财政部连续发布了《会计基础工作规范》(1996)、《独立审计具体准则第 9 号——内部控制与审计风险》(1996)、《会计法》(1999 年修订)、《内部会计控制规范——基本规范（试行）》和货币资金、采购与付款、销售与收款、工程项目、对外投资、担保六项具体的会计规范，以及固定资产、存货、筹资等方面的征求意见稿（2001—2004）一系列政策法规文件。其中，1999 年《会计法》的修订，第一次以法律的形式对建立健全内部会计控制提出原则要求。这一时期可以看作我国内部控制与风险管理发展的第二阶段，即会计控制阶段。

（三）内部控制体系阶段（进入 21 世纪）

随着全球化的不断深入和世界经济的快速发展，企业所面临的内外部环境日趋复杂多变，单纯依赖会计控制已难以应对企业所面临的风险。特别是中航油（新加坡）案件发生后，2004 年年底和 2005 年 6 月，国务院连续就强化企业内部控制问题做出重要批示，明确要求"由财政部牵头，联合证监会及国资委，积极研究制定一套完整、公认的企业内部控制指引"。由此，我国内部控制规范的建立进入体系化、系统化发展阶段。2008 年 5 月，财政部、证监会、审计署、银监会、保监会五部委联合发布《企业内部控制基本规范》，标志着我国内部控制建设取得了阶段性的成果，被称为"中国的萨班斯法案"。2010 年 4 月，五部委又联合发布了《企业内部控制配套指引》，包含 18 项《企业内部控制应用指引》、1 项《企业内部控制评价指引》和 1 项《企业内部控制审计指引》。

企业内部控制配套指引的制定发布，标志着"以防范风险和控制舞弊为中心，以控制标准和评价标准为主体，结构合理、层次分明、衔接有序、方法科学、体系完备"的企业内部控制规范体系建设目标基本实现。《企业内部控制基本规范》及配套指引成为我国企业内部控制规范体系的权威监管要求。

> **拓展阅读** 我国企业内部控制与风险管理政策法规
>
> 详见"DIB 内部控制与风险管理教学软件（试用版）—辅助资源—拓展阅读—阅读 3　我国企业内部控制与风险管理政策法规"。
>
> 登录地址：http://teachdemo.dibtime.com，登录账号：zhangmeng，登录密码：123456。

第三节 COSO 内部控制框架

一、COSO《内部控制整合框架》

在 COSO《内部控制整合框架》中，内部控制被定义为由一个企业的董事会、管理层和其他人员实现的过程，旨在为下列目标提供合理保证：财务报告的可靠性；经营的效果和效率；符合适用的法律和法规。

COSO《内部控制整合框架》把内部控制划分为五个相互关联的要素，分别是控制环境、风险评估、控制活动、信息与沟通、监控。每个要素均承载三个目标：经营目标、财务报告目标、会规目标。

这三个目标与五个要素贯穿于机构的各业务单位和各个层面的业务活动。在内部控制制度设计中，公司可以根据公司的规模和结构采用不同的方式来实施这五大要素。内部控制要素及目标的关系可以用图 1-1 诠释。

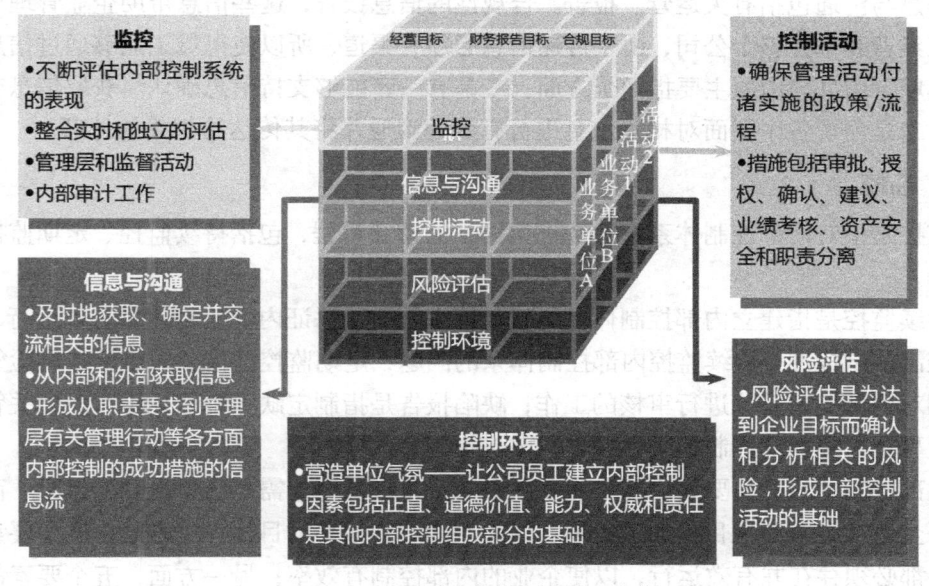

图 1-1 COSO《内部控制整合框架》

内部控制五个要素的定义如下。

1. 控制环境

控制环境是内部控制体系的基础，是有效实施内部控制的有力保障。控制环境的情况决定了整个机构高层管理者的态度与基调，同时也自上而下地影响了整个机构的内部控制意识，包括最基层员工的内部控制意识。

控制环境包括以下内容：① 诚信与道德价值观；② 致力于提高员工工作能力及促进员工发展的承诺；③ 管理层的理念与风格；④ 组织架构与职责分配；⑤ 人力资源政策及程序；⑥ 监管部门（董事会、审计委员会）的参与。

2. 风险评估

风险评估是识别及分析影响公司实现目标的风险的过程，是风险管理的基础。

由于经济、行业、监管环境和公司的运营状况在不断发生变化，管理层必须识别和应对各种变化，选择采取相关的措施化解或积极管理它，或者根据情况去承受。在实际操作中，需要明确在重要会计科目、披露事项和相关财务报表认定中产生重大错报的风险。

3. 控制活动

控制活动是确保管理层的指令得到贯彻执行的必要措施，存在于整个机构内的所有级别和职能部门中，包括批准、授权、查证、核对、经营业绩评价、资产保全措施及分工活动等。控制活动又可以分为预防性控制、检查性控制、人工控制、计算机控制、管理层控制等类型。

4. 信息与沟通

信息与沟通包括有关运营、报告、合规性的信息报告，这些信息帮助企业管理层及普通员工经营和掌控整个公司，由于传递信息必须有渠道，所以使得员工能够通过信息渠道各司其职。信息与沟通主要指两个方面：一是有一套能够支持信息确认、获取信息交流的系统；二是公司各个层面对相关信息进行有效的沟通并将其传达给相关的外部。

5. 监控

监控是指对内部控制体系有效性进行评估的持续过程，包括持续监控、定期监控和缺陷报告。

持续监控是指建立内部控制体系维护与管理制度，保证内部控制体系有效运行，建立内部控制测试标准，持续监控内部控制体系的问题；定期监控是指公司审计或风险管理部门定期对内部控制系统进行审核的工作；缺陷报告是指制定缺陷确认标准，向相关管理人员和董事会上报内部控制缺陷，并采取改进措施。

内部控制的目标与要素之间是相互联系的，目标是企业需要力争达到的结果，而要素说明了企业在力争实现目标的过程中，如何才能达到最终的目标。一方面，五个要素缺一不可，都必须存在并有效运行，以使企业的内部控制有效率；另一方面，五个要素都必须完全融入企业经营活动中，以使要素有效地发挥作用并使企业达到目标。从企业的每个组织到每个员工，都与内部控制息息相关，都要对内部控制负责任，这样的内部控制才是有效治理公司的法宝，同时也是公司实现全面风险管理的坚实基础。

> **要点提示** COSO《内部控制整合框架》与《萨班斯法案》
>
> 2001年，美国安然、世通、施乐、默克等一大批知名企业接连发生财务丑闻，诚信危机极大地震撼了美国和整个国际社会。为了提高民众对美国金融市场及政府经济政策的信心，2002年7月，美国国会通过了《萨班斯法案》，该法案对渎职和做假账的企业主管实行严厉的制裁，对上市公司实行更为严格的监管（《萨班斯法案》第302，404，906条款）。
>
> COSO《内部控制整合框架》是美国证券交易委员会唯一推荐使用的内部控制框架，

《萨班斯法案》第404条款的"最终细则"也明确表明COSO《内部控制整合框架》可以作为评估企业内部控制的标准。

由于《萨班斯法案》适用对象涵盖了在美国上市的外国公司，这使COSO《内部控制整合框架》在美国乃至国际的应用得到了快速而广泛地推进。中国在美国的上市公司也包括在内，它们需要按照该法案要求，引进COSO《内部控制整合框架》，整合现有的内部控制，满足法案的要求。同时，对这些公司来说，这也是梳理管理流程、规范管理、提升整体管理水平的契机。

二、COSO《企业风险管理整合框架》

COSO《企业风险管理整合框架》包括八个相互关联的构成要素。它们来源于管理层经营企业的方式，并与管理过程整合在一起。这些构成要素如图1-2所示。

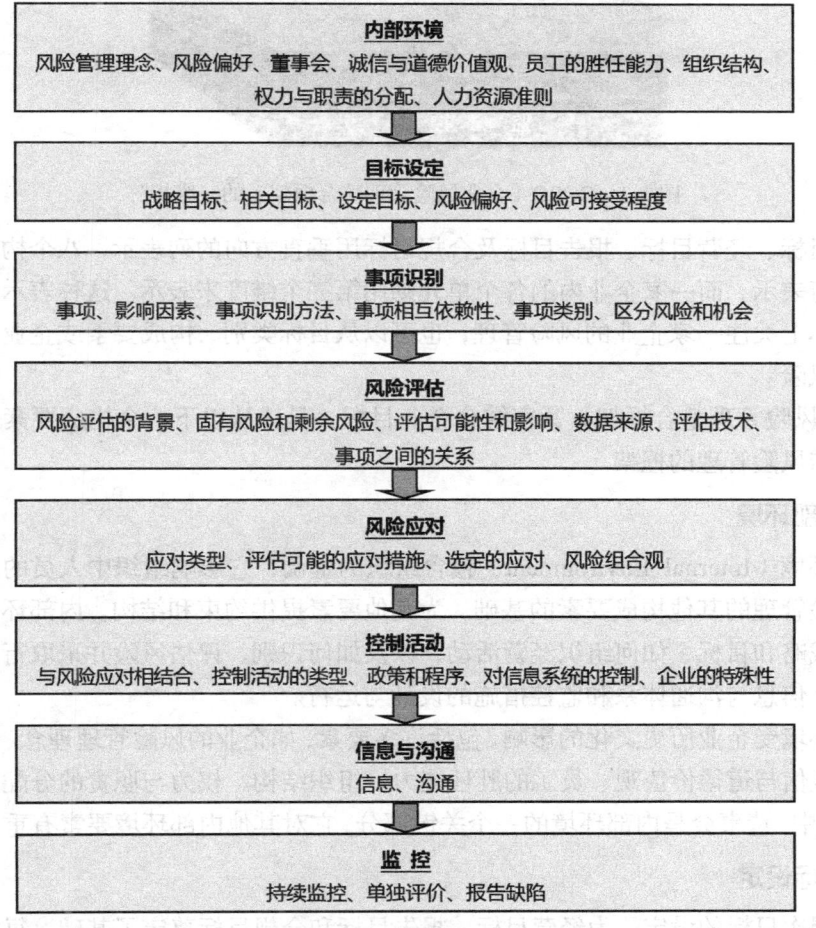

图1-2　COSO《企业风险管理整合框架》的构成要素

企业风险管理是一个多方向的、反复的过程，而不是一个严格的顺次过程，因此，在这个过程中几乎每个构成要素都能够影响其他构成要素。

在企业风险管理中，构成要素意味着需要什么来实现它们自身，而目标是指一家企业力图实现什么，因此，目标与构成要素之间有直接关系。这种关系可以通过图1-3所示的三维矩阵加以描述。

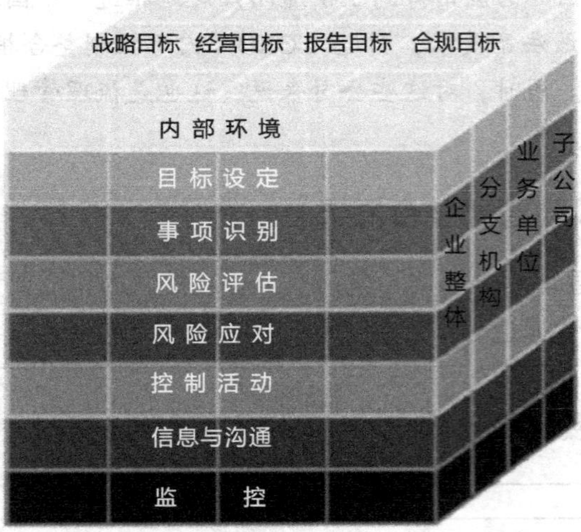

图1-3　COSO《企业风险管理整合框架》的三维矩阵

战略目标、经营目标、报告目标及合规目标用垂直方向的列表示，八个构成要素用水平方向的行表示，而一家企业内的各个单元则用第三个维度来表示。这种表示方法可以使我们从整体上关注一家企业的风险管理，也可以从目标类别、构成要素或企业单元的角度识别企业风险。

《企业风险管理整合框架》紧密结合企业目标，具体从以下八个构成要素来体现企业内部控制与风险管理的框架。

1. 内部环境

内部环境（Internal Environment）包含组织的基调，它影响组织中人员的风险意识，是企业风险管理的其他构成要素的基础，为其他要素提供约束和结构。内部环境不仅影响如何制定战略和目标、如何组织经营活动，以及如何识别、评估风险并采取行动，还影响控制活动、信息与沟通体系和监控措施的设计与运行。

内部环境受企业历史文化的影响，包括许多要素，如企业的风险管理理念、风险偏好、董事会、诚信与道德价值观、员工的胜任能力、组织结构、权力与职责的分配、人力资源准则等。其中，董事会是内部环境的一个关键部分，它对其他内部环境要素有重大的影响。

2. 目标设定

战略层次目标的设定，为经营目标、报告目标和合规目标奠定了基础。每家企业都面临来自外部和内部的一系列风险，确定目标是有效的事项识别、风险评估和风险应对的前提。目标设定与企业的风险偏好相协调，后者决定了企业的风险可接受程度。

目标设定（Objective Setting）是事项识别、风险评估和风险应对的前提。企业必须首先制定目标，然后，管理层才能识别和评估影响目标实现的风险并采取必要的行动来管理风险。同时，管理层必须确定目标实现的风险可接受程度。

风险可接受程度[①]（Risk Tolerance）是相对于目标的实现而言所能接受的偏离程度。风险可接受程度能够被计量，而且通常最好采用与相关目标相同的单位来进行计量。在确定风险可接受程度的过程中，管理层要考虑相关目标的相对重要性，并使风险可接受程度与风险偏好相协调。在风险可接受程度之内经营，企业就能够保持在它的风险偏好之内，向管理层提供更大范围内的保证，进而为企业实现其目标提供更高程度的保障。

3. 事项识别

事项识别（Event Identification）即管理层识别，是指如果存在对企业产生影响的潜在事项，管理层要确定它们是否代表机会，或者是否会对企业成功地实施战略和实现目标的能力产生负面影响。带来负面影响的事项代表风险，它要求管理层予以评估和应对。带来正面影响的事项代表机会，管理层在制定战略或目标的过程中要加以考虑。

无数的内、外部因素决定着影响企业战略执行和目标实现的事项。识别事项时，管理层应考虑在整个企业范围内的各种可能产生风险和机会的内部与外部因素，并认识到，理解这些内、外部因素及可能源于这些因素的事项类型对于有效的事项识别是很重要的。除了上述企业层面的事项外，企业还要识别活动层面的事项。

事项识别方法包含各种方法的组合，以及支持性的工具。管理层要选择符合企业风险管理理念的事项识别方法，确保企业发展所需的事项识别能力。事项识别时要既关注过去，也着眼于将来。需要注意的是，事项通常不是孤立发生的。一个事项可能引发另一个事项，事项也可能同时发生。在事项识别的过程中，管理层应了解事项彼此之间的关系，通过评估这种关系，可以确定采取最佳风险管理措施的方向。

4. 风险评估

风险评估（Risk Assessment）能够使企业考虑潜在事项影响目标实现的程度。管理层一般从可能性与影响两个角度对事项进行评估，通常采用定性和定量相结合的方法。需要注意的是，评估风险所采用的时间范围应该与企业战略和目标的时间范围一致。另外，在评价可能性和影响时，要采用与评价目标所采用的相同或接近的计量单位，同时给予可能性较高和具有重大潜在影响的风险更多的关注。

风险评估应该对企业内部潜在事项的正面和负面影响通过单独或分类的方式进行审查，并在固有风险和剩余风险的基础上进行。管理层既要考虑固有风险，也要考虑剩余风险。固有风险是在管理层没有采取任何措施改变风险的可能性或影响的情况下，一家企业所面临的风险。剩余风险是在管理层应对风险之后企业仍然存在的风险。一旦风险应对已经就绪，管理层接下来就要考虑剩余风险了。

---

① 也翻译为风险容限，本书采用风险可接受程度。

5. 风险应对

在评估了相关风险之后，管理层就要确定如何应对风险了。风险应对（Risk Response）包括风险规避、降低、分担和接受。其中，风险规避是指退出会产生风险的活动，如退出一条产品线、拒绝向一个新的地区拓展市场，或者卖掉一个分部。风险降低是指采取措施减小风险的可能性或影响，或者同时降低两者，它几乎涉及各种日常的经营决策。风险分担是指通过转移来减小风险的可能性或影响，或分担一部分风险，如购买保险产品、从事避险交易或外包一项业务活动。风险接受是指不采取任何措施去干预风险的可能性或影响。

在考虑应对的过程中，管理层应当评估风险的可能性和影响的效果，以及成本效益，选择能够使剩余风险处于期望的风险可接受程度以内的应对方案。管理层识别所有可能存在的机会，应当从企业总体或组合的角度去认识风险，以确定剩余风险是否在企业的风险可接受程度内。同时，风险应对本身可能就是风险，因此，管理层还应考虑风险应对带来的额外风险。

6. 控制活动

控制活动（Control Activities）是帮助确保管理层的风险应对得以实施的政策和程序。其中，政策主要是指企业进行风险控制的制度文档，而程序主要是指人们直接或通过技术的应用来执行政策的行动，是一个动态的执行过程。

控制活动的发生贯穿于整个组织，遍及各个层级和各个职能机构。它们包括一系列不同的活动，如批准、授权、验证、调节、经营业绩评价、资产安全及职责分离。控制活动的类型包括预防性的、检查性的、人工的、计算机的控制。此外，控制活动还有根据特定的控制目标来进行分类的，如确保数据处理的全面性和准确性的控制活动。另外，高层复核、信息处理、实物控制、业绩指标、职责分离也都是控制活动。

控制活动的确定应当与风险应对相结合。选定了风险应对之后，管理层就要开始确定这些风险应对得以恰当和及时实施所需的控制活动。在选择控制活动的过程中，管理层要考虑控制活动是如何彼此关联的。在一些情况下，一项单独的控制活动可以实现多项风险应对。而在另一些情况下，一项风险应对则需要多项控制活动。此外，还有情况表明，管理层可能发现现有的控制活动足以确保新的风险应对得以有效执行。

7. 信息与沟通

信息与沟通（Information & Communication）指相关的信息必须以某种形式在某个时段被识别、获取和沟通，以促使职责的履行。

信息系统生成报告，内容包括战略、经营、财务和合规性方面的信息，以使得管理层能够运作和控制业务活动。信息系统不仅处理内部生成的数据，而且处理业务决策和外部报告所必需的关于外部事件、活动和状况的信息。

有效的沟通应当基于更为广泛的理解，自上而下、自下而上地贯穿于整个组织。所有人员应当获得来自最高管理层的明确信息，并认识到他们所承担的控制责任的重要性。他们必须明白自己在内部控制系统中扮演的角色，以及自己的行为与他人的工作如何联系。他们必须拥有向上沟通重要信息的途径。同时，也必须和外部单位进行有效沟通，如与客户、供应商、监管部门和股东的沟通。

8. 监控

内部控制系统需要一套随时监督、评价内部控制系统运行状况的流程，通过持续的监督活动、单独的评价或两者的结合来完成这种控制。监控（Monitoring）主要包括持续监控、单独评价、报告缺陷三个方面。

持续监控包含在企业正常的、反复的经营活动中，并在正常的业务经营过程中加以执行。它们被实时执行，并且动态地对变化的情况做出反应。

单独评价直接关注企业风险管理的有效性，并提供了一套考察持续监控活动有效性的机会。评价者了解所着眼的企业的各项活动和企业风险管理的各个构成要素。评价者以管理层的既定标准为背景来分析企业风险管理的设计和所执行的测试结果，以确定企业风险管理是否对规定的目标提供了合理的保证。

对于内部和外部报告的缺陷，要仔细地考虑它们对企业风险管理的影响，并采取恰当的矫正措施。对于所有已识别的并影响企业制定和执行其战略及实现其既定目标能力的缺陷，都要向那些对此负有责任的部门和人员报告。不仅要调查和矫正所报告的交易和事项，还要重新评估潜在的过失所属的程序。制定规程以确定一个特定的层级，为有效地做出决策提供需要的信息。

拓展阅读　风险管理职责与责任[①]

一家企业中的每个人都对企业风险管理负有一定的责任。CEO 负有最终的责任，并且应该假设其拥有所有权。其他管理人员支持风险管理理念，促使其符合风险偏好，并且在各自的职责范围内根据风险可接受程度去管理风险。其他人员负责根据既定的指引和规程来实施企业管理风险。董事会对企业风险管理进行监督。诸多外部方面经常提供对实现企业风险管理有用的信息，但是他们对企业风险管理的有效性并不承担责任。

企业应设立一个风险管理部门来推动企业管理风险。风险管理机构中的主要负责人是首席风险官（Chief Risk Officer, CRO），在其领导下，相关管理人员致力于在职责范围内建立有效的企业风险管理体系。CRO 有资源以帮助实现子公司、业务、部门、职能机构和活动的企业风险管理。CRO 有责任监控进展和协助其他管理人员在该企业中向上、向下或平行报告有关的风险信息。

三、COSO 内部控制与企业风险管理整合框架的比较

COSO 内部控制被涵盖在企业风险管理整合框架之内，是其不可分割的一部分。企业风险管理比内部控制更广泛，引入风险管理，拓展和细化了内部控制，形成一个更全面、更强有力的关注风险的概念。

具体来看，《企业风险管理整合框架》在《内部控制整合框架》的基础上增加了一个

[①] 职责与责任并不作为风险管理框架的要素，但作为框架的一部分，提示相关人员的责任。

新观念、一个战略目标、两个概念和三个要素[①]，即风险组合观、战略目标、风险偏好和风险可接受程度的概念及目标设定、事项识别、风险应对要素。针对企业风险管理的需要，风险框架要求设立一个新的部门——风险管理部，并相应设立 CRO，全面地、集中化地推进企业风险管理。

1. 引入风险组合观

在《内部控制整合框架》的基础上，《企业风险管理整合框架》引入了风险组合观（An Entity Level Portfolio View of Risk），即在单独考虑如何实现企业各个目标的过程中，《企业风险管理整合框架》更看重风险因素。对企业内部的每个单位而言，其风险可能落在该单位的风险可接受程度范围内，但从企业总体来看，总风险可能超过企业总体的风险偏好范围。因此，企业风险管理要求以风险组合观看待风险，对相关的风险进行识别并采取措施，使企业所承担的风险在风险偏好的范围内。

2. 《企业风险管理整合框架》中的战略目标

《内部控制整合框架》将企业的目标分成三类，即经营目标、财务报告目标、会规目标。其中经营目标、会规目标与风险管理框架相同，但财务报告目标有所不同。在《企业风险管理整合框架》中，报告被大大地拓展为企业所编制的所有报告，包括对内、对外的报告，而且内容不仅包含更加广泛的财务信息，而且包含非财务信息。

另外，《企业风险管理整合框架》增加了一个大的目标，即战略目标，它处于比其他目标更高的层次。战略目标来自一家企业的使命或愿景，因此经营目标、报告目标和会规目标必须与其相协调。企业的风险管理在实现其他三类目标时，首先应该从企业战略目标出发。

3. 风险偏好及风险可接受程度

企业风险管理构架引入风险偏好和风险可接受程度两个概念。风险偏好是指企业在追求愿景的过程中所愿意承受的广泛意义的风险数量，它在制定战略和选择相关目标时起到风向标的作用。风险可接受程度是指在企业目标实现的过程中所能接受的偏离程度。在确定各目标的风险可接受程度时，企业应考虑相关目标的重要性，并将其与企业风险偏好联系起来，将风险控制在风险可接受程度的最大范围内，以保证企业能在更高的层次上实现企业目标。

4. 新增风险管理三要素

《企业风险管理整合框架》在《内部控制整合框架》的基础上新增了三个风险管理要素——目标设定、事项识别、风险应对，它们将企业的管理重心更多地移向风险管理。同时，在内部环境中，强调了董事会的风险管理理念。因此，《企业风险管理整合框架》拓展了 COSO 的风险评估要素。

在内部环境里，《企业风险管理整合框架》讨论了一家企业的风险管理理念，它决定

---

① 朱容恩，贺欣. 内部控制新发展——企业风险管理框架[J]. 审计研究，2004(6).

了一家企业如何考虑风险，反映了其价值观，并影响其文化和经营风格。企业风险管理要求董事会必须由占多数的独立外部董事组成。

在目标设定上，《企业风险管理整合框架》针对不同的目标分析其相应的风险，因此，目标设定自然成为风险管理流程的首要步骤。

在进行事项识别（风险确认）时，《企业风险管理整合框架》讨论了潜在事项的概念，将事项定义为影响战略执行或目标实现的、从内部或外部发生的事故或事件。有正面影响的潜在事项代表机会，而那些有负面影响的潜在事项代表风险。

在风险评估时，《企业风险管理整合框架》建议通过一个更敏锐的视角来观察风险评估，要从固有的和剩余的风险角度出发，最好采用与和该风险相关的目标所构建的计量单位相同的单位来表述风险。关注相互关联的风险，它反映一个单独事项可能会产生多重风险。

在风险应对①中，《企业风险管理整合框架》确定了四类风险应对：规避、降低、分担和接受。管理层应比较不同应对的潜在影响，在企业风险可接受程度的假设下，考虑风险反应。在个别和分组考虑风险的各反应方案后，企业管理层应从总体的角度考虑企业选择的所有风险应对方案组合后对企业的总体影响。

5. 其他要素②在《企业风险管理整合框架》中的扩展

在控制活动要素中，《企业风险管理整合框架》明确指出，在某些情况下，控制活动本身也起到风险应对的作用。

在信息与沟通要素中，《企业风险管理整合框架》扩大了企业信息和沟通的构成内容，认为企业的信息应包括来自过去、现在和未来潜在事项的数据。企业信息系统的基本职能应以时间序列的形式收集、捕捉数据，其收集数据的详细程度则应视企业风险识别、评估和应对的需要而定，并保证将风险维持在风险偏好的范围内。

在职能与责任的描述中，《企业风险管理整合框架》要求企业设立一个新的部门，即风险管理部，并描述了 CRO 的职能与责任，扩充了董事会的职能。

表 1-1 为 COSO《内部控制整合框架》与《企业风险管理整合框架》的比较。

表 1-1　COSO《内部控制整合框架》与《企业风险管理整合框架》的比较

类型 描述	COSO《内部控制整合框架》	COSO《企业风险管理整合框架》
基调	管理层为达到目标而进行的内部控制的需求	满足管理层为了达到一定的目标进行企业风险管理的需求
目标	经营目标 报告目标 合规目标	战略目标（新增，全局掌控） 经营目标 报告目标（范围更广） 合规目标

---

① 风险应对的实质是一种风险管理策略选择。详见 COSO《企业风险管理——整合框架》，东北财经大学出版社。
② 其他要素是指与内部控制整合框架相同的要素，即控制活动、信息与沟通、职能与责任。

续表

类型描述	COSO《内部控制整合框架》	COSO《企业风险管理整合框架》
风险观	没有提出风险组合观，只有风险评估	从企业总体层面提出风险组合观
环境	管理层及员工的内部控制观念	管理层及员工的风险观念，并提出风险偏好、风险可接受程度的概念
要素	控制环境 风险评估 控制活动 信息与沟通 监控	内部环境（更广义） 目标设定（新增） 事项识别（新增） 风险评估 风险应对（新增） 控制活动 信息与沟通 职能与责任

第四节 我国企业内部控制规范体系

财政部、证监会、审计署、银监会、保监会五部委2008年及2010年联合发布的《企业内部控制基本规范》和《企业内部控制配套指引》共同构成了我国企业内部控制的规范体系，成为我国企业内部控制规范的权威监管要求。

根据上述文件，我国企业内部控制规范体系主要包括标准体系和评价体系两部分。其中，标准体系由《企业内部控制基本规范》与《企业内部控制应用指引》构成，评价体系由《企业内部控制评价指引》和《企业内部控制审计指引》构成。如图1-4所示。

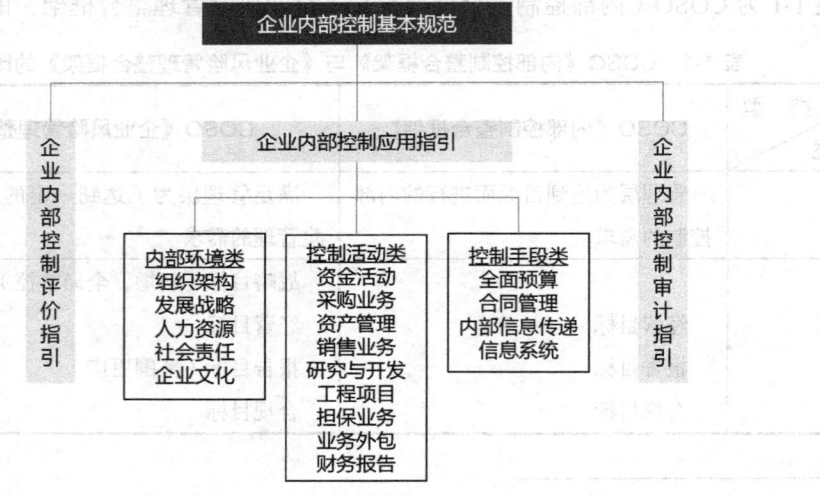

图1-4 我国企业内部控制规范体系整体框架

《企业内部控制基本规范》规定企业内部控制的基本目标、基本要素、基本原则和总体要求，是制定应用指引的基本依据，也是实施内部控制评价和会计师事务所审计的基本依据，在内部控制标准体系中起统御作用。

《企业内部控制应用指引》是在《企业内部控制基本规范》的基础上，针对企业办理有关业务和事项而提出的操作性强的指导意见，包括组织架构、发展战略、人力资源、社会责任、企业文化、资金活动、采购业务、资产管理、销售业务、研究与开发、工程项目、担保业务、业务外包、财务报告、全面预算、合同管理、内部信息传递、信息系统等18项指引，具体可以划分为三类，如图1-4所示。

《企业内部控制评价指引》为企业开展内部控制评价提供指引，以促进企业全面评价内部控制的设计和运行情况。该指引要求，企业应当围绕内部环境、风险评估、控制活动、信息与沟通、内部监督等要素，确定内部控制评价的具体内容，并按照内部控制评价程序开展评价工作，在日常监督和专项监督的基础上，认定内部控制缺陷。该指引还要求，企业应对内部控制评价过程、内部控制缺陷认定及整改情况、内部控制有效性的结论等相关内容做出披露。

《企业内部控制审计指引》则为会计师事务所执行企业内部控制有效性审计提供指引。《企业内部控制审计指引》创造性地解决了内部控制审计的新要求（不能局限于财务报告内部控制有效性审计）与注册会计师风险责任的可承担性之间的矛盾，明确指出，注册会计师不仅应当对企业财务报告内部控制有效性发表审计意见，还应对内部控制审计过程中注意到的非财务报告内部控制的重大缺陷，在内部控制审计报告中增加描述段予以说明。

总体来看，《企业内部控制基本规范》作为内部控制规范体系中的统领性文件，提出了企业实施内部控制的原则性要求。而配套指引的出台，则细化了企业内部控制建设、维护、监督检查等各项具体工作的要求，并提供了具有较强可操作性的方法、程序和模式。企业内部控制规范体系的形成，将有助于推进我国企业经营管理再上新的台阶，促进我国经济发展方式有序转变。

关于我国企业内部控制规范体系的介绍详见本章第一节和第二章，此处不再赘述。

拓展阅读　内部控制与公司治理、风险管理和企业日常管理的关系

详见"DIB内部控制与风险管理教学软件（试用版）—辅助资源—拓展阅读—阅读4　内部控制与公司治理、风险管理和企业日常管理的关系"。

登录地址：http://teachdemo.dibtime.com，登录账号：zhangmeng，登录密码：123456。

第五节　企业内部控制的新发展

一、COSO《较小型公众公司财务报告内部控制指南》

为指导较小型公众公司更好地执行《萨班斯法案》第404条款的要求，COSO于2006年发布了《较小型公众公司财务报告内部控制指南》。

《较小型公众公司财务报告内部控制指南》认为,"较小型公众公司"具有如下特征:① 业务范围较少,且每项业务内的产品也较少;② 市场相对集中;③ 管理层在重大的所有权利益和权力上占据主导地位;④ 管理层级相对较少;⑤ 交易处理系统和规程相对简单;⑥ 员工较少,且每位员工担负更多的职责;⑦ 在各种支持性岗位(如法律、人力资源、会计和内部审计)上所提供的资源有限。

《较小型公众公司财务报告内部控制指南》就较小型公众公司如何按照成本效率原则使用《内部控制整合框架》设计和执行财务报告内部控制提供指导,认为较小型公众公司可以通过高层的广泛和直接控制、有效的董事会、对岗位分离局限性的弥补、信息技术及监控活动等方法使企业依照成本效率相符原则实现有效的内部控制,并从《内部控制整合框架》五要素中提炼了一整套的 20 项较小型公众公司实现有效的财务报告内部控制的基本原则。

二、COSO《内部控制体系监督指南》

为进一步澄清《内部控制整合框架》及《较小型公众公司财务报告内部控制指南》中所包含的原则,指导企业组织实施更有效率和效果的内部控制监督,并为真正想实施有效监督流程的企业提供一种通行的方法,COSO 于 2009 年 2 月发布了《内部控制体系监督指南》,阐述了有效监督的基本原则及具体的指引,并对实施有效监督的相关案例进行了研究。

COSO 指出,《内部控制体系监督指南》建立在两个基本原则之上:持续和/或独立评估有助于管理层确定内部控制的其他要素是否随着时间的推移继续发挥作用;及时识别内部控制缺陷,并适当地向负责执行整改措施的人员、管理层及董事会汇报。《内部控制体系监督指南》同时建议,企业应基于下列三大要素的监控以实现高效能和高效率的监督:① 建立监督的基础,包括适当的高层基调、有效的组织结构及已知的内部控制控制有效性的起点或标准;② 设计并执行监督程序,重点关注用以应对影响组织目标的重大风险的关键控制及用以证明关键控制绩效的有说服力的信息;③ 评估监督结果并向相关人员汇报,包括评估所有已识别的控制缺陷的严重性程度,并向相关负责人及董事会汇报监督结果,以便及时采取必要措施和跟进行动。

三、COSO《内部控制整合框架》的新发展

在《内部控制整合框架》颁布将近 20 年的时间里,内部控制框架历经时间考验,被证明是最广泛接受的设计和评估内部控制系统之一。为了帮助各类组织更加有效地设计和管理内部控制,在保持内部控制核心定义及内部控制五要素不变的基础上,COSO 委员会于 2011 年 12 月 19 日发布新版内部控制整合框架草案,并公开征集意见,并于 2013 年第一季度发布了更新的内部控制整合框架及其相关辅助文件。

新版 COSO《内部控制整合框架》包括四部分内容:内容摘要、框架内容和附录、评估内部控制系统有效性的解释性工具和外部财务报告内部控制。其中,内容摘要对新框架

进行了高度总结，包括内部控制的定义、目标、原则、内部控制的有效性和局限性等，使用对象为首席执行官和其他高级管理层、董事会成员和监管者。框架内容和附录包括内部控制的组成部分及相关的原则和关注点，并为各级管理层在设计、实施内部控制和评估其有效性方面提供指导。评估内部控制系统有效性的解释性工具为管理层在应用框架特别是评估有效性方面提供了模板和行动方案。外部财务报告内部控制主要在准备外部财务报告过程中为应用框架中的要素和原则提供了实际的方案和示例。

与 1992 年的 COSO《内部控制整合框架》相比，2013 版更加具体、更加全面、更加自主、更加严格、更加先进，如图 1-5 所示。

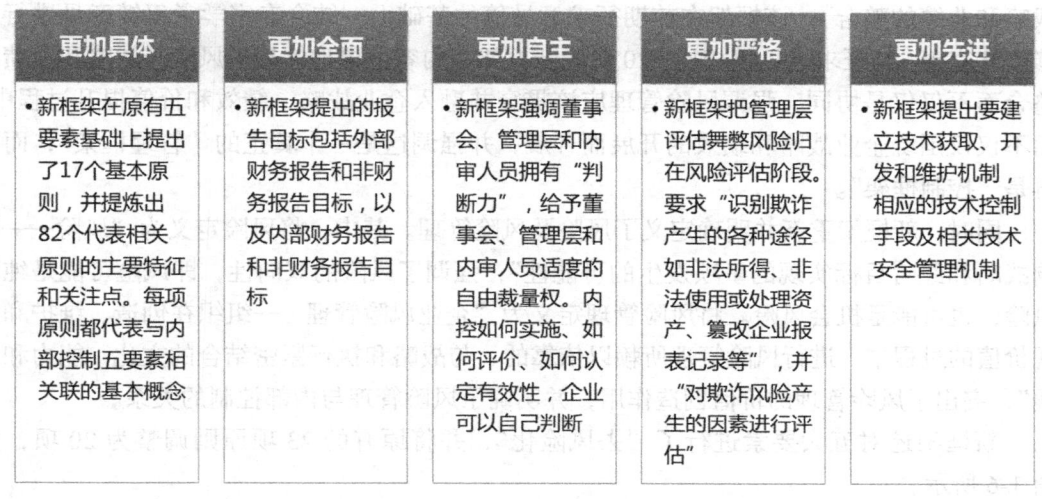

图 1-5　2013 版 COSO《内部控制整合框架》主要亮点

总体来说，新 COSO《内部控制整合框架》具有四个方面的优势。一是扩大了报告目标的范畴。新内部控制框架在报告对象和报告内容两个维度上对报告目标进行了扩展。归纳起来，新框架共有四类报告目标：内部财务报告、内部非财务报告、外部财务报告及外部非财务报告。新框架对报告目标的扩展与我国内部控制规范体系中对报告范畴的有关规定基本相同。二是强调管理层判断的使用。新框架对五要素的分解不是按照子要素来进行的，而是作为"原则"来呈现的，即强调"基于原则"的内部控制实施和管理层判断的使用。三是强化公司治理的理念。新框架包括了更多公司治理中有关董事会及其下属专门委员会的内容，强调董事会的监督对内部控制有效性的重要作用。这与我国《企业内部控制基本规范》及《企业内部控制应用指引第 1 号——组织架构》中有关公司治理的规定相一致。四是增加了反舞弊与反腐败的内容。与旧框架相比，新框架包含了更多关于舞弊与欺诈的内容，并把管理层评估舞弊风险作为内部控制的 17 项总体原则之一，重点加以阐述。这与我国内部控制规范体系在反腐败工作中的重要作用不谋而合。

四、《企业风险管理——与战略和业绩的整合》（2017 版）

2016 年 6 月，COSO 发布了《企业风险管理——将风险与战略、绩效相结合》公开征求意见稿，该报告是在基于企业风险管理的不断演变和组织所面临的商业环境不断变化的基础上，对 2004 版《企业风险管理整合框架》相关内容进行更新而形成的。该框架由五大要素、23 项原则组成，其中五大要素分别为：风险治理和文化，风险、战略和目标的确立，执行中的风险，风险信息、沟通和报告，监督企业风险管理成效。该框架阐明了企业风险管理在战略规划中的重要作用，并阐明风险会影响组织各部门和各职能的战略和绩效，应该与二者有效结合起来。企业风险管理应该贯穿于整个组织。更新后的框架更清楚地将企业风险管理与众多利益相关者的期望联系起来；更加关注组织绩效背景下的风险，而非单独进行风险研究；提高组织对风险的预见性，以便事前应对风险。

2017 年 9 月，COSO 正式发布了新版的企业风险管理框架，即《企业风险管理——与战略和业绩的整合》。该框架在前期征求意见稿的基础上，结合专家学者反馈意见进行了修改和完善。与征求意见稿相比，2017 版新框架在内容上更加体现了风险与战略和业绩的整合而不仅仅是协同，强调风险管理应该贯穿并融入企业战略、绩效和价值提升过程中，而不仅仅围绕企业战略和绩效的开展而开展，并强调这是一个真正的"管理框架"，而不再是"控制框架"。

同时，新框架重新并明确定义了风险及风险管理。其中，将风险定义为"风险——影响战略和经营目标实现的事项发生的可能性"，强调了风险的双向性，即风险可能是纯粹风险，也可能是机会风险。将风险管理定义为"企业风险管理——组织在创造、维护和实现价值的过程中，进行风险管理所赖以依靠的、与战略和执行紧密结合的文化、能力和实践"，突出了风险管理的价值创造作用，并明确了风险管理与内部控制的关系。

新框架还对五大要素进行了"去风险化"，并将原有的 23 项原则调整为 20 项，如图 1-6 所示。

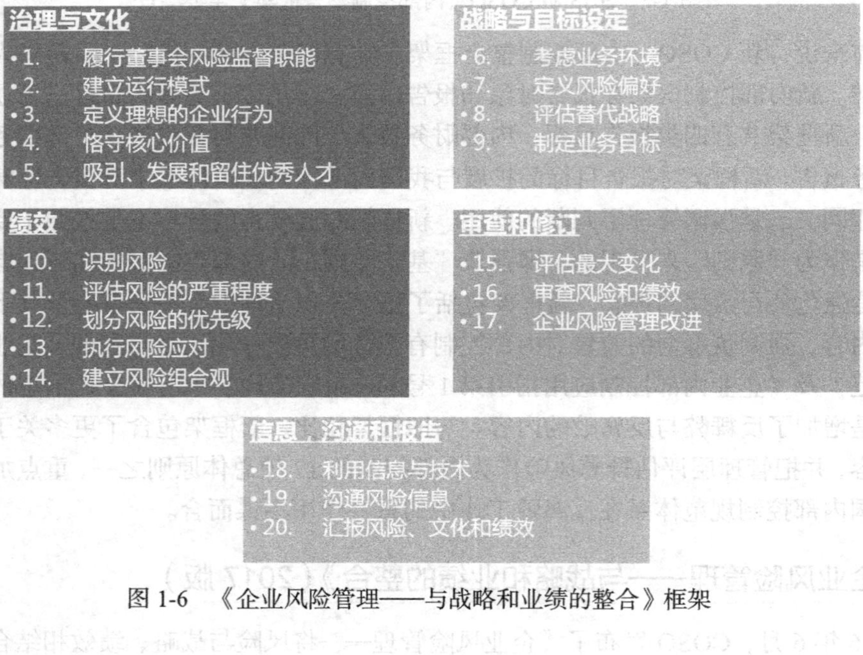

治理与文化
- 1. 履行董事会风险监督职能
- 2. 建立运行模式
- 3. 定义理想的企业行为
- 4. 恪守核心价值
- 5. 吸引、发展和留住优秀人才

战略与目标设定
- 6. 考虑业务环境
- 7. 定义风险偏好
- 8. 评估替代战略
- 9. 制定业务目标

绩效
- 10. 识别风险
- 11. 评估风险的严重程度
- 12. 划分风险的优先级
- 13. 执行风险应对
- 14. 建立风险组合观

审查和修订
- 15. 评估最大变化
- 16. 审查风险和绩效
- 17. 企业风险管理改进

信息、沟通和报告
- 18. 利用信息与技术
- 19. 沟通风险信息
- 20. 汇报风险、文化和绩效

图 1-6　《企业风险管理——与战略和业绩的整合》框架

总体来看，这些要素和原则涵盖了企业从治理到监督的各个方面，且规定了适用于不同规模或领域的组织的不同方法。坚持这些要素和原则，不仅可以为管理层和董事会提供合理的预期，即理解组织与战略相关的风险，并能够将这些风险控制在可接受的范围内，保障企业价值不被侵蚀，而且有助于企业更加正确、积极地认识、利用和管理风险，帮助企业创造和提升价值。

本章小结

- 内部控制是由企业董事会、监事会、经理层和全体员工实施的、旨在实现控制目标的过程。内部控制的目标是合理保证企业经营管理合法合规，资产安全，财务报告及相关信息真实、完整，提高经营效率和效果，促进企业实现发展战略。
- 企业建立和实施内部控制应该遵循全面性、重要性、制衡性、适应性及成本效益五项基本原则。
- 美国内部控制发展过程大致可以分为内部牵制、内部控制制度、内部控制结构、内部控制整合框架及企业风险管理整合框架五个阶段。
- 我国内部控制的发展主要经历了三个阶段，分别是内部牵制阶段、会计控制阶段和内部控制体系阶段。
- 根据 COSO《内部控制整合框架》，内部控制是由一个企业的董事会、管理层和其他人员实现的过程，由控制环境、风险评估、控制活动、信息与沟通和监控五个相互关联的要素构成，旨在为下列目标提供合理保证：① 财务报告的可靠性；② 经营的效果和效率；③ 符合适用的法律和法规。
- COSO《企业风险管理整合框架》包括八个相互关联的构成要素，分别为：内部环境、目标设定、事项识别、风险评估、风险应对、控制活动、信息与沟通、监控。
- 财政部、证监会、审计署、银监会、保监会五部委 2008 年及 2010 年联合发布的《企业内部控制基本规范》和《企业内部控制配套指引》共同构成了我国企业内部控制的规范体系，成为我国企业内部控制规范的权威监管要求。
- 2013 年，COSO 委员会发布了新版的内部控制整合框架及其相关辅助文件。与旧框架相比，更新后的内部控制框架更加具体、全面、自主、严格和先进，在报告目标、要素内容、理念和技术方法等方面都有进一步拓展和细化。
- 2017 年，COSO 委员会发布了新版的企业风险管理整合框架《企业风险管理——与战略和业绩的整合》。新框架由五大要素、20 项原则组成，更强调了风险管理在企业价值创造、保留和提升中的重要作用。

课后习题

1. 内部控制的定义及目标是什么？
2. 美国内部控制发展经历了哪几个阶段？每个阶段的主要特点是什么？

3. 说说我国内部控制的发展历程。
4. COSO《内部控制整合框架》中的内部控制五要素和《企业风险管理整合框架》中的八要素分别是什么？新版的内部控制整合框架、风险管理整合框架与旧版相比，都有哪些变化？
5. 我国内部控制规范体系包括哪些规定？

第二章

内部控制要素

【导入案例】

根据财政部、证监会、审计署、银监会、保监会五部委 2008 年发布的《企业内部控制基本规范》，企业建立与实施有效的内部控制，应当包括五个基本要素：内部环境、风险评估、控制活动、信息与沟通和内部监督。

实证研究也表明，内部控制目标受内部控制要素的影响。例如，中国民航大学会计系副教授、博士田利军等人曾对机场内部控制目标与要素进行实证研究。通过对 2 个一类 1 级机场、5 个一类 2 级机场、17 个二类机场、118 个三类机场进行问卷调查，以收集到的内部控制 6 个目标（注：根据机场企业的独有特征增加了安全性目标）的可实现程度得分为因变量，以内部控制五要素的 45 个细分要素的现状得分为自变量，建立了线性回归模型。

回归分析显示，内部控制部分要素与内部控制目标之间存在显著相关关系。其中，① 机场安全与硬件设施的投入、员工的培训、安全风险的识别与控制、与外部单位的沟通存在显著正相关；② 决策权、监督权和执行权有明确的分工，不相容职责分离，会计系统能够按照法律的要求提供对决策有用的信息，定期对内部控制系统的有效性进行评估，财务风险控制有助于内部控制合法性的实现；③ 良好的企业文化、科学的绩效考评制度、恰当的权力分工和合理的风险应对策略有助于制定恰当的企业发展目标；④ 会计系统的合法性和效率性是显著影响财务报告目标的关键因素，同时，企业文化、信息沟通和内部控制审计也在不同程度上影响财务报告目标；⑤ 企业越重视运营信息的分析，沟通渠道越通畅，对提高内部控制经营性目标实现程度就越有利，同时企业文化和员工培训也对经营性目标有一定的帮助；⑥ 资产接触和记录授权制度、定期盘点制度的正确执行对资产安全至关重要，明确的内部控制缺陷认定制度、合法有效的会计系统和良好的内部控制监督是资产安全的有力保障。

本章我们将一起来学习内部控制要素的详细内容。

【学习目标】

✦ 掌握内部控制各要素的基本内容和关注要点。
✦ 掌握风险评估的基本程序。

✦ 掌握风险应对的四种主要策略。
✦ 掌握控制措施的关注重点。
✦ 掌握关键控制的定义。

【学习导航图】

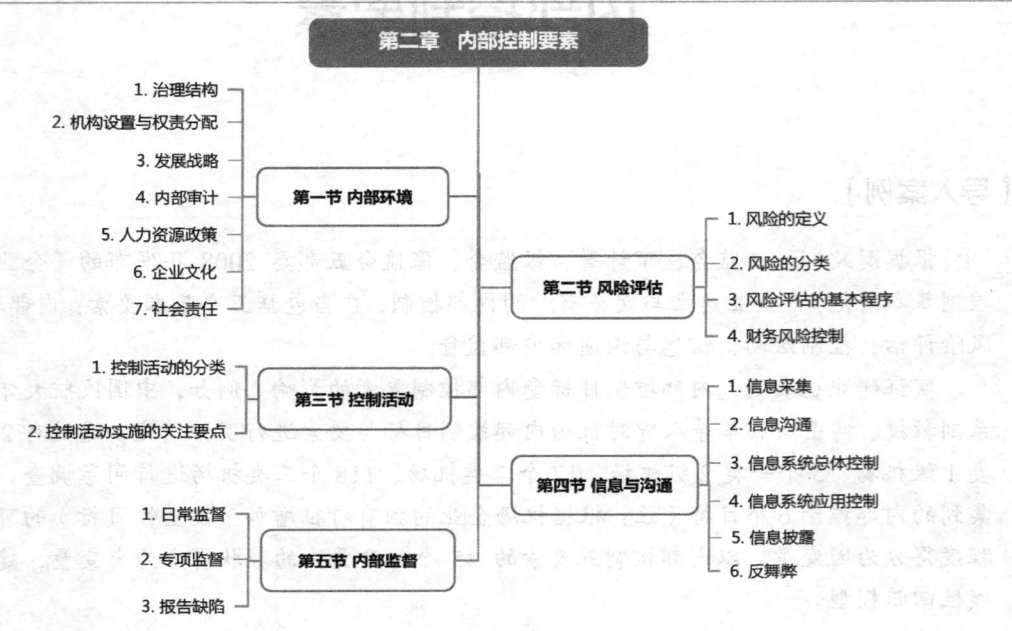

第一节 内部环境

内部环境是企业实施内部控制的基础，一般包括治理结构、机构设置与权责分配、发展战略、内部审计、人力资源政策、企业文化、社会责任等。内部环境决定了组织的基调，它为企业内的人员如何认识和对待内部控制设定了基础。

一、治理结构

公司治理结构是建立并实施内部控制的基础，是影响内部环境的重要因素。企业应当根据国家有关法律法规和企业章程，建立规范的公司治理结构和议事规则，明确决策、执行、监督等方面的职责权限，形成科学有效的职责分工和制衡机制。其中，董事会负责内部控制的建立健全和有效实施。监事会对董事会建立与实施内部控制进行监督。经理层负责组织领导企业内部控制的日常运行。

企业在建立规范的公司治理结构时，应当重点关注以下方面。

1. 独立性

董事会和监事会独立于管理层，可以对管理层的决策提出建设性的必要质疑。
（1）对管理层的决定（如经营决策、重大交易）进行推断并提出质疑，对前期经营结果进行质询（如预算执行差异）。

（2）有权询问和详查公司的经营活动，提出不同观点，并在认为必要时采取适当的行动。

2. 董事会的专门委员会

建立董事会的专门委员会，以特别关注和处理相关重要事件，成员的专业和资历必须能够使他们有效地处理相关的重要问题。

3. 董事的学识和经验

董事具有足以履行其职责的知识和经验，以有效地开展工作。董事会的专门委员会人数充足，足以处理专业性、重大性事务。

4. 依法召开董/监事会会议

（1）董事会每年至少召开 3 次例会，且经 1/3 以上董事或监事长、董事长提议均可召开临时董事会会议。

（2）监事会应当包括比例不低于 1/3 的公司职工代表，监事会每 6 个月至少召开一次会议，监事可以提议召开临时监事会会议。

5. 与内、外部审计师的会面

（1）审计委员会单独与首席财务官（Chief Financial Officer，CFO）、会计人员、内部审计师和外部审计师会面，以讨论财务报告流程、内部控制与企业风险管理体系，以及对管理层绩效的合理性等提出重大意见和建议。

（2）董事会/审计委员会和监事会每年审核内部和外部审计师的工作范围和工作成果。

6. 及时、充分地获取信息

董事会/审计委员会和监事会应及时、充分地获取相关信息，以便有效监督管理层的目标和战略、公司的财务状况和经营成果，以及重大协议的条款等。

7. 获知和调查不正当行为

建立并不断完善出现紧急事项时召开董事会会议的机制和重大事件汇报的程序，以便及时获知敏感信息，调查不当行为（如重大的法律诉讼、监管机构调查、贪污、挪用公款、滥用公司财产、违反内部人员交易法规、非法支付等）。

8. 监控薪酬政策

对高级管理人员和首席内部审计师进行薪酬监控，具体包括以下方面。

（1）薪酬委员会批准所有管理层与绩效挂钩的激励计划。

（2）薪酬委员会在咨询审计委员会意见的前提下，确定首席内部审计师的薪酬和任免事宜。

9. 建立适当的高层基调

高层基调主要指公司管理层的诚信和道德价值观等，具体包括以下方面。

（1）董事会或审计委员会充分参与、评价高层基调的有效性。
（2）董事会采取行动以保证适当的高层基调。
（3）董事会明确强调管理层应该遵守的行为准则。

10. 监督管理层对审计发现的跟进

董事会/审计委员会依据其发现，采取适当的措施，包括专项调查。具体包括。
（1）董事会/审计委员会根据需要采取的具体行动向管理层下达指令。
（2）如果需要，董事会/审计委员会进行监督和跟踪处理。

二、机构设置与权责分配

机构设置为企业提供了计划、执行、控制和监督其活动的框架。企业应当结合业务特点和内部控制要求设置内部机构，明确职责权限，将权利与责任落实到各责任单位。同时，应当通过编制内部管理手册，使全体员工掌握内部机构设置、岗位职责、业务流程等情况，明确权责分配，正确行使职权。

一般来说，组织结构不应该太简单，以至于不能监控公司的业务活动；也不应该太复杂，以至于阻止信息的顺畅流动。实践中，企业在进行机构设置和权责分配时应当关注以下方面。

1. 建立适应信息流通和权力集中程度的组织结构

适当构建公司的组织结构，以便其具备提供管理活动必要信息流的能力，具体包括如下方面。
（1）考虑公司经营业务的性质，公司的组织结构应适当集中或分散。
（2）组织结构有利于信息的上传、下达和在各业务活动间的流动。

2. 关键管理人员的职责定义，确保其对自身职责的准确理解

把公司业务活动的职责和期望明确传达给负责这些活动的管理人员。

3. 关键管理人员的知识和经验

关键管理人员应具备执行相关职责的知识和经验，具体包括管理人员技能素质满足要求，具备执行其业务必备的知识、经验并接受适当培训。

4. 适当的汇报机制

（1）明确的报告关系（正式的或非正式的、直接的或矩阵式的）是有效的，能够向经理人员提供与其责任和权力有关的信息。
（2）经营活动的管理人员有与相关的高级管理人员进行沟通和交流的通畅渠道。

5. 组织结构的变化

组织结构的变化是指组织结构会在何种程度上随环境的变化而变化。例如，管理人员定期根据变化的业务或行业环境来评价公司的组织结构。

6. 足够的员工

存在足够数量的员工，特别是管理和监督人员，具体包括如下方面。

（1）管理和监督人员拥有足够的时间来有效地履行职责。

（2）管理人员能够将工作分派给下属，以完成本应由多名员工完成的工作。

7. 职责分配与授权

根据公司的目标、经营职能和监管要求，分配职责和授权，包括信息系统的职责和变化的授权，具体包括如下方面。

（1）职权和职责被授予公司内的员工。

（2）决策的责任与其职权和职责相对应，存在岗位描述，至少存在管理和监督人员的岗位描述，包括具体的与控制有关的责任的表述。

（3）对员工进行授权和分配职责时，应充分考虑适当的信息。

8. 数据处理和会计岗位等员工的技能

数据处理和会计职能部门的员工应具备与公司规模、业务活动和系统相适应的技能水平。公司拥有数量充足、经验丰富的员工以完成其职责。

三、发展战略

实施发展战略是企业内部控制最高层次的目标。企业应保持发展战略与企业的风险偏好协调一致，建立健全发展战略制定机构，培育与发展战略相匹配的企业文化及资源配置，确保发展战略顺利实现。

1. 发展战略与风险偏好的协调

风险偏好是董事会与管理层所达成的共识，是企业在实现其目标的过程中所愿意承担的风险的大小及数量。企业的风险偏好与企业的发展战略直接相关，企业在制定战略时，应考虑将发展战略的预期收益与企业的风险偏好相结合，帮助企业管理者选择与企业风险偏好相一致的战略。

2. 建立/健全发展战略制定机构

企业应当建立健全发展战略制定机构，负责发展战略等管理工作，履行相应职责。

3. 组织结构与发展战略相匹配

发展战略将导致组织结构的相应变化，企业应确保组织结构模式与发展战略相适应。

4. 企业文化与发展战略相匹配

企业应以发展战略为依据，培育与发展战略相匹配的企业文化，确保企业文化适应发展战略。

5. 人员参与

发展战略的制定和实施过程需要上至公司高层，下至普通员工的全员参与。其中，企业董事、监事及高层管理人员应在发展战略制定与实施过程中起模范带头作用；全体员工应充分了解企业的发展思路、战略目标及具体举措。

四、内部审计

企业应当加强内部审计工作，保证内部审计机构设置、人员配备和工作的独立性。内部审计机构应当结合内部审计监督，对内部控制的有效性进行监督检查。对监督检查过程中发现的内部控制缺陷，应当按照企业内部审计工作程序进行报告，内部控制重大缺陷须直接向董事会及其审计委员会、监事会报告。

内部审计应该保证良好的有效性，主要包括以下几个方面。
（1）执行内部审计活动人员的能力与水平是否合适。
（2）审计部门负责人是否可按规定或要求向董事会、审计委员会报告工作。
（3）内部审计的职责和权限是否恰当。
（4）内部审计的范围、责任和计划是否恰当。

五、人力资源政策

人力资源政策是招聘和保留有能力的人员，以使公司计划得以执行、目标得以实现的重要政策。企业应当制定和实施有利于企业可持续发展的人力资源政策。

1. 制定适当的招聘、培训、晋升和薪酬的政策及程序

招聘、培训、晋升和薪酬的政策及程序，具体包括以下方面。
（1）现有人力资源政策和程序可以招聘并发展有能力的、可信的人员，能够支持有效的内部控制与企业风险管理体系。
（2）对合适人员招聘和培训的水平应是适当的。
（3）当正式的政策和实行文件不存在时，管理层应相互沟通期望雇用什么类型的人才或直接参与招聘活动。

2. 员工职责和目标

（1）员工应意识到他们的工作职责和公司对他们的期望。
（2）管理人员应定期与员工回顾他们的工作表现，提出今后的改进建议。

3. 核查候选人的背景

核查候选人的背景，特别要考虑公司不能接受的行为或活动，具体包括如下方面。
（1）对频繁更换工作和职业背景相差很大的候选人要仔细核查。
（2）聘用政策要包括对犯罪记录的调查。
（3）核查候选人以前的某些行为和活动是否与公司的行为准则相抵触。

4. 适当的员工留任和晋升标准

（1）晋升和加薪标准明确具体，每个员工在晋升之前都了解管理层的期望。
（2）晋升和加薪标准应与行为规范一致。

5. 胜任工作所需的知识和技能

（1）管理层应分析并确定员工胜任工作所需的基本知识和技能。

（2）存在证据表明员工具备工作所需的基本知识和技能。

6. 关键岗位的管理

（1）界定关键岗位员工的职责和目标，并有效传达给员工。

（2）建立关键岗位员工强制休假制度和定期岗位轮换制度。

（3）属于公司保密工作制度界定的涉密员工在合同履行期间须与公司签订保密协议。

（4）制订恰当的绩效激励机制和人才发展计划，确保关键岗位员工队伍的稳定。

（5）制订后备干部培训计划，并根据公司需要和不断变化的内外部环境实施。

7. 人员的退出机制

（1）建立健全辞职、解除劳动合同、退休等员工退出机制，明确退出的条件与程序，确保员工退出机制的有效运行。

（2）掌握国家秘密或重要商业秘密的员工离职要有必要的限制性规定。

8. 违规行为的纠正

（1）制定人员违纪、违规处理等相关规定，并对重要控制制度和强制性规范进行反复强调。

（2）及时制止发现的违规行为，并按公司有关规章制度要求进行处理。

六、企业文化

企业文化是企业在经营管理过程中形成的、影响企业内部环境和内部控制效力的精神、意识和理念。企业管理层应当在企业范围内培育健康向上的价值观。管理层应当树立有利于实现内部控制目标的管理理念和经营风格，强化风险意识和决策程序规范化意识，避免因个人风险偏好、决策失误可能给企业带来的不利影响和损失。高级管理人员有责任加强员工职业道德的宣传引导、教育培训和监督检查，为建立和实施内部控制营造良好的氛围和环境。

1. 诚信与道德价值观规范的制定和执行

管理层应该向员工传达诚信与道德价值观规范，并且必须完全执行。员工应该了解和理解这些规定。管理层应该在言谈和行动中表现出对诚信与道德价值观规范一丝不苟地遵循，具体包括如下方面。

（1）诚信与道德价值观规范是完善的，涉及的方面包括利益冲突、非法或其他不当付款、泄露公司商业机密、不正当竞争、内幕交易等。

（2）诚信与道德价值观规范应定期由所有员工确认。

（3）对诚信与道德价值观规范进行有效的宣传推广，如果不存在书面的诚信与道德价值观规范，企业文化要强调诚信与道德价值观规范的重要性。可以在职工会议、面谈或处理日常工作中进行口头的强调。

（4）员工明白什么行为是可接受的，什么行为是不可接受的，以及当遇到不当行为时应该采取的行动。

2. 增强法治观念

加强法制教育，增强董事、监事、经理及其他高级管理人员和员工的法制观念，严格依法决策、依法办事、依法监督，建立健全法律顾问制度和重大法律纠纷案件备案制度。

3. 高层基调的建立

高层基调的建立包括详尽的道德指导和在公司上下沟通程度的指导，包括如下方面。
（1）通过一言一行，在公司范围内传达对诚信与道德价值观规范的遵循。
（2）管理层对存在问题的迹象予以适当关注。

4. 与利益相关者的关系

管理层与员工、供应商、客户、投资者、债权人、竞争对手和审计师等进行交往时，应当采用高的道德标准，并且要求其他人同样遵守道德标准。例如，与客户、供应商、员工和其他相关方的日常业务建立在诚实和公允的基础上，客户多付款和供应商的账单少记的情况没有被忽视，没有无理拒绝员工的合理福利要求，对借款人的报告是完整、准确且没有误导的。

5. 违规处理

针对违反政策和道德标准的情况采取适当的措施，采取措施的范围在公司内进行沟通，具体包括如下方面。
（1）管理层对违规行为进行适当处理。
（2）对违规行为进行处理，并将处理的原则和结果在公司上下进行传达。
（3）员工确信如果他们违反了政策和诚信与道德价值观规范，他们就会受到相应的处罚。

6. 管理层对干预或逾越既定控制的态度

（1）管理层就调整（干预）控制制度的情况和频率提供指导。
（2）管理层对控制制度的干预被适当地记录和解释。
（3）明确禁止管理人员逾越既定控制。
（4）任何与既定政策不一致的事件都被调查并记录。

7. 建立与公司管理理念和经营风格相适应的风险文化

企业风险管理理念和风险偏好影响企业的管理理念与经营风格。
（1）设定企业的风险偏好。
（2）企业战略的期望收益应该与企业的风险偏好相协调，使风险与收益达到平衡。
（3）在介入新业务前，行动非常谨慎，总是经过仔细的风险与收益分析后才采取行动。

8. 管理层对财务报告的态度和行动

对财务报告的态度和行动，包括对采取的会计处理的争议，如采取保守的还是激进的会计政策？会计准则是否被滥用了？关键的财务信息是否没有披露？会计记录是否被粉饰或篡改了？具体包括如下方面。

（1）管理层避免对短期报告结果的过度关注。

（2）员工是否为达到目标递交不正确的报告？例如，销售人员递交订单以达到目标，但事实上却知道客户会在下一期间退回。

（3）主管人员是否忽视了不适当的做法？

（4）估计超出现实的合理性和可能性。

9. 高层管理人员相互交流的频率

高层管理人员和各级业务部门管理层相互交流的频率，特别在双方处于不同的地域时，具体包括如下方面。

（1）高级管理人员经常走访分支机构及不同地区的下属机构。

（2）经常召开公司或区域性的管理层会议。

七、社会责任

社会责任是指企业在经营发展过程中应当履行的社会职责和义务，主要包括安全生产、产品质量、环境保护、资源节约、促进就业、员工权益保护等。企业在履行社会责任时应重点关注安全生产措施不到位、产品质量低劣、环境保护投入不足、促进就业和员工权益保护不够等风险。

1. 社会责任意识的培育

（1）企业高层领导是否重视社会责任工作。

（2）企业是否将社会责任工作提升到战略管理高度。

（3）企业员工是否具有社会责任意识。

2. 建立健全社会责任管理体系

（1）企业是否建立健全安全生产、产品质量、环境保护、员工权益维护等相关管理机制。

（2）企业是否建立完善社会责任绩效考核体系。

3. 社会责任沟通

（1）企业是否建立社会责任沟通机制，吸收利益相关方的责任意见、建议。

（2）企业是否依照国家相关监管规定发布社会责任报告。

第二节　风险评估

每家企业都要面临来自内部和外部的一系列风险，对于这些风险必须予以不断的评估。风险评估是及时识别、科学分析和评估影响企业目标实现的各种不确定因素并制定应对策略的过程，是实施内部控制的重要环节。

一、风险的定义

简单地说，风险是影响目标实现的各种不确定性因素。一般可以从两个方面认识风险：一方面，风险是不确定性的表现，由于未来的不确定性总是存在的，因此风险也总是存在的，不可能被消灭，只能合理控制；另一方面，风险是相对于目标而言的，没有目标就没有风险，正因为要实现目标，才要对风险进行控制。

二、风险的分类

风险的分类标准不是绝对的。

按照管理层级，可以分为公司层面风险和业务层面风险。公司层面风险主要包括治理结构风险、结构设置风险、权责分配风险、企业文化风险、发展战略风险等；业务层面风险主要包括销售管理风险、收支管理风险、采购管理风险、资产管理风险、基建项目风险、合同管理风险、存货管理风险等。

按照风险来源，可以分为外部风险和内部风险。外部风险来自外部环境，如法律政策风险、经济风险、社会风险、自然环境风险等；内部风险来自企业的管理和经济活动，如管理风险、道德风险、财务风险、安全风险等。

按照管理有效性，可以分为固有风险和剩余风险。在没有采取任何措施来改变风险发生的可能性或影响的情况下，企业面临的风险称为固有风险；在采取风险应对之后剩余的风险称为剩余风险。

按照是否盈利，可以分为纯粹风险和机会风险。纯粹风险指不含盈利可能性的风险，如疾病、自然灾害或意外事故等；机会风险指盈利与损失并存的风险，如投资风险、资金调配风险等。

按照风险事件的发生是否可控，可以分为可控风险和不可控风险。可控风险指可以通过某些风险管理手段影响其风险事件发生的可能性和发生方式；反之，称为不可控风险。需要注意的是，可控风险和不可控风险对企业的影响都是可以控制的。

三、风险评估的基本程序

风险评估应当按照目标设定、风险识别、风险分析和风险应对等程序进行。

（一）目标设定

企业进行及时的风险评估，必须要以设定的控制目标为依据，全面、系统、持续地收集相关的信息，所以目标设定往往是风险评估的前提。

1. 战略目标

企业战略目标是高层次的目标，它与企业的使命、愿景相协调，并支持后者。企业战略目标是企业管理层为它的利益相关者期望创造的价值，包括企业期望实现目标的总体说明，并有相关的战略规划支持。

战略目标设定不仅是企业战略管理的核心内容之一，也是企业风险管理的核心内容之一。战略目标方面的关注点主要包括如下方面。

（1）管理层对企业绩效现状的评估，是前期战略进程监控的依据，也是企业新战略制定的基础。

（2）对内部和外部环境的监测分析。

（3）结构合理、层次分明的战略目标体系。

（4）战略选择遵循必要的流程，以及获得了充分的讨论。

（5）企业对目标实现与现有资源状况之间的匹配程序进行的评估。

（6）设定战略风险可接受程度。

（7）就战略目标与企业内部员工和外部相关利益集团之间的沟通。

2. 经营目标

经营目标关系到企业经营的有效性和效率，包括业绩和盈利目标、资产安全等。经营目标来自企业的战略目标和战略规划，并与之紧密联系，是根据具体对象和不同时段制定的，这些目标应针对每个重要业务活动并与其他业务活动保持一致。

（1）经营目标与企业战略目标及战略规划一致。

（2）经营目标适应企业所处的特定经营环境、行业和经济环境等。

（3）各个业务活动目标之间保持一致。

（4）所有重要业务流程和业务活动目标相关。

（5）适当的资源及有效配置。

（6）管理层制定企业经营目标及他们对目标的负责程度。

3. 报告目标

报告目标与报告的可靠性有关，包括内部和外部报告，涉及财务和非财务信息。可靠的报告既为管理层提供适合其既定目标的准确和完整的信息，也是外部监管的要求。

（1）管理层决策及对企业活动、业绩监控的准确、及时、完整的信息的对内报告。

（2）满足投资者、监管部门及其他相关信息需求者需求的真实、可靠、完整的信息的对外报告。

（3）信息的全面性，不仅是财务信息。

4. 合规目标

合规目标与符合相关法律法规有关。

企业的各项活动必须符合法律法规确定的要求，通常涉及知识产权、市场、定价、税收、环保、员工福利和国际贸易等。

5. 资产安全目标

保障资产安全目标包括防止企业在经授权下无效率经营，损失资产；防止员工舞弊、防止企业资产被盗等。

企业应当重点关注如下方面。

（1）日常经营活动的效率，提高企业的生产力和竞争力，防止资产缩水。

（2）资产使用及处置的授权情况。

（二）风险识别

由于内部或外部的因素影响，企业的业绩可能存在偏离明确的或隐含的目标的情况，目标与业绩的差距越大，风险就越大。只有预见并有效管理所面临风险的企业，才能在目前激烈的市场竞争中脱颖而出，并立于不败之地。然而有时企业却不能及时识别这些风险，尤其在短期绩效较好，或者在恪守一个不变的目标时。例如，企业可能认为它为客户提供的服务质量一直保持一定的水平，然而由于竞争者做法的改变，它的服务在客户看来是下降了的。所以企业风险识别应该全面，并且是一个反复的过程，通常与计划过程结合在一起。在考虑时应尽量避免与过去的业绩挂钩。

企业在进行风险识别活动时应关注以下几个方面。

（1）风险识别流程与活动指引。
（2）风险识别过程策划及记录。
（3）风险识别技术的适宜性。
（4）风险事项信息库完整性和更新。
（5）风险识别活动的评估。
（6）企业所有重大风险应得到识别。

风险识别是一个输入转化为输出的过程，涉及的要素如图2-1所示。

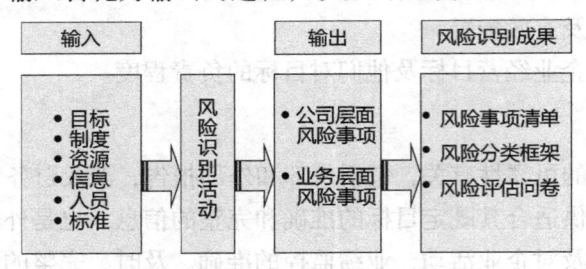

```
┌─────────┐      ┌──────┐      ┌─────────┐      ┌─────────┐
│   输入   │      │      │      │   输出   │      │风险识别成果│
│• 目标    │      │ 风险 │      │• 公司层面│      │• 风险事项清单│
│• 制度    │ ===> │ 识别 │ ===> │  风险事项│ ===> │• 风险分类框架│
│• 资源    │      │ 活动 │      │• 业务层面│      │• 风险评估问卷│
│• 信息    │      │      │      │  风险事项│      │         │
│• 人员    │      │      │      │         │      │         │
│• 标准    │      │      │      │         │      │         │
└─────────┘      └──────┘      └─────────┘      └─────────┘
```

图2-1　风险识别过程

📂 拓展阅读　某企业风险识别的主要措施和程序

详见"DIB 内部控制与风险管理教学软件（试用版）—辅助资源—拓展阅读—阅读5　某企业风险识别的主要措施和程序"。

登录地址：http://teachdemo.dibtime.com，登录账号：zhangmeng，登录密码：123456。

🔧 案例探讨　全球航运遇寒冬　国内巨头遭折戟

思考：试根据该案例内容识别A集团所面临的风险。

案例详见"DIB 内部控制与风险管理教学软件（试用版）—辅助资源—案例探讨—案例1　全球航运遇寒冬　国内巨头遭折戟"。

登录地址：http://teachdemo.dibtime.com，登录账号：zhangmeng，登录密码：123456。

（三）风险分析

在风险识别的基础上，企业应进一步分析风险发生的可能性和对目标实现的可能影响程度，即风险分析。风险分析是风险应对的基础，没有客观、充分、合理的风险分析，风险应对将是无的放矢、效率低下的。

评估事项发生的可能性（频率、概率）和评估事项产生的影响，是风险分析的两大核心任务。在风险评估过程中，企业应从自身的具体状况出发，运用适当的风险分析技术，定量或定性地评估相关事项，为风险应对提供依据。

风险分析活动仍然是一个输入转化为输出的过程，如图 2-2 所示。

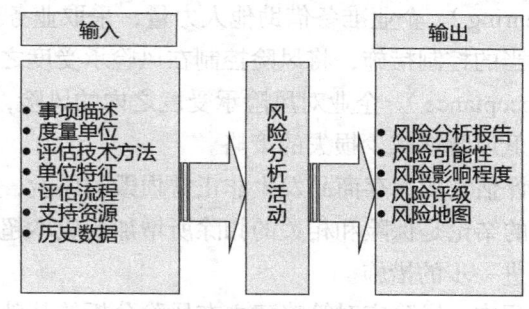

图 2-2 风险分析过程

在进行风险分析活动的过程中，企业应关注以下几个方面。
（1）确定适当的度量单位。
（2）评估风险可能性（频率、概率）。
（3）评估风险的影响。
（4）确定风险的重要性水平。
（5）采取适当的风险分析技术方法。
（6）风险分析的流程、指引、策划、执行、评估、资源支持等。
（7）参与评估的人员结构和技术要求。

> **拓展阅读** 常见的风险分析技术简介
>
> 详见"DIB 内部控制与风险管理教学软件（试用版）—辅助资源—拓展阅读—阅读 6 常见的风险分析技术简介"。
>
> 登录地址：http://teachdemo.dibtime.com，登录账号：zhangmeng，登录密码：123456。

（四）风险应对

风险应对建立在深入的风险评估基础之上，为风险控制活动提供依据。企业应当根据相关目标、企业风险偏好和风险可接受程度、风险发生的原因和风险重要性水平，结合实际情况确定适当的风险应对策略。

企业风险应对有以下四种基本类型。

（1）风险规避（Avoidance）。企业对超出风险承受度的风险，通过放弃或停止与该风险相关的业务活动以避免和减轻损失的策略。

例如，公司认为某条生产线或某个分部所面临的风险超出了公司的风险承受度，所以选择了退出这条生产线或卖掉这个分部。再如，公司拒绝向一个新的地区进行市场拓展，可能也因为评估出其风险过大。

（2）风险降低（Reduction）。企业在权衡成本效益之后，准备采取适当的控制措施降低风险或减轻损失，将风险控制在风险承受度之内的策略。

例如，某股票交割公司识别和评估出它的系统超过 3 小时不能用的风险，并得出它不能承受发生这种情况影响的结论。这家公司投资于增进故障自测和系统备份的技术，以降低系统不能用的可能性。

（3）风险分担（Sharing）。企业准备借助他人力量，采取业务分包、业务外包、购买保险、套利等方式和适当的控制措施，将风险控制在风险承受度之内的策略。

（4）风险接受（Acceptance）。企业对风险承受度之内的风险，在权衡成本效益之后，不准备采取控制措施降低风险或减少损失的策略。

例如，企业识别和评估它的库存商品发生非正常损毁的风险，并评估通过保险分担风险影响的成本后，得出的结论是保险和相关的扣除所增加的成本超过重置成本，于是决定承受这项风险，不采取进一步的措施。

在企业风险管理过程中，风险应对策略建立在风险分析的基础之上。风险应对策略的制定是一个输入转化为输出的过程，如图 2-3 所示。

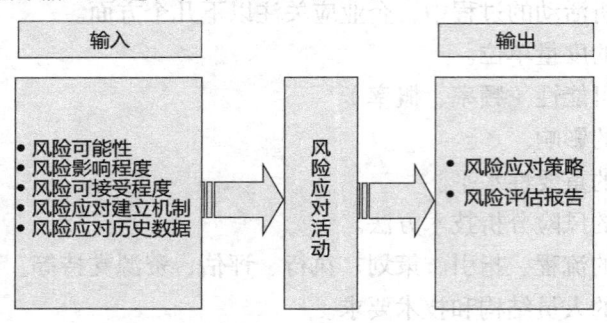

图 2-3　风险应对过程

企业在建立风险应对策略的过程中，应重点关注以下几个方面。

（1）风险应对策略是否建立在充分的风险分析基础之上。

（2）风险应对策略本身的技术、资源可行性。

（3）风险应对策略是否能够使剩余风险处于企业风险可接受程度内。

（4）风险应对策略是否符合效益原则。

（5）企业风险应对组合方案的建立、评估、决策方法技术。

（6）风险应对策略中的风险应对创新。

案例探讨　判断企业所采取的风险应对策略属于哪种

案例详见"DIB 内部控制与风险管理教学软件（试用版）—辅助资源—案例探讨—案例 2　判断企业所采取的风险应对策略属于哪种"。

登录地址：http://teachdemo.dibtime.com，登录账号：zhangmeng，登录密码：123456。

要点提示

风险评估应当是一个持续动态的过程。企业应当结合不同发展阶段和业务拓展情况，持续收集与风险变化相关的信息，进行风险识别和风险分析，及时调整风险应对策略。

仿真模拟

请点击网址或扫二维码收看"DIB 内部控制与风险管理教学软件仿真模拟操作视频——风险评估"（视频密码：4321）。

网址：http://teachdemo.dibtime.com/video.html

四、财务风险控制

（一）财务风险的识别

财务风险是指企业在筹资、投资、资金运营等各项财务活动管理过程中，由于各种难以预料或控制的因素影响，从而使企业出现财务损失甚至资金链断裂，或出现财务信息真实性、准确性、可靠性受损甚至故意造假等现象。

财务风险在企业面临的各类风险中处于基础核心地位，是企业最致命的风险。战略风险、市场风险、经营风险以及法律合规风险最终都极可能导致企业财务状况的恶化或达不到预期目标。而财务状况的好坏则直接影响着企业的生存和发展壮大。因此，企业应当高度重视财务风险控制，及时识别、防范和控制财务活动中的风险因素，为企业健康稳定和可持续发展提供有力支撑。

按照风险发生的主要环节和来源不同，财务风险一般可以分为筹资风险、投资风险、资金管理风险、预算管理风险、成本费用风险、担保风险、关联交易风险、会计与报告风险、盈利能力风险、税务管理风险等。

下面，以企业成本费用风险为例，介绍其主要表现及成因，具体如表 2-1 所示。

表 2-1　企业成本费用风险的主要表现及成因

风险名称	主要表现及成因
成本费用管理体系风险	未建立完善的成本费用管理体系，对成本费用项目进行标准化、系统化管理，或已有成本费用管理体系不合理，可能导致成本费用核算不准确，不利于降低企业的成本费用

续表

风险名称	主要表现及成因
成本费用管理体系风险	企业人员成本意识不够、成本费用管理职责落实不到位、成本费用控制不力等，各项业务预算依据不强，预算执行随意，业绩考核目标无法准确量化落实等，造成企业成本费用的整体可控性降低
成本费用计划风险	未编制企业成本费用计划，或成本费用计划编制不合理、不科学，导致企业成本费用核算工作与运营计划脱节或不匹配，甚至可能阻碍企业运营目标的实现
成本费用核算风险	成本费用信息不能及时收集、传递和共享，或存在数据统计标准、核算方法各异等现象；成本费用核算归集与分配不合理，核算方法不规范，核算内容不全面；未定期编制成本费用报表或报表编制不规范；未及时将成本费用报表报送管理层及相关部门
成本费用分析风险	不重视成本费用分析工作，未建立定期开展成本费用数据分析、报告和反馈工作机制，成本费用数据分析和应用能力有限，对成本费用分析结果运用不足，成本费用管理工作仅停留在数据和报表输出层面
成本费用控制风险	成本费用控制与成本核算和分析结果脱节，成本费用管理手段和方法缺乏，影响成本费用管理控制效果
成本费用考核与评价风险	未对企业成本费用控制效益进行考核，或考核机制不健全，未建立有效的激励约束机制，成本费用考核作用难以真正发挥
外部风险	原材料、能源及人工等价格上涨，导致企业经营成本增加 国家关于安全、环保、税收以及行业标准等方面的监管要求提高，企业需要加大在这些方面的投入从而导致成本费用上升

（二）财务风险的评估

企业财务风险的典型评估方法主要有以下几种。

1. 风险价值模型

风险价值模型（Value at Risk，VaR），也称受险价值方法、在险价值方法，是指在一定概率水平（置信度）下，某一金融资产或证券组合价值在未来特定时期内的最大可能损失。它反映了风险资产最低报酬水平与期望报酬水平之间的离散距离。

VaR 通常假设如下：

（1）市场有效性假设；

（2）市场波动是随机的，不存在自相关。

设 W_0 为风险资产的初始值，W_m 为给定置信水平 P 上的资产最低价值，R 为目标时间区间上的报酬率，风险计量模型表达为：

$$W = W_0 \times (1+R)$$

$$VaR = E(w) - W_m = W_0 \times [E(R) - R_m]$$

VaR 从统计的意义上讲，是指面临"正常"的市场波动时"处于风险状态的价值"。

即在给定的置信水平和一定的持有期限内，预期的最大损失量（可以是绝对值，也可以是相对值）。例如，某一公司持有的证券组合在未来 24 小时内，置信度为 95%，在证券市场正常波动的情况下，VaR 值为 520 万元，其含义是指，该公司的证券组合在一天内（24 小时），由于市场价格变化而带来的最大损失超过 520 万元的概率为 5%，平均 20 个交易日才可能出现一次这种情况。或者说有 95%的把握判断该公司在下一个交易日内的损失在 520 万元以内。

VaR 的优点在于操作简单，没有任何技术色彩，可以事前计算风险，而且不仅能计算单个金融工具的风险，还能计算由多个金融工具组成的投资组合风险。因此，被广泛应用于金融投资风险控制和风险性资本的估算中。

2. 加权平均资本成本法

加权平均资本成本（Weighted Average Cost of Capital，WACC），是指企业以各种资本在企业全部资本中所占的比重为权数，对各种长期资金的资本成本加权平均计算出来的资本总成本。该方法可用来衡量企业的筹资结构、筹资成本以及投资收益率的适当性。

加权平均资本成本的计算公式为：

$$K_W = \sum_{j=1}^{n}(K_j \times W_j)$$

式中，K_w 代表企业总的加权平均资本成本；K_j 代表某种资金的资本成本；W_j 代表某种资金在各种资金中所占的比重。

一般企业在实际应用中，计算税后加权平均资本成本的基本公式如下：

$$WACC=(K_e \times W_e)+[K_d(1-t) \times W_d]$$

式中，K_e 代表公司普通权益资本成本；K_d 代表公司债务资本成本；W_e 代表权益资本在资本结构中的百分比；W_d 代表债务资本在资本结构中的百分比；t 代表公司的所得税税率。

需要注意的是，计算个别资金占全部资金的比重时，可分别选用账面价值、市场价值、目标价值权数来计算。其中，市场价值权数指债券、股票以市场价格确定权数。这样计算的加权平均资本成本能反映企业目前的实际情况。为弥补证券市场价格变动频繁的不便，也可以用平均价格。目标价值权数指债券、股票以未来预计的目标市场价值确定权数。这种方法能体现期望的资本结构，而不是像账面价值权数和市场价值权数那样只反映过去和现在的资本成本结构，所以按目标价值权数计算的加权平均资本成本更适用于企业筹措新资金。然而，该方法的难点在于企业很难客观合理地确定证券的目标价值。

此外，运用 WACC 对个别项目价值进行评估时，值得注意的地方就是要根据具体情况对个别项目的风险进行调整。因为资本加权平均成本是就企业总体而言的，一般用于公司整体资产价值的评估。因此，企业在运用 WACC 对个别风险项目进行价值评估时，需要对加权平均资本成本进行调整，对于不同风险的项目，要用不同的加权平均资本成本去衡量，为有关特定项目确定一个具体的接受标准。

3. 马克维茨均值—方差模型

马克维茨均值—方差模型是诺贝尔经济学奖获得者马克维茨在 1952 年提出的投资组

合选择理论，其主要思想是把投资组合的价格变化视为随机变量，以它的均值来衡量收益，以它的方差来衡量风险，把投资组合中各种证券之间的比例作为变量，从而将求收益一定条件下风险最小的投资组合问题归纳为一个线性约束下的二次规划问题。

马克维茨均值—方差模型的基本假设是：

（1）所有投资都是完全可分的。

（2）投资者愿意仅在收益率的期望值和方差（标准差）两个测度指标的基础上选择投资组合。

（3）投资者事先知道投资收益率的概率分布，且收益率满足正态分布的条件。

（4）如果两个投资组合有相同的收益的标准差和不同的预期收益，高的预期收益的投资组合会更为可取。

（5）如果两个投资组合有相同的预期收益和不同的标准差，小的标准差的组合更为可取。

（6）如果一个组合比另外一个有更小的收益标准差和更高的预期收益，它更为可取。

马克维茨均值—方差模型计算公式为：

$$E(R) = \sum_{j=1}^{n}(R_j \times P_j)$$

$$K = Var[E(R)]$$

式中，R 代表投资收益各种可能的结果；P 代表投资收益出现的概率；$\sum_{j=1}^{n}(R_j \times P_j)$ 代表投资收益的平均值；K 代表风险程度值；Var 代表方差（或标准差的函数）。

马克维茨均值—方差模型是证券投资组合中度量风险的主流方法，它将风险度量上升到数理分析的高度。然而，它的缺点在于，以正态分布为前提，而社会经济指标不是纯自然变量，其变化规律很难符合正态分布。而且，方差并不足以表达财务风险的经济性质，财务风险的经济性质是不利结果发生的可能性及其离散状况，风险意味着结果不稳定，但结果不稳定并不完全意味着风险。

4. 资本定价模型

资本定价模型（Mcapital Asset Pricing Model，CAPM），是由美国学者夏普（William Sharpe）、林特尔（John Lintner）、特里诺（Jack Treynor）和莫辛（Jan Mossin）等人于1964年在资产组合理论和资本市场理论的基础上发展起来的，主要研究证券市场中资产的预期收益率与风险资产之间的关系，以及均衡价格是如何形成的，是现代金融市场价格理论的支柱，广泛应用于投资决策和公司理财领域。

由于CAPM是建立在马克维茨模型基础上的，因此，除马克维茨模型的假设条件外，CAPM的附加假设条件：

（1）可以在无风险折现率 R 的水平下无限制地借入或贷出资金。

（2）所有投资者对证券收益率概率分布的看法一致，因此市场上的效率边界只有一条。

（3）所有投资者具有相同的投资期限，而且只有一期。

（4）所有的证券投资可以无限制的细分，在任何一个投资组合里可以含有非整数股份。
（5）税收和交易费用可以忽略不计。
（6）所有投资者可以及时免费获得充分的市场信息。
（7）不存在通货膨胀，且折现率不变。
（8）投资者具有相同预期，即他们对预期收益率、标准差和证券之间的协方差具有相同的预期值。

CAPM 的计算公式为：

$$E(r_i)=r_f+\beta_{im}[E(r_m)-r_f]$$

式中，$E(r_i)$ 是资产 i 的预期回报率均方差分析和资本资产定价模型，r_f 是无风险利率，β_{im} 是（Beta 系数），即资产 i 的系统性风险，$E(r_m)$ 是市场 m 的预期市场回报率；$E(r_m)-r_f$ 是市场风险溢价（Market Risk Premium），即预期市场回报率与无风险回报率之差。

CAPM 主要应用于资产估值、资金成本预算以及资源配置等方面。投资者可以据此来判断证券是否被市场错误定价，也可以根据对市场走势的预测来选择具有不同 β 系数的证券或组合以获得较高收益或规避市场风险。该模型的优点在于，第一，只考虑系统性风险（市场风险），这一点是比较现实的；第二，揭示了投资者的预期回报与系统性风险之间的关系；第三，详细地考虑了一个公司的系统性风险水平相对于整个股票市场的系统性风险水平，在计算权益资本成本时比较准确；第四，在投资项目的评估中，CAPM 作为项目的折现率明显优于 WACC。而 CAPM 的缺点，首先表现在其变量的取值上，如为市场风险溢价的取值相对是比较困难的，Beta 系数也不是稳定的；其次表现在投资评估的应用中，如公司的资本结构是难以获得的，假设投资的标准期是一年也是与实际情况不相符的。

5. 哈洛 LPM$_n$ 模型

为解决马克维茨均值—方差模型的收益正态分布假设和损失的真实风险感受对投资行为的影响等问题，风险基准或参照水平（Risk Benchmark or Reference Level）被引入，以代替马克维茨模型中的均值，归结为 downside risk 度量法。该类方法着重考察损失边在风险构成中的作用。其中，最具代表性并形成较成熟理论体系的是哈洛的 LPM$_n$ 方法。

哈洛认为，投资者所考虑和担心的风险是未来报酬低于目标值的可能性。其计算公式为：

$$\text{LPM}_n = \sum_{R_i=-\infty}^{T} P_i \times (T-R_i)$$

式中，LPM$_n$ 是相对于目标报酬的概率水平；R 是投资收益各种可能的结果；P_i 是投资收益出现的概率；T 是目标收益水平，参数 $n=0，1，2$。

当 $n=0$ 时，LPM$_0$ 表示低于目标收益率的概率水平；
当 $n=1$ 时，LPM$_1$ 表示低于目标收益率的离差距离；
当 $n=2$ 时，LPM$_2$ 表示低于目标收益率的半方差。

哈洛的 LPM$_n$ 模型的优点是克服了方差的缺陷，不需要在收益率分布为正态分布的前提下，用于解决收益率分布不对称的风险度量问题。但是，由于其只关注损失边的风险值，便有点片面，风险量值的大小不仅取决于各种损失及其可能性等不利情景，而且还与投资收益的有利情景有关。实际中，应同时考虑报酬和损失对风险测算的影响。

6. 敏感性分析法

敏感性分析是投资项目经济评价中常用的一种研究不确定性的方法，是在确定性分析的基础上，进一步分析不确定性因素可能对投资项目的最终经济效果指标的影响及影响程度。当不确定性因素发生变化时，投资项目的经济效果指标值势必也会随之改变。敏感性分析，就是要通过相关计算，尽可能地定量反映技术方案经济效果评价指标随不确定因素变化而变化的敏感程度。企业可以根据各不确定因素变化的影响程度，将影响比较大的主要"敏感性因素"，重点、持续进行监控和管理。

敏感性分析方法的步骤如下：

（1）选择本企业的投资经济性分析评价指标。不同的企业对项目的投资分析有各自不同的经济效果评价指标。通常有内部收益率、净现值、回收期（包括动态或静态）。

（2）建立投资项目的经济分析评价模型。依据不同类型的投资项目，建立合适的投资项目经济分析评价模型。一般而言，评价模型要涵盖投资项目的评价期间、投资、销售、成本各领域。成本项目也要根据其成本属性区分变动成本、半变动成本和固定成本。

（3）选择不确定性因素及其变动幅度。在投资项目经济分析评价模型建立之后，需要按预设的评价因素、评价流程、方法进行项目的经济分析。同时，根据企业各自的经验和信息，选择不确定因素及其最有可能在多大范围内波动。

（4）计算不确定因素的变动对分析指标的影响程度。通常采用逐项替代法。也就是说，先固定其他因素不变，只让其中一个不确定因素改变一定幅度，计算出敏感性分析指标改变多少。然后再换一个，逐项替代。

（5）针对敏感因素采取措施，提高抵抗风险的能力。对敏感性分析指标影响最大的不确定因素，就是最敏感因素。一旦该因素有所下降，将对投资效益产生严重影响。所以，要针对该因素积极采取措施，抵抗风险。

敏感性分析能够让投资者找到"主要矛盾"。但是敏感性分析也有其局限性。在敏感性分析中，分析某一因素的变化时，假定其他因素不变，而实际经济活动中各因素之间往往是相互影响的。

此外，可用于财务风险评价的方法还有杠杆分析法、单变量模型判定法、多元线性模型评价法、综合评价法、概率模型、神经网络分析模型等，企业在实际过程中，可根据自身的实际情况和需要，选择某一或某几种方法，灵活应用，以达到预期效果。

案例探讨 企业财务风险评价方法应用实例

思考：请用敏感性分析方法评估该投资项目风险如何，是否可行？

案例详见"DIB 内部控制与风险管理教学软件（试用版）—辅助资源—案例探讨—案例 3 企业财务风险评价方法应用实例"。

登录地址：http://teachdemo.dibtime.com，登录账号：zhangmeng，登录密码：123456。

（三）财务风险的控制措施

财务风险在企业风险管理中居于核心地位，加强财务风险管理控制，能够为企业的持续健康发展保驾护航。因此，企业应当将防范和控制财务风险作为内部控制的重点工作，从增强意识、完善制度、细化措施、加强预警监控等方面进行规范管理。仍以成本费用风险为例，企业应从这几个方面进行管理控制：

一是提高各级领导和全体员工的成本费用管理意识，明确成本费用归口管理部门，明确其他各部门在成本费用管理中的职责。

二是加强成本费用预测管理，科学合理编制成本费用计划，将成本费用控制的关口前移，实现对企业成本费用的全过程控制。

三是建立健全成本费用核算的范围、标准、程序和方法，实现医院成本费用核算工作的科学化、规范化。

四是高度重视成本费用核算数据分析工作，完善成本费用分析方法，定期对成本费用核算数据进行分析，把握成本费用运行规律，找出成本费用控制的潜力和措施，通过合理化建议并实施，降低企业运营成本，提高企业成本费用管理水平。

五是建立完善成本费用控制考评制度，定期开展成本费用考核，评价成本费用控制效益，并建立完善的绩效激励机制，将成本费用控制效果纳入各部门绩效考核体系，做到奖惩分明，使其能够自觉控制可控成本和费用，减少资源浪费。

拓展阅读 企业常见财务风险控制策略浅析

详见"DIB 内部控制与风险管理教学软件（试用版）—辅助资源—拓展阅读—阅读 7 企业常见财务风险控制策略浅析"。

登录地址：http://teachdemo.dibtime.com，登录账号：zhangmeng，登录密码：123456。

第三节 控制活动

控制活动是指企业根据风险评估结果，采用相应的控制措施，将风险控制在可承受度之内。控制活动是确保管理层关于风险应对策略得以贯彻执行的政策和程序。

控制活动贯穿于整个企业组织内，涉及所有的级别和部门，通常包括不相容职务分离控制、授权审批控制、会计系统控制、财产保护控制、预算控制、运营分析控制、绩效考评控制、重大风险预警机制和突发事件处理机制等。企业应当根据内部控制目标，将控制措施与风险应对策略相结合，对各种业务和事项实施有效控制。

一、控制活动的分类

控制活动可以合理确保重大差错不会发生或降低其发生的可能性，也可以在重大差错发生后及时发现或纠正偏差。

控制活动按照不同的分类标准，可以划分为不同的类型。

1. 按照控制活动的目标分类

（1）战略目标控制活动。能够合理保障战略目标实现的控制活动。

（2）经营目标控制活动。能够合理保障经营活动效率和效果目标的控制活动。

（3）报告目标控制活动。能够合理保障报告目标的控制活动。

（4）会规目标控制活动。能够合理保障会规目标的控制活动。

（5）资产安全目标控制活动。能够合理保障资产安全目标的控制活动。

2. 按照控制活动的内容分类

（1）公司层面控制。管理层确保在企业内部各个领域获得适当、有效控制的重要机制。主要包括内部环境范围内的控制措施、统一的规章制度、风险评估流程、反舞弊程序与控制、经营活动分析、期末财务报告控制、监督等。

（2）业务活动层面控制。直接作用于企业生产经营业务活动的具体控制，也称业务控制。例如，业务处理程序中的授权与批准、复核与审核、验证与调节，以及为保证资产安全而采用的限制接近等控制。

3. 按照控制活动的作用分类

（1）预防性控制。为防止错误和非法行为的发生，或者尽量减少其发生机会所进行的一种控制。例如，职责分离、系统完整性和持续控制、财产保护和接触限制控制，以及有效地计划和预算程序等，都属于预防性控制。

（2）发现性控制。为及时查明已发生的错误和非法行为，或者增强发现错误和非法行为机会的能力所进行的各项控制。例如，调节表、实际数据和计划/预算之间的比较、总账和明细账之间的调节、系统界面之间数据的调节、系统数据和数据报告的检查复核、异常报告列示错误或无效交易、审计等，都属于发现性控制。

4. 按照控制活动的手段分类

（1）系统控制。也称自动控制，是由计算机等系统自动执行的控制。例如，财务系统设定会计凭证的制单和审核不能为同一人，否则系统将会报错。又如，系统不允许超过采购订单数量的货物入库。

（2）人工控制。以人工方式执行的控制。例如，会计人员与资产管理人员及第三方监盘人对公司财产物资进行盘点，核查各项财产物资明细账账面余额与财产物资的实有数额是否相符。

5. 按照控制活动的重要程度分类

按照控制活动的重要程度的不同，可分为关键控制和一般控制。

一般而言，当一项控制可以涵盖多个可能出错事项，或者一个可能出错事项只有某项控制能够涵盖时，该项控制应当被认定为关键控制，除此之外，则被认定为一般控制。

关键控制对企业经营运作具有深入的影响，其作用是必不可少和不可替代的。关键控制的失败将直接影响企业战略、运营、合规、财务或资产安全目标的实现。

二、控制活动实施的关注要点

（1）针对企业的每项业务活动都有必要和恰当的政策和程序。

（2）已确定的流程及控制行为得到恰当的执行，如规定的流程和控制程序是否已实施，是否正确地按照设计意图执行；出现例外或发生需要跟踪的情况时，是否采取了恰当、及时的措施；监督人员是否有审核流程和控制行动的职能。

具体到各类型控制措施，其相应的关注重点如表2-2所示。

表2-2　各类型控制措施的关注重点

控制措施	关注重点
不相容职务分离控制	全面系统地分析、梳理业务流程中涉及的不相容职务，实现相应的分离措施，确保各司其职、各负其责、相互制约
授权审批	制定常规授权和特别授权的规定，明确各岗位办理业务和事项的权限范围、审批程序和相应责任
会计系统控制	严格依照会计准则制定会计核算与管理制度，加强会计基础工作，明确会计凭证、会计账簿和财务会计报告的处理程序，保证会计资料真实完整
财产保护控制	建立财产日常管理制度和定期清查制度，采取财产记录、实物保管、定期盘点、账实核对等措施，限制未经授权的人员接触和处置财产
预算控制	明确各责任单位在预算管理中的职责权限，规范预算的编制、审定、下达和执行程序，强化预算约束
运营分析控制	建立运营情况分析制度，运用综合信息和多种合理有效的分析方法，定期开展运营情况分析，发现存在的问题，及时查明原因并加以改进
绩效考评控制	建立和实施绩效考评制度，科学设置考核指标体系，对企业内部各责任单位和全体员工的业绩进行定期考核和客观评价，将考评结果作为确定员工薪酬及职务晋升、评优、降级、调岗、辞退等的依据
重大风险预警和突发事件应急处理机制	建立重大风险预警机制和突发事件应急处理机制，明确风险预警标准，对可能发生的重大风险或突发事件制订应急预案，明确责任人员，规范处置程序，确保突发事件得到及时妥善处理

> **拓展阅读**　企业中常见的不相容岗位

详见"DIB内部控制与风险管理教学软件（试用版）—辅助资源—拓展阅读—阅读8　企业中常见的不相容岗位"。

登录地址：http://teachdemo.dibtime.com，登录账号：zhangmeng，登录密码：123456。

第四节　信息与沟通

信息与沟通是企业及时、准确地收集、传递与内部控制相关的信息，确保企业内部、企业与外部之间能够进行有效沟通。信息的获取及沟通是企业相关人员有效履行内部控制和风险管理工作的保证。信息技术的应用对支持有效的内部控制与风险管理所需的信息获取及沟通起着积极的促进作用。

一、信息采集

企业应持续不断地识别、收集、整理与归纳来自内部与外部、经营与管理的各种信息，针对不同的信息来源和信息类型，明确各种信息的收集人员、收集方式、传递程序、报告途径和加工与处理要求，确保经营管理各种信息资源得到及时、准确、完整的收集。

按信息来源不同，可将企业内部控制重点关注的信息分为内部信息和外部信息两类。

内部信息主要包括财务信息、经营信息、规章制度信息、综合信息等。主要获取渠道有：机关职能部门的调研报告；财务会计报告；信息员收集、反映的情况；群众来信来访、员工直接向上级沟通的信息；内部刊物、资料；公司局域网；各种会议提案、记录、纪要等。

外部信息主要包括国家法律法规，国内外监管机构信息，以及客户、供应商、竞争对手的信息等。主要获取渠道有国家部委和外部监管方的文件；报纸杂志；中介机构；互联网；广播、电视；公司采购及业务部门收集的市场和价格信息；各子、分公司提供的信息；外部来信来访；参加行业会议、座谈交流等多种渠道。

一般来说，企业在信息采集过程中应重点关注以下方面。

1. 内外部信息的获取

（1）为了随时掌握有关市场状况、竞争情况、政策变化及环境的变化，企业应该完善获取外部相关信息的机制。

（2）为了保证企业目标的达成，企业应该建立重要内部信息的获取和沟通机制，重要信息应得到及时确认并向上级汇报。

2. 保证各级管理人员得到足够的信息

（1）为了保证决策的有效性，各级管理人员应能够及时得到他们履行职责所需要的内、外部信息。

（2）向不同级别的管理人员汇报详细程度不同的信息。

（3）对信息进行适当的汇总，以满足进一步详查的需要。

（4）为了有效监控有关事件和活动，并对经济、行业因素和控制问题进行迅速反应，应及时获取和传递信息。

3. 对信息管理进行总体规划

（1）由专门的部门对所产生的信息需求持续进行识别和跟踪。

（2）由相应的管理层决定信息的需求和优先次序。

（3）订立与战略决策相关的长期信息技术总体规划。

4. 管理层对信息系统的建设提供必要支持

管理层应为建立或改进信息系统提供足够的、必要的资源，并采取相应的控制措施。

二、信息沟通

沟通是指信息在企业内部各层级、各部门之间及企业与客户、供应商、监管者和股东等外部环境之间的传递。

有效沟通的建立需要从沟通环境、沟通渠道、沟通方式及沟通反馈等多方面着手。有效沟通的特点表现为：沟通频率高、方式随意；沟通深入且平等；具有沟通所需的物质条件；具有完善的沟通制度和系统；全方位信息共享。

企业应当建立横向和纵向相互通畅、贯穿整个公司的信息沟通渠道，确保公司目标、风险策略、风险现状、控制措施、员工职责、经营状况、市场变化等各种信息在企业内部得到有效传递。

具体来说，企业在实施信息沟通过程中应重点关注如下方面。

1. 让员工了解其职责及职责的有效性

（1）采取适当的沟通方式，保证沟通目的的实现。

（2）员工应清楚他们的行为要达到的目标，以及他们的工作对于实现这些目标的作用。

（3）员工应清楚个人职责与他人职责的相互影响。

2. 企业内部保证充分沟通

主要包括企业沟通信息的完整性和及时性，以及内部沟通的充分性等。

3. 建立畅通的沟通渠道

企业应建立畅通的沟通渠道，与相关方如供应商、客户、律师、股东、监管机构、外部审计师等，就相关信息进行必要的外部沟通，保证相关方的建议、投诉和收到的其他情况得到有效的记录、汇报、处理、反馈和跟踪。

4. 具备公开、透明的职业道德规范

（1）针对重要信息应由相应的管理人员与外部交流。

（2）供应商、客户及其他第三方合作者应清楚在合作的过程中，企业员工应遵循的职业道德规范。

（3）强调员工在与外部机构交流合作的过程中应遵循的职业道德规范。

（4）对于员工的不当行为应有相应的汇报和惩处机制。

5. 管理层对于外部信息应采取及时、有效的应对措施

（1）企业应积极进行客户满意度调查，并采取适当的措施。

（2）对与客户进行交易的财务数据严格把关，如果发现错误应及时纠正。

（3）保证所获取的信息并非失真信息。

（4）对于投诉信息，管理层应认真对待。

三、信息系统总体控制

信息系统总体控制适用于企业在信息系统的开发、实施、运行、维护及管理等方面的

控制，它可以更好地保护企业的信息资产，可以提高信息系统对业务的支撑力度，增强企业信息系统的运行效力。

信息系统总体控制通常包括控制环境、项目建设、系统变更、系统运维、信息安全等。

具体来说，企业在信息系统总体控制中应重点关注如下方面。

1. 控制环境

（1）制定信息技术总体规划，定期进行审阅和调整。

（2）考虑职责分离的要求，在重要工作岗位建立员工储备机制。

（3）确定受保护的信息资产清单并进行分级，明确相关责任人。

（4）每年定期对公司及业务层面的主要信息技术风险进行评估。发生重大信息技术应用或组织结构变动时，及时对变动情况进行风险评估。

（5）建立信息技术总体控制执行情况的测试、监督和审查制度。

2. 项目建设

（1）建立项目立项审批流程。

（2）建立商业软件、硬件和服务购买的管理流程。

（3）建立系统开发各阶段的管理制度，涵盖项目启动、项目需求分析、项目设计、系统开发实施、系统测试、系统上线、项目验收等。

（4）需求分析和项目设计文档得到业务部门的审批，关键的测试结果由最终用户签字认可。

（5）测试后的系统源代码应有保护措施，防止未经授权的修改。

（6）在系统上线时，采取控制措施，保证数据的准确性和完整性。数据移植结果经过数据所有者复核并签字认可。

（7）项目验收完后由用户签署项目验收报告。系统上线一段时间后，进行上线后评估，并解决发现的问题。

3. 系统变更

（1）根据系统变更对业务的影响程度，界定变更活动的优先级别，并对变更活动进行跟踪。禁止一切未经授权的系统变更行为。

（2）对于日常变更，建立应用系统变更和系统环境变更的管理流程，包括变更申请、受理、实施、测试、上线等几个步骤。完整记录并更新应用系统变更和系统环境变更的相关文档。

（3）对于紧急变更，建立紧急变更的管理流程，所有紧急变更应妥善记录以便事后审阅。紧急变更完成后补录相关变更程序记录。

4. 系统运维

（1）机房环境控制。根据机房重要程度配备必要的环境控制设备。

（2）定期对设备运行状况进行巡查；定期检查关键系统和设备的系统日志（如关键的应用系统、防火墙等），审查是否有错误信息或异常情况等。

（3）根据应用系统的重要程度，制定系统备份和恢复策略，包括备份数据内容、备份方式、备份频率、操作方法、备份及恢复操作步骤、备份介质存放地点等，并定期审阅。定期进行备份存储介质的恢复性测试。

（4）建立信息技术问题管理流程及升级汇报制度，按照问题的影响程度对其进行分级，并根据问题的级别上报至相应管理层。

5. 信息安全

（1）建立信息安全组织架构，设立信息安全负责人，建立完善的汇报机制。

（2）制定最终用户计算机操作安全制度，并要求员工签署相应的保密协议。

（3）对信息系统（包括网络系统、操作系统、数据库和应用系统等）的访问，执行访问控制原则，通过安全的登录验证机制，确保只有合法用户才能访问适用的系统。

（4）强化物理安全控制。机房根据实际情况可采用电子门禁、警卫、密码、门锁等。建立敏感系统文件的管理制度。

（5）加强网络安全管理。

（6）加强计算机病毒防护。

（7）加强第三方安全管理。

（8）建立信息安全事件的响应和升级汇报流程。

四、信息系统应用控制

信息系统应用控制包括应用软件中的电算化步骤及控制不同种类交易处理的相关手工操作程序。这些控制结合在一起，可以保证系统中的财务和其他信息的安全性、完整性、准确性和有效性。

企业信息系统应用控制应当重点关注如下方面。

1. 完整性

（1）所有的交易都经过处理，且只处理一次。

（2）不允许数据的重复录入和处理。

（3）例外情况被发现和处理。

2. 准确性

（1）所有数据（包括金额和账户）都是正确和合理的。

（2）例外情况被及时发现以保证交易被记录在正确的会计期间。

3. 有效性

（1）交易被适当授权。

（2）系统不接受虚假交易。

（3）例外情况被发现和处理。

4. 接触控制

（1）未经授权，不得对数据进行修改。
（2）数据的保密性。
（3）物理设备的保护。

五、信息披露

信息披露是指企业为确保符合中国证券监督管理委员会、香港联合交易所的要求及其他监管要求，向监管部门和所有市场参与者及时提供准确、完整、可靠的公司信息。

企业在信息披露过程中应重点关注如下方面。

1. 有效沟通

信息披露工作中涉及的员工均能获得他们应该了解的信息，确保信息披露工作的内部沟通畅通、有效；与投资者和外界媒体等进行良好的沟通。

2. 向涉及的员工传达其职责和控制责任

信息披露工作中涉及的员工应对整个信息披露工作有充分的认识，明确其在信息披露工作中所承担的工作和职责。参与信息披露工作的每个岗位应由适当人选担任，以保证信息的准确传递。

3. 整体支持

有效推行信息披露程序，需要管理层和所有员工的充分支持和配合。对于所有涉及披露流程的有关人员进行专门培训，以确保他们能充分理解自身职责；对不同岗位的员工进行有针对性的培训，以确保他们有能力履行职责和应付不断更新的外部监管要求。

4. 管理层监督

管理层采取个别的及定期的监控流程来保证信息披露的质量。监控流程由有经验的员工进行客观、公正的执行。

5. 持续改进与维护

管理层对信息披露工作进行改进与维护，以确保信息披露工作能够有效实施，并保证所披露资料满足监管要求和上市地法律、法规的要求。对于新的法规要求涉及的问题或程序执行中出现的问题，管理层应采取及时且适当的应对措施。

六、反舞弊

企业应当建立反舞弊机制，坚持惩防并举、重在预防的原则，明确反舞弊工作的重点领域、关键环节和有关机构在反舞弊工作中的职责权限，规范舞弊案件的举报、调查、处理、报告和补救程序。

（1）管理层设计、实施有效的公司反舞弊控制和程序，针对财务报告内部控制与企业风险管理失效行为和其他欺诈行为，采取适当的措施。

（2）董事会和审计委员会监督公司反舞弊的控制和程序。
（3）建立并推行诚信与道德价值观。
（4）建立举报热线和检举揭发机制及举报人保护制度。
（5）招聘和晋升时进行背景调查。
（6）建立舞弊调查程序并实施恰当的补救措施。
（7）进行舞弊风险分析。
（8）为减少已识别的舞弊风险，应该设计并实施有效的控制活动。
（9）对反舞弊相关信息进行收集和分享，并对员工进行适当培训。
（10）管理层对反舞弊控制和程序的效果进行持续监控和定期评估。

拓展阅读 信息化与企业内部控制

详见"DIB 内部控制与风险管理教学软件（试用版）—辅助资源—拓展阅读—阅读 9 信息化与企业内部控制"。

登录地址：http://teachdemo.dibtime.com，登录账号：zhangmeng，登录密码：123456。

第五节 内部监督

内部监督是指企业对内部控制建立与实施情况进行监督检查，评价内部控制的有效性，发现内部控制缺陷应当及时加以改进。企业的内部控制和风险管理是一个持续动态的过程。企业的战略目标、风险应对及控制活动等都会随着时间的变化而变化，这就要求企业的管理者随时监控企业的内部控制和风险管理运行情况是否有效，以便及时采取适当的措施。

企业一般通过日常监督和专项监督相结合的方法来对企业的内部控制与风险管理进行监控。专项监督的范围和频率应当根据风险评估结果及日常监督的有效性等予以确定。监督人员一旦发现内部控制与企业风险管理的缺陷，应及时上报，严重的缺陷应及时报告给高级管理层和董事会，管理层针对所报告的缺陷进行分析决策，并及时采取相应的纠正措施。

一、日常监督

日常监督是指企业对建立与实施内部控制的情况进行常规、持续的监督检查。

日常监督重点关注如下方面。

（1）在日常工作中获得能够判断内部控制与风险管理执行情况的信息。
（2）外部反映与公司内部信息的反映是否吻合。
（3）财务系统数据与实物资产应定期进行核对。
（4）重视和配合内外部审计师提出的改善措施。
（5）各级管理人员积极了解内部控制与风险管理的执行情况。
（6）定期与员工沟通。
（7）内部审计活动的有效性。

二、专项监督

专项监督是指在企业发展战略、组织结构、经营活动、业务流程、关键岗位员工等发生较大调整或变化的情况下，对内部控制的某一或某些方面进行有针对性的监督检查。

1. 范围和频率

企业在确定专项监督的范围和频率时应重点关注如下方面。
（1）对管理体系适当的部分进行评价。
（2）评价应包含足够的范围，保证覆盖的深度和频率。

2. 评价过程

企业在实施评价过程中应重点关注如下方面。
（1）评价计划的制订。① 规定评价的目标和范围。② 确定一个具有管理该评价所需权力的主管人员。③ 确定评价小组、辅助人员和主要业务单元联系人。④ 规定评价方法、时间路线和实施步骤。⑤ 就评价计划达成一致意见。
（2）评价活动的执行。① 获得对业务单元或业务流程活动的了解。② 了解单元或流程的风险管理过程是如何设计运作的。③ 应用一致同意的方法来评价风险管理过程。④ 通过与公司内部审计标准的比较来分析结果，并在必要时采取后续措施。⑤ 如果适用的话，记录缺陷和被提议的纠正措施。⑥ 与适当人员复核和验证调查结果。
（3）评价报告和纠正措施。① 与业务单元或业务流程的管理人员及其他适当的管理人员复核结果。② 从业务单元或业务流程的管理人员处获得说明和纠正措施。③ 把管理反馈写入最终的评价报告。
（4）评价人员。企业可以从审计部门、财务部门或其他管理部门选择合适的人员参与单独评价工作，也可以引入中介机构（专业内部控制和企业风险管理咨询机构）参与其中，但必须注意：① 评价人员不能参加自身负责的业务活动的评价；② 评价人员必须具备相关专业知识和一定的经验。

3. 评价方法

（1）评价小组是否确定评价过程中所需要的合适方法和工具。这些方法和工具包括：
- 过程流程图。
- 风险与控制矩阵。
- 风险与控制参考手册。
- 使用内部、行业或同行的信息确定基准。
- 计算机辅助审计技术。
- 风险与控制自我评估讨论会。
- 调查问卷。
- 动员会。

（2）所选择的评价方法和工具能否被指派的参与评价的员工所使用，是否与评价的范围相适应，以及是否与评价的性质和预期频率相适应。① 组织参与单独评价的人员开展评价前培训，使评价人员掌握相应的方法和工具及评价的范围、性质和频率。②了解被评价单位的基本情况，确保评价工作顺畅、高质、高效开展。

4. 评价文档

企业应当重点关注如下内容。

（1）内部控制与企业风险管理文档是否规范及是否具有相应的深度。根据监管要求，对内部控制和企业风险管理体系进行设计和记录，形成一系列文件，包括：

- 组织结构图。
- 主要职责、权限和责任的描述。
- 政策手册，经营程序。
- 过程的流程图，有关控制和相应职责。
- 主要绩效指标。
- 主要的已识别风险。
- 主要的风险度量。

（2）文档是电子文档还是书面文档，是集中的还是分散的，以及更新和复核的进入方法。

评价人员将评价过程及结果（包括存在的问题和已有的改正措施）进行记录，报负责人复核。被评价单位对评价结果签字确认。

三、报告缺陷

1. 汇集和报告发现的内部控制缺陷

企业应当明确缺陷报告的职责、内容，对缺陷报告程序及跟进措施等方面进行规范；制定《内部控制与企业风险管理缺陷认定规范》，明确缺陷定义及分类，以及缺陷评估内容、方法和标准等。重点关注如下方面。

（1）哪些缺陷将被报告。

（2）已识别的缺陷将向谁报告。

（3）哪些重要缺陷将向高级管理层或董事会报告。

（4）报告缺陷的渠道。

2. 适当地跟进评估

（1）审计委员会就有关内部控制和企业风险管理的重要调查结果及管理层的响应进行研究。

（2）公司管理层对在外部监管者监管过程中、内外部审计中发现的内部控制和企业风险管理缺陷授权相关部门进行调查、分析，采取相应的纠正措施，并检查各项措施的执行情况。

（3）审计部门或内部控制与企业风险管理部门负责跟踪检查在持续监督和单独评价中发现的缺陷和漏洞的整改落实情况，以及外部审计师提出的管理建议和内部控制与企业风险管理检查整改建议的落实情况。监督、指导整改方案的实施。根据对方案实施过程和结果的监督，对控制措施的有效性、适宜性进行验证，提出改进建议。组织有关部门对整改方案进行必要的调整，以确保风险控制目标的实现。

拓展阅读　内部监督要素的再认识

详见"DIB 内部控制与风险管理教学软件（试用版）—辅助资源—拓展阅读—阅读10　内部监督要素的再认识"。

登录地址：http://teachdemo.dibtime.com，登录账号：zhangmeng，登录密码：123456。

本章小结

- 风险是影响目标实现的各种不确定性因素。风险是相对于目标而言的，只能合理控制。
- 风险评估的主要程序为目标设定、风险识别、风险分析和风险应对。
- 风险应对的四种基本策略为风险规避、风险降低、风险分担和风险接受。
- 控制活动可以分为预防性控制和发现性控制，人工控制和系统控制，关键控制和一般控制。
- 关键控制直接影响控制目标的实现。当一项控制可以涵盖多个可能出错事项，或者一个可能出错事项只有某项控制能够涵盖时，则被认定为关键控制。

课后习题

1. 说说内部环境的基本内容及关注要点。
2. 什么是风险？风险的分类有哪些？
3. 风险评估的基本程序是什么？其目标设定包含哪几类？
4. 风险识别的过程是怎样的？
5. 风险分析的两大核心任务是什么？在进行风险分析活动时，应注意哪些方面？
6. 企业应对风险的策略有哪几种？
7. 财务风险的分类有哪些？典型的评估方法有哪几种？
8. 说说成本费用风险的主要表现及成因。
9. 什么是控制活动？控制活动的分类有哪些？什么是关键控制？
10. 如何做到企业信息的有效沟通？企业信息系统应用控制应关注哪些方面？
11. 企业应当如何建立反舞弊机制？
12. 什么是日常监督和专项监督？

第三章

管理业绩控制

【导入案例】

大冶有色金属集团控股有限公司（以下简称"大冶有色"或"公司"）始建于1953年，是国家"一五"时期建设的156重点项目之一，也是集采矿、选矿、冶炼、铜材加工于一体的国有特大型铜冶炼企业。

2012年，大冶有色收入就突破了400亿元，但企业却处于微利的边缘，稍有不慎，便会亏损。与此同时，公司规模日益扩大，外部市场环境日趋复杂，行业竞争压力也显著增加。如何扭转这种局面呢？管理者们经过一次次讨论，终于达成共识，在无法改变外部环境时，全面预算管理无疑是最好的管理手段。

于是，在母公司中国有色集团的帮助下，大冶有色开始深化预算管理体系并搭建预算信息化平台。经过多年的努力，公司在全面预算体系建设中取得了显著成效，截至2014年年底，近6年累计实现增收节支13.59亿元，各分、子公司2014年成本同比下降4%~6%。

分析发现，大冶有色的预算管理取得如此成功得益于五大举措：一是从公司和厂矿两个组织层面建立了公司预测和年度预算的双闭环预算管理体系。二是将预算主体向下延伸至班组，真正实现了成本从最基层作业环节开始的有效控制。三是实行定额管理，形成了涵盖1 235项的大冶有色定额库，作为公司预测、年度预算和成本管理控制的基础。四是在公司内部大力推行对标管理，全面建立指标对标比对库，寻找短板，树立标杆，持续改进，制定规划，限期达到。五是实行超利分成的预算考核制度，真正实现了将预算执行与生产单位的业绩直接挂钩。

可见，预算管理对于企业业绩的提升具有很大的促进作用。此外，组织机构、资金集中管理、绩效管理等都是提高企业经营管理业绩的有效手段。

本章我们将一起来学习和探讨这些控制方法的主要内容和关键要点。

【学习目标】

- ✦ 掌握组织控制的基本内容及关键控制措施。
- ✦ 掌握资金集中管理的定义、模式及关键控制措施。
- ✦ 掌握预算管理控制的定义、控制流程及关键控制措施。
- ✦ 掌握绩效管理的定义、工作流程及关键控制措施。

【学习导航图】

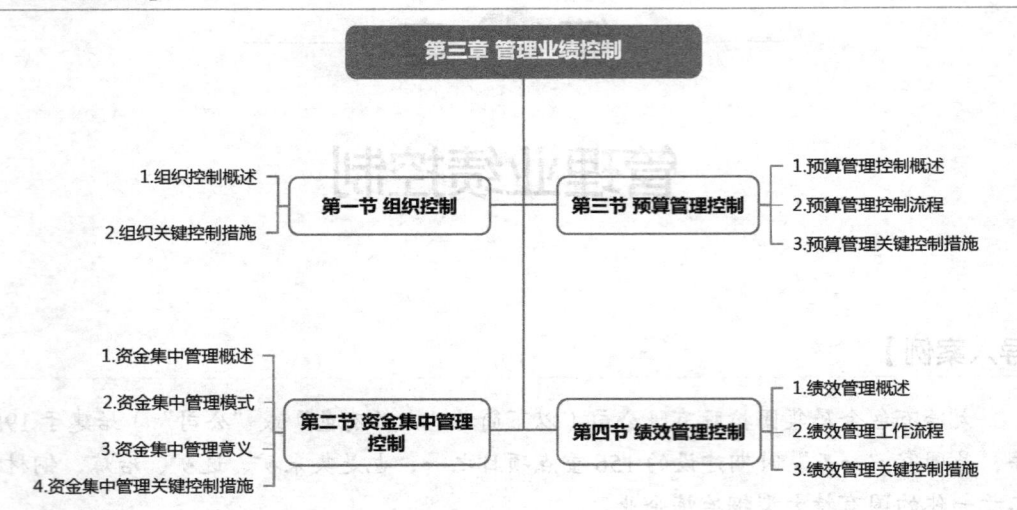

```
                        第三章 管理业绩控制
    ┌───────────────────────┬───────────────────────┐
1.组织控制概述              1.预算管理控制概述
                第一节 组织控制        第三节 预算管理控制      2.预算管理控制流程
2.组织关键控制措施           3.预算管理关键控制措施

1.资金集中管理概述          1.绩效管理概述
2.资金集中管理模式          第二节 资金集中       第四节 绩效管理控制   2.绩效管理工作流程
3.资金集中管理意义              控制               3.绩效管理关键控制措施
4.资金集中管理关键控制措施
```

第一节　组织控制

一、组织控制概述

组织是由两个或两个以上的个人为了实现共同目标而结合起来协调行动的有机整体。组织控制就是通过设计和维持组织内部的结构和相互之间的关系，使人们为实现组织的目标而有效地协调工作的过程，也称组织架构控制。组织控制的基本任务是：规定组织中每个人的职责，规定组织成员之间的关系，调动组织中每个成员的积极性。

组织控制主要包括两个方面的基本内容：组织设计和组织运行。

组织设计是指企业组织架构的设立或变革。设计依据包括组织发展战略、组织规模及组织所处的发展阶段、技术水平、组织环境等。主要内容包括工作分析与岗位设计、确定合适的管理幅度与管理层次、划分部门、选择合适的组织结构形式、明确组织结构的职责和权力等。

组织运行是指通过配备合适的人员、定期对企业组织架构进行梳理、定期对组织架构设计与运行的效率和效果进行评估等，为组织架构的有效运行提供合理保障，及时发现组织架构设计和运行中存在的问题，进行优化和调整，使企业的组织机构始终保持高效运行的状态。

组织控制是实现企业发展战略的重要基础和保障。一方面，建立和完善组织架构可以促进企业建立现代企业制度，形成产权清晰、权责明确、政企分开、制衡有效、运行顺畅、管理科学的制度体系。另一方面，建立和完善组织架构可以为强化企业内部控制建设提供重要支撑。组织架构是企业内部环境的有机组成部分，也是企业开展风险评估、实施控制活动、促进信息沟通、强化内部监督的基础和载体。一个科学高效、分工制衡的组织机构，可以使企业自上而下地对风险进行识别和分析，进而采取相应的控制措施予以应对，并通过开展评价与监督保障内部控制的有效运行。

二、组织关键控制措施

(一) 组织设计控制

1. 企业组织架构设计的原则

一般来说,企业在设计组织架构时,至少应当遵循以下原则

一是要依据法律法规。即组织架构的设立与变更必须遵循公司法、企业法等相关法律法规的规定,确保组织架构的合法性、法规性。

二是要有助于实现发展战略。组织架构是战略实施的载体,因此,企业组织架构的设置必须与组织战略相适应。一方面,组织架构的设置必须以组织战略为指引,围绕组织战略目标的实现而设计,组织战略发生重大变化,组织架构就应做出相应的调整,以适应战略实施的要求;另一方面,组织战略的制定也必须考虑企业组织架构的现实情况。

三是要符合管理控制要求。企业应当按照"职责明确、分工合理、机构精简、权责一致"的原则综合设置组织架构,同时要充分体现"制衡性、适应性、协同性"三大原则,确保组织决策机构、执行机构、监督机构既实现相互分离、相互制约和相互监督,又做到相互之间协调配合,且具备一定的灵活性,以有效应对重大事项或突发情况的发生。企业组织架构设置具体原则如表 3-1 所示。

表 3-1 企业组织架构设计的具体原则

设计原则	具体表现
制衡性原则	负责决策的机构不应参与具体执行过程
	负责执行的机构无权自行决策,也不得随意改变决策
	负责监督的机构独立于决策与执行,保证监督效果
适应性原则	结合人员编制情况设置不同的内设机构,在现有编制内灵活设计工作机制,选择合适的方式组织协调内部控制的建立、实施和日常工作。
	根据业务性质和管理要求,按照适当集中或分散方式设置组织结构,确保信息的上传、下达和在各经济活动间的传播
	在保持相对稳定的同时,可以随着外部环境的变化、战略及经营活动的调整和管理要求的提高,对组织机构进行修订和完善。
协同性原则	组织机构设计立足于整体,全面考虑企业战略及经营活动的决策、执行和监督的全过程,各层级之间及同级之间信息需得到有效的沟通
	组织机构设计在把握整体的基础上,应重点关注重要重大决策、重大事项、重要人事任免、大额资金支付业务及企业经营活动的重大风险

四是要能够适应内外部环境变化。组织架构的设计应当适应组织的规模及其所处的发展阶段。随着组织的发展,组织活动的内容会日趋复杂,人员会逐渐增多,活动的规模会越来越大,这时就需要设立程序与规则规范管理行为,企业趋向于选择机械化组织结构。同时,技术及技术设备的水平也会影响企业组织架构的设置,不仅影响组织活动的效率和效果,还会对组织活动的内容、职务的设置及工作人员的素质要求产生很大影响。例如,

单件生产与连续生产的企业适合设计有机式结构，大量生产的企业适合设计机械式结构。此外，组织环境的特点也会对组织架构的设计产生影响。稳定的环境要求一种各部门权责关系相对固定、等级结构严密的稳固的组织结构，而多变的环境则要求设计一种灵活的组织结构。

2. 企业组织架构设计的主要内容

一般来说，企业组织架构的设计主要包括两个层面：企业治理结构的设计和企业内部机构的设计。

治理结构的设计涉及股东（大）会、董事会、监事会和经理层。企业应当根据国家有关法律法规的规定，按照决策机构、执行机构和监督机构相互独立、权责明确、相互制衡的原则，明确董事会、监事会和经理层的职责权限、任职条件、议事规则和工作程序等。上市公司治理结构的设计，应当充分反映其"公众性"的特点。具体来说，一是要建立完善独立董事制度，二是要设立并满足审计委员会、薪酬与考核委员会等董事会专门委员会的特殊要求，三是要设立董事会秘书，直接对董事会负责，并由董事长提名，董事会负责任免。国有独资企业的治理结构设计应充分反映其特色，一是由国有资产监督管理机构代行股东（大）会职权，国有独资企业不设股东（大）会。企业董事会可以根据授权部分行使股东（大）会的职权，决定公司的重大事项，但公司的合并、分立、解散、增加或者减少注册资本和发行公司债券，必须由国有资产监督管理机构决定。二是国有独资企业董事会成员中应当包括公司职工代表。董事会成员由国有资产监督管理机构委派；但是，董事会成员中的职工代表由公司职工代表大会选举产生。国有独资企业董事长、副董事长由国有资产监督管理机构从董事会成员中指定产生。三是国有独资企业监事会成员由国有资产监督管理机构委派，监事会成员中的职工代表由公司职工代表大会选举产生。监事会主席由国有资产监督管理机构从监事会成员中指定产生。四是外部董事由国有资产监督管理机构提名推荐，由任职公司以外的人员担任。外部董事在任期内，不得在任职企业担任其他职务。

内部机构的设计是组织架构设计的关键环节。企业应当按照科学、精简高效、透明、制衡的原则，综合考虑企业性质、发展战略、文化理念和管理要求等因素，合理设置内部职能机构，明确各机构的职责权限，避免职能交叉、缺失或权责过于集中，形成各司其职、各负其责、相互制约、相互协调的工作机制。企业应当对各机构的职能进行科学合理的分解，确定具体岗位的名称、职责和工作要求等，明确各个岗位的权限和相互关系。在确定职权和岗位分工的过程中，应当加强权责匹配控制，针对各机构在企业中扮演的角色，本着责、权、利统一的原则，对各内设机构的责任和权限进行界定。建立对下属企业的授权体系，并检查和监督各下属企业对职责的履行情况，对越权的行为按照规定进行惩罚。同时，企业在进行内部机构设计时，应充分体现不相容岗位相分离原则，努力识别出不相容职务，并根据相关的风险评估结果设立内部牵制机制，特别在涉及重大或高风险业务处理程序时，必须考虑建立各层级、各部门、各岗位之间的分离和牵制，对因机构人员较少且业务简单而无法分离处理某些不相容职务时，应当制定切实可行的替代控制措施。此外，企业应当加强内部机构职责的书面控制，制定发布组织结构图、业务流程图、岗（职）位说明书和权限指引等内部管理制度或相关文件，使员工了解和掌握组织架构设计及权责分配情况，正确履行职责。

3. 企业组织架构设计的控制程序

企业应当按照根据相关法律法规和自身实际需要，建立健全企业各层级组织架构设立、调整及撤销的工作流程和决策审批权限，并严格按照工作流程和规定权限开展组织架构的设置与调整工作。企业组织架构设计和变更与调整的一般流程如图3-1和图3-2所示。

（二）组织运行控制

1. 人员配备

人是组织运行的重要因素，直接决定了组织运行的效率和效果。企业应当根据组织发展需要和组织结构特点，从人员结构、素质能力、人员数量等方面合理配备岗位及工作开展所需要的人员，确保在合适的时间、合适的地点、将合适数量的合适的人安排在合适的岗位上。具体来说，企业进行人员配置时应当坚持以下原则：一是任务目标导向，即企业在进行人员配备时应当充分考虑要实现的任务目标和具体任务是什么，工作技能要求是什么，工作量有多少等，因事配备人员，避免人浮于事。二是能级对应，确保人员的能力与岗位要求相对应。企业岗位有层次和种类之分，它们占据着不同的位置，处于不同的能级水平。每个人也都具有不同水平的能力，在纵向上处于不同的能级位置。岗位人员的配置应做到能级对应，即每个人所具有的能级水平与所处的层次和岗位的能级要求相对应。三是优势定位，即根据每个人的自身优势和特点，将其安置到最有利于发挥自己优势的岗位上，确保因才适用，人得其职。四是动态调节，即当企业人员或岗位要求发生变化的时候，要适时地对人员配备进行调整，确保始终使合适的人在合适的岗位上工作，以最大化其价值。

2. 组织架构梳理和运行评估

企业应当定期对组织架构进行全面梳理，对组织架构设计与运行的效率和效果进行全面评估，如果发现组织架构设计与运行中存在缺陷，应当及时进行优化调整。具体来说，企业在梳理和评估治理结构时，应当重点关注董事、监事、经理及其他高级管理人员的任职资格和履职情况，以及董事会、监事会和经理层的运行效果。其中，在任职资格方面，应当重点关注董事、监事、经理及其他高级管理人员的行为能力、道德诚信、经营管理素质、任职程序等方面。在履职情况方面，应当着重关注董事、监事、经理及其他高级管理人员的合规、业绩及履行忠实、勤勉义务等方面。在运行效果方面，应当重点关注：董事会是否按时定期或不定期召集股东大会并向股东大会报告，是否严格、认真地执行了股东大会的所有决议，是否合理地聘任或解聘经理及其他高级人员等；监事会是否按照规定对董事、高级管理人员的行为进行监督，在发现违反相关法律法规或损害公司利益情况时，是否能够对其提出罢免建议或制止、纠正其行为等；经理层是否认真、有效地组织实施董事会决议，是否认真、有效地组织实施董事会制订的年度生产经营计划和投资方案，是否能够完成董事会确定的生产经营计划和绩效目标等。治理结构存在问题的，应当采取有效措施加以改进。

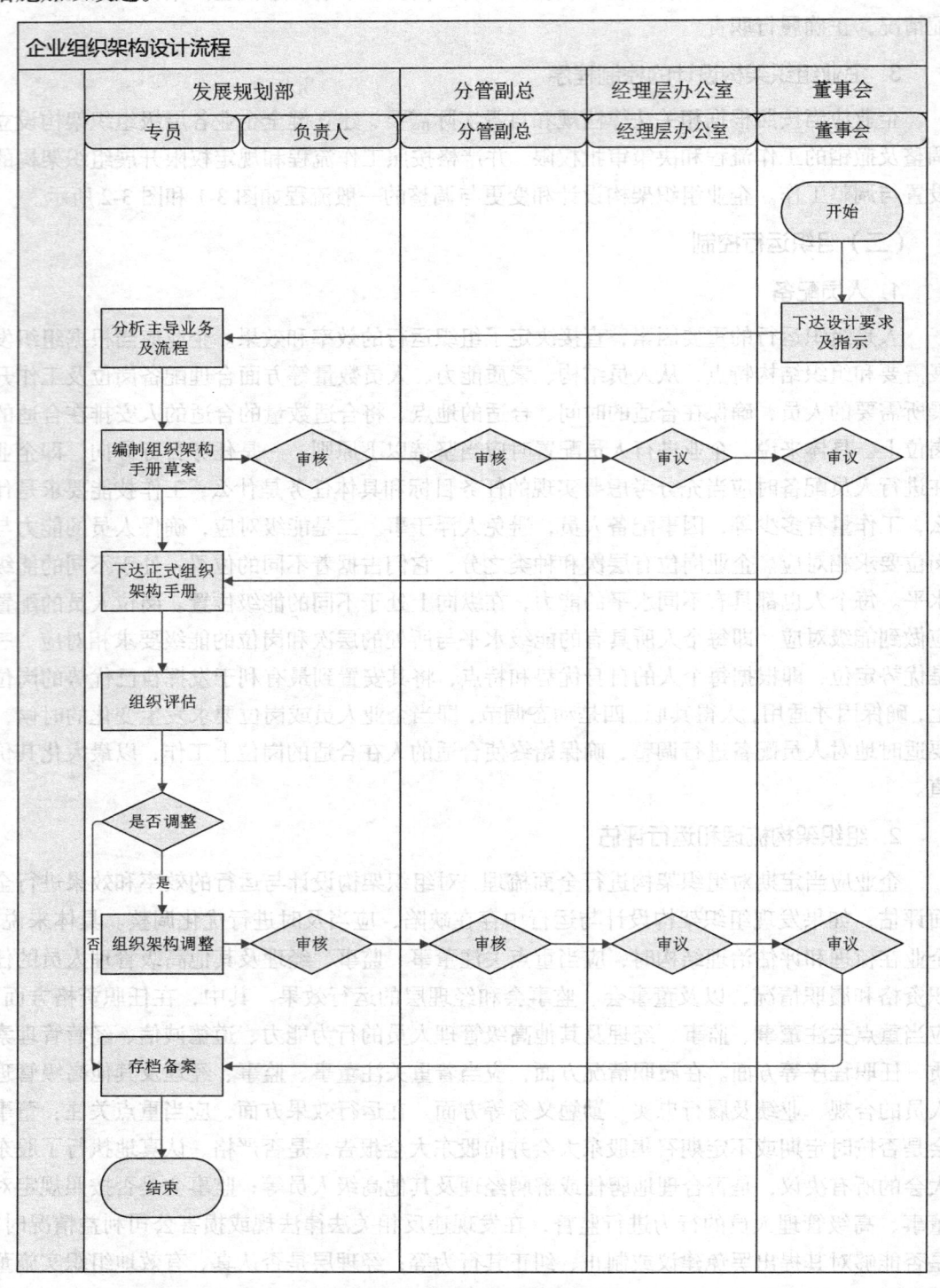

图 3-1　企业组织架构设计流程

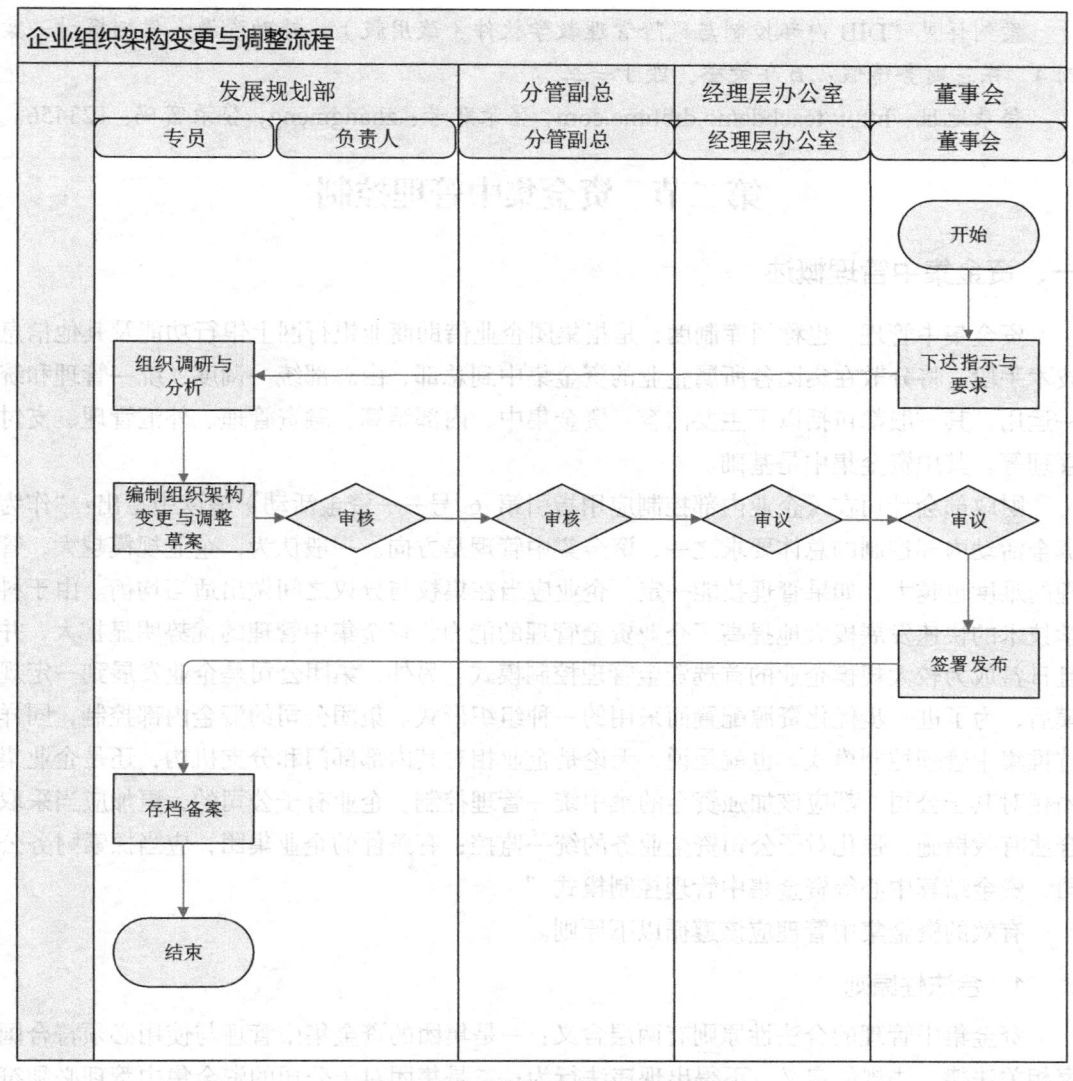

```
企业组织架构变更与调整流程
┌─────────────┬─────────────┬─────────────┬─────────────┐
│  发展规划部  │   分管副总   │ 经理层办公室 │   董事会    │
│ 专员 │ 负责人│   分管副总   │ 经理层办公室 │   董事会    │
└─────────────┴─────────────┴─────────────┴─────────────┘
```

图 3-2　企业组织架构变更与调整流程

企业在梳理和评估内部机构设置时，应当重点关注内部机构设置的合理性和运行的高效性等。其中，对于机构设置的合理性，应当重点关注：内部机构设置是否适应内外部环境的变化；是否以发展目标为导向；是否满足专业化的分工和协作，有助于企业提高劳动生产率；是否明确界定各机构和岗位的权利和责任，不存在权责交叉重叠，不存在只有权利而没有相对应的责任和义务的情况等。对于机构运行的高效性，应当重点关注内部各机构的职责分工是否针对市场环境的变化做出及时调整；机构权力是否过大并存在监督漏洞；机构权力是否被架空；机构内部或各机构之间是否存在权力失衡；机构信息是否及时、顺畅流通等。内部机构设置和运行中存在职能交叉、缺失或运行效率低下的，应当及时解决。

案例探讨　东芝财务造假：百年荣誉，毁于一旦

思考：请从组织控制角度分析东芝财务造假的内在原因。

案例详见"DIB 内部控制与风险管理教学软件（试用版）—辅助资源—案例探讨—案例 4 东芝财务造假：百年荣誉，毁于一旦"。

登录地址：http://teachdemo.dibtime.com，登录账号：zhangmeng，登录密码：123456。

第二节 资金集中管理控制

一、资金集中管理概述

资金集中管理，也称司库制度，是指集团企业借助商业银行网上银行功能及其他信息技术手段，将分散在集团各所属企业的资金集中到总部，由总部统一调度、统一管理和统一运用。其一般都包括以下主要内容：资金集中、内部结算、融资管理、外汇管理、支付管理等。其中资金集中是基础。

财政部会计司在《企业内部控制应用指引第 6 号——资金活动》解读中指出："作为资金活动内部控制的总体要求之一，资金集中管理是方向。一般认为，企业规模越大，管理的难度也越大，如果管理技能一定，企业应当在集权与分权之间做出适当均衡。由于科学技术的快速发展极大地提高了企业资金管理的能力，资金集中管理的优势明显扩大，并且日益成为较大规模企业的首选资金管理控制模式。另外，集团公司是企业发展到一定规模后，为了进一步优化资源配置而采用的一种组织形式。集团公司的资金内部控制，同样首推集中管理控制模式。也就是说，无论是企业相对其内部部门和分支机构，还是企业集团相对其子公司，都应该加强资金的集中统一管理控制。企业有子公司的，更加应当采取合法有效措施，强化对子公司资金业务的统一监控；有条件的企业集团，应当探索财务公司、资金结算中心等资金集中管理控制模式。"

有效的资金集中管理应该遵循以下原则。

1. 合法性原则

资金集中管理的合法性原则有两层含义：一是集团的资金集中管理与使用必须符合国家相关法律、法规的定义，不得出现违法行为；二是集团对子公司的资金集中管理必须符合公司相关章程、制度文件的规定，不得侵占子公司的合法利益。

2. 时机性原则

集团战略管理的最重要因素之一是时间的安排，而时间的安排又主要取决于机会的捕捉和创造。时机性原则对企业的资金投放有两方面要求：一是投放要准时，二是投放要及时。

3. 预算控制原则

企业集团的资金集中管理必须以预算控制为主要手段，按时编制集团资金预算、计划，使公司的资金管理按步骤、有计划地进行。

4. 成本效益原则

成本效益原则是指集团资金集中管理应注重资金使用成本和资金效益，应尽可能将资金投放到提高企业盈利能力的项目上去，使更多的资金参与周转。

5. 集权与分权适度原则

企业集团的资金管理一方面必须体现集权管理思想，要保证集团在全范围内迅速而有效地管理控制集团全部的资金，并使这些资金的保存与运用达到最优化状态；同时必须给予子公司适度的授权，确保子公司正常生产经营的资金使用需求。

二、资金集中管理模式

在实践中，越来越多的企业集团采用集中的资金管理方式来加强协同和控制，并提高集团整体的资金使用效率。资金集中管理模式主要有以下六种：统收统支模式、拨付备用模式、结算中心模式、内部银行模式、财务公司模式和现金池模式。

1. 统收统支模式

在统收统支的情况下，集团成员企业（分支机构）不单独设立账号，所有现金收入都必须集中到集团总部的财务部门，一切现金支出都由母公司财务部门来执行。实践证明，统收统支的方式有助于企业集团实现全面收支平衡，提高资金的周转效率，减少资金的沉淀。但是，统收统支不利于调动成员企业开源节流的积极性，以致降低整个集团经营活动和财务活动的效率。

2. 拨付备用模式

拨付备用金是指集团总部按照一定的期限拨给成员企业一定数额的现金备其使用。在这种情况下，成员企业的所有现金收入必须集中到集团财务部门，成员企业所发生的现金支出必须持有关凭证到集团总部的财务部门报销以补足备用金。与统收统支方式有所不同的是，成员企业在集团总部规定的现金支出范围和支出标准之内，可以对拨付的备用金的使用行使决策权。但是集团所属分支机构（成员企业）仍不独立设置财务部门，其每笔支出仍必须通过集团财务部门的审核，超范围和超标准的开支必须经过集团总部的批准。

统收统支和拨付备用金均属高度集权的资金管理模式，仅适用于集团总部管理同城或相距不远的非独立核算的分支机构，至于远程子公司通常不宜采取这种高度集权的资金管理控制方式。

3. 结算中心模式

结算中心模式是在母子公司框架的集团化企业内部设立财务结算中心，由中心办理企业内部各成员或分公司现金收付和往来结算业务，它是一个独立运行的职能机构。这种资金管理控制管理模式具有如下特点。

（1）各分公司有自身的财务部门，有独立的二级账户，有财务管理权。

（2）减少现金沉淀，提高资金利用效率和效益。

（3）实行收支两条线管理，真实反映分公司财务状况。

（4）整合融资资源，统一对外借款，有利于降低资金成本。

（5）慎重对成员企业放款，减少财务风险。

结算中心模式并不意味着将各分公司的全部资金集中到集团总部，而且这种模式也不是一成不变的，它将随着企业组织结构的变迁而发展。一般来说，结算中心模式是资金整合、资金流动和投资等决策过程的集中化，各分公司依然拥有较大的经营权和决策权。

4. 内部银行模式

企业内部银行是在企业内部引进商业银行的信贷与结算职能和方式，来充实和完善企业内部经济核算的办法。在运用和发展责任会计基本功能上，将"企业（基础）管理"、"金融信贷（银行机制）"、"财务管理（会计核算）"三者融为一体。一般将企业的自有资金和商业银行的信贷资金统筹运作，在内部银行统一调剂、融通运用，通过吸纳企业下属各单位闲散资金，调剂余缺，减少资金占用，活化与加速资金周转速度，提高资金使用效率、效益，与目标成本管理、企业内部经济责任制有机结合，并监督、考核、控制和管理。内部银行引进商业银行的信贷、结算、监督、调控、信息反馈职能，发挥计划、组织、协调作用，并成为企业和下属单位的经济往来结算中心、信贷管理中心、货币资金的信息反馈中心。

企业内部银行主要适用于具有较多责任中心的企事业单位，举例如下：

（1）企业集团。包括整个集团全资企业，控股、参股乃至关联企业。这是企业集团时下不能建立集团财务公司，而加强财务管理、塑造内部融资机制的最佳方法。

（2）大中型实体性企业。包括大型联合企业（钢铁厂、化工厂、化肥厂、石化厂、机械总厂），矿务局，港务局等企业，覆盖其下属各个生产分厂、车间、三产企业、合资企业乃至职能部、室。

（3）控股型总公司。对下属控股、参股形成的企业群体建立内部银行，作为管理控制的一种手段，如农工商总公司、投资管理公司、行业控股公司。

（4）大型事业单位。如高等院校、设计院、科学院、研究所，主要负责对下属各部门、机构和科研开发公司的事业经费、科研经费和企业资金的通盘管理。

5. 财务公司模式

财务公司由于属于非银行金融机构，其独立法人地位的特性决定了其除能担任集团结算中心的角色之外，还可以对外提供多元化的金融服务。我国财务公司设立标准极高，大多在集团公司发展到一定水平后由人民银行批准，作为集团公司的子公司而设立。2007年中国银监会发布《申请设立企业集团财务公司操作规程》，规定申请财务公司的企业集团的注册资本不得低于8亿元，资产总额不低于50亿元，净资产率不低于30%，连续两年税前利润总额不低于2亿元。与其他资金控制管理模式相比，财务公司不仅能实现最经济、自发的资金整合管理控制，还能承担集团的理财职责，具体表现如下。

（1）通过在企业集团内部转账结算等加速资金周转；通过融资租赁和买方信贷，减少资金需求，解决集团内部产品购销问题。

（2）财务公司具有结算中心，以及内部银行所不具有的货币市场同业拆借的优势，为集团开辟广泛的短期融资渠道，最大限度地降低资金成本。

（3）扮演投资中心角色，将集团暂时闲置的资金投向高回报项目，或者用于集团本身发展，使资金运用效率最大化。

从财务公司的功能看，集团设立财务公司是把一种完全市场化的企业与企业或银行与企业关系引入集团资金管理中，使得集团各子公司具有完全独立的财权，可以自行经营自身的现金，对现金的使用行使决策权。另外，集团对各子公司的现金管理控制是通过财务公司进行的，财务公司对集团各子公司进行专门的约束，而且这种约束是建立在各自具有的经济利益基础上的。集团公司经营者（或最高决策机构）不再直接干预子公司的现金使用和取得。但作为集团成员单位的子公司，会选择财务公司融资这种便利、低成本的融资方式，自发地融入集团资金管理体系之中，成为被监管的对象。从该层面讲，结算中心、内部银行等资金控制管理方式的自主性、经济性不及财务公司资金管理控制手段。

6. 现金池模式

现金池业务是指属于同一家集团企业的一个或多个成员单位的银行账户现金余额实际转移到一个真实的主账户中，主账户通常由集团总部控制，成员单位用款时需从主账户获取资金对外支付。即以公司总部的名义设立集团现金池账户，通过子公司向总部委托贷款的方式，每日定时将子公司资金上划现金池账户。日间，若子公司对外付款时账户余额不足，银行可以提供以其上存总部的资金头寸额度为限的透支支付；日终，以总部向子公司归还委托贷款的方式，系统自动将现金池账户资金划拨到成员企业账户用以补足透支金额。根据事先约定，在固定期间内结算委托贷款利息，并通过银行进行利息划拨。这种形式主要用于利息需要对冲的情况。

现金池的建立，一方面，可以优化利息。现金池变外源融资为内源融资，减少了利息费用的支出。在现金池中，不同账户上的正负余额可以有效地相互抵消，账户资金盈余的子账户的资金自动地转移到资金不足的其他子账户。这样一来，企业的资金得到了充分的运用，在集团内部就能够满足融资需求，而无须外部融资，既简化了手续，也大大降低了融资费用。另一方面，还可以改善集团的资金管理。通过现金池，集团总部能够及时了解各个子账户现金流的情况，明确内部控制责任和加强内部控制效力，方便管理。同时，现金池将集团多余的资金集中起来，这样可以进行更有效的投资活动，为企业增加收益。即使企业不进行投资活动，大额的存款也可以使企业获得较高的协定存款利率。

> **拓展阅读** 国有企业选择现金池模式的利与弊
>
> 详见"DIB 内部控制与风险管理教学软件（试用版）—辅助资源—拓展阅读—阅读 11 国有企业选择现金池模式的利与弊"。
>
> 登录地址：http://teachdemo.dibtime.com，登录账号：zhangmeng，登录密码：123456。

三、资金集中管理的意义

企业集团的资金集中管理，其基本含义是将整个集团的资金集中到集团总部，由总部统一调度、管理和运用。通过资金的集中管理，企业集团可以实现整个集团内的资金资源整合与宏观调配，提高资金使用效率，降低金融风险。具体来说，资金集中管理的意义主要体现在以下四个方面。

1. 有利于有效防范财务风险

集团产权关系监管最直接的体现是资金监管。在传统的企业集团财务管理模式下,集团的资金监管主要表现为事前核算、事后监管。资金中间流程松散,无法实现动态的资金监管。因此,为有效地防范财务风险,必须对集团的资金做到实时动态管理,从而降低业务单元的经营风险,使得利率、汇率等资金相关风险被总部集中管理和控制。

2. 有利于企业集团实行全面预算管理

资金的预算是全面预算管理的重要内容,实行资金集中管理有利于企业集团资金预算的制定和实施。

3. 有利于提高财务管理的科学性

资金管理涉及各方面的利益,是集团财务控制的中枢。如果公司总部不能在资金管理上集中必要的权力,就很难从整体上处理好内外部的关系,特别是无法对各成员企业实施有效的控制,也就难以实现资金的整合效应。通过实施资金集中管理制度,实行高度集中的财务管理,可以完全掌握下属业务单元的资金头寸信息,更充分地了解业务单元真实的经营状况,从而为集团更准确、及时的战略决策和其他资源的整合优化利用打下基础,提高资金需求预测的准确性,帮助企业合理安排资金。

4. 有利于降低财务管理成本

目前企业集团在资金管理上大多过度分权,集团公司缺乏统一规范的财务管理模式,造成核心企业管理不力,难以从集团整体发展的战略高度来统一安排投资和筹资活动,增加了财务管理成本。实行资金集中管理后,一方面,有利于实现资金集中,实现集团内部完全、充分的资金调剂,使资金从资金闲散部门自由、快速地流动到资金需求部门,从而最优化地利用全集团现金头寸,提高资金利用效率;另一方面,集团管理控制现金头寸,有利于增强集团与商业银行等金融机构的谈判实力,从而争取到更加灵活和优惠的融资条款,降低新增筹资成本和资金流动性风险,为业务运作提供更加广阔的空间。

四、资金集中管理关键控制措施

企业实施资金集中管理模式,其资金业务的风险也相对较大,企业有必要加强内部控制措施,建立风险预警机制,降低企业资金管理的风险。企业尤其是企业集团公司规模庞大、组织结构层次多,在建立内部控制规范时要从工作流程、财务核算管理办法、审计制度等多个方面加强资金管理内部控制措施的制定,紧密围绕资金安全、合法、低风险的原则进行风险识别与防范。同时,要加强员工风险管理和控制责任意识,确保账户安全,切实做到按照标准的工作流程办理资金业务,将各项工作的责任落实到每个成员。一般来说,企业可以使用以下几种方法开展有效的内部控制。

1. 资金收支计划

母公司可要求各子公司定期提交资金计划,根据各母公司的管理需求,可将该计划细分到年度、季度、月度甚至每周。资金的划拨可由人工负责,也可以通过银行系统实现,即计划外资金只有在通过预算外资金审批之后才可支付。将资金收支计划嵌入信息系统能够更好地实现管理透明高效,如通过系统自动制作会计分录,对预算中各个项目进行编码,没有预算编码的支出或超过该项目预算的支出,系统不予支付,从而将预算细化到各个子目,确保总体成本费用与每项成本费用均不超预算。

2. 定时支付

企业的资金支付大体上可分为工资发放、对外支付、费用报销等类别,将特定支付行为固定到某几日开展,使得财务部门对于一段时期内的资金支出有合理的预期并据此安排支出进度。

3. 不相容职位分离

资金的申请、审批与支付相分离。可在系统中设置相应权限,由不同的人分别负责资金划拨与编写会计分录。各下属单位也应该安排不同的人分别负责系统中的资金支付申请、提交预算工作与资金的实际支取使用。

4. 将大额资金支付工作集中于母公司

在现金池模式下,子公司在信用额度内可动用集中账户中的资金,将大额资金支付工作集中于母公司有利于企业开展统一的采购行为,降低成本。母公司可要求子公司信用数额以上的资金支付交由集团统一支付,子公司留有一定的备用金以应对日常经营中的小额支付,且每笔支付均需有真实、完整的发票或凭证作为付款依据。集中支付制度可以调控内部单位之间的拖欠款项,加快资金流转速度,维护内部结算秩序。但是在这种模式下,母公司的财务工作量会迅速增加,而且管理上也较为严格,限制了子公司的一些权利。

5. 强化考核工作

对资金结算信息质量的考核应当关注以下几个方面:银行账户是否超出集团公司规定个数;是否严格遵守银行结算纪律,是否私自开立和使用账户,出租、出借账户,公款私存;在会计账表中是否全额反映银行账户的货币资金,有无利用预付、应收等会计科目转移资金,有无账外及表外存储资金;账户使用是否合规,只收账户和只支账户是否按规定的用途和范围使用;提交的支出项目是否与实际业务性质相符,有无借用项目的支出;结算方式是否错误;是否重复提交付款申请;收款单位信息是否错误等。

此外,企业在与银行合作的过程中,可充分利用银行的产品与技术实现控制风险的目的。例如,通过汇票的方式,推迟并有计划地安排应付账款的支付,在资金暂时短缺的情况下,无须因即刻付款而向银行借款;通过使用预留密码、结算证或 IC 卡办理汇款和签发银行汇票,强化结算回单的管理。

第三节 预算管理控制

预算管理控制是企业内部控制中使用最广泛的一种控制方法。通过预算管理控制,企业可以规范各级管理者的行为,调整与修正管理行为与目标的偏差,保证各级管理目标和企业战略目标的实现。因此，企业应当建立健全预算管理控制体系，充分发挥预算对企业战略和经营目标实现的指导和激励约束作用。

一、预算管理控制概述

预算管理控制，是指企业围绕预算展开的一系列管理活动，包括预算的编制、执行、调整、决算与考评等环节。它将企业的经营目标转化为各部门、各岗位甚至个人的具体行为目标，能够从根本上保证企业战略和经营目标的实现。作为一种重要的控制方法，预算管理已从最初的财务预算管理工具发展成涵盖企业经营、投资、筹资等各项经营和管理活动的系统性工具，即全面预算管理。

具体来说，企业全面预算管理主要包括经营预算、资本预算和财务预算等类别。其中，经营预算是指企业日常发生的各项基本活动的预算，主要包括销售预算、生产预算、直接材料消耗及采购预算、直接人工预算、成本预算、制造费用预算、销售和管理费用预算等。资本预算是指对企业各项长期投资业务和与其相关的筹资业务的规划，具体包括资本支出预算和一次性专门预算等，是根据特定的投资与筹资项目编制而成的。财务预算是对企业现金流量、经营成果和财务状况的规划，综合反馈各项业务对企业现金流量和经营成果等的影响。财务预算实际上是经营预算和资本预算的综合体现，落脚点在于现金流量预算，最后形成预计损益表、资产负债表和现金流量表。

正确认识和运用全面预算管理工具，对于提升企业管理水平、强化内部控制具有非常重要的意义。确切地说，预算管理控制在企业管理中发挥着事前指引、事中控制、事后反馈的作用。其中，事前指引表现在对企业内部各部门、各种财务及非财务资源配置进行规划和优化；事中控制表现在对企业采购、生产、销售、成本费用、资金运用等具体经营活动的实施进行控制；事后反馈表现在通过对比分析预算执行与实际情况差距，对企业业绩进行考评与反省。此外，预算管理控制还兼具计划、协调与激励作用。企业将战略目标具体化为战略规划，战略规划又被具体化为预算，成为约束和指导企业销售、生产、分配及筹资等活动的具体指标。预算的协调功能一方面体现在企业资源与利益的协调与平衡，确保企业在资源有限的条件下实现利益最大化；另一方面体现在预算的执行，企业内部各部门、各领域、各步骤、各要素必须经过充分的沟通和一定的磨合后才能协调一致、协同合作，确保企业活动有序运行。预算的激励作用体现在对企业的业绩评价控制中。实质上，预算提供的并非仅仅是业绩评价标准，它还可以作为一种期望，激励员工为完成预算业绩而努力。

二、预算管理控制流程

企业预算管理的基本流程一般包括预算编制、预算执行和决算与考评三个阶段，主要涉及预算草案编审、预算审批与下达、预算指标分解与责任落实、预算执行与分析、预算追加与调整、决算报告与预算考评具体环节。这些业务环节相互关联、相互作用、相互衔接，并周而复始地循环，从而实现对企业经营活动的全过程管理控制，具体如图3-3所示。

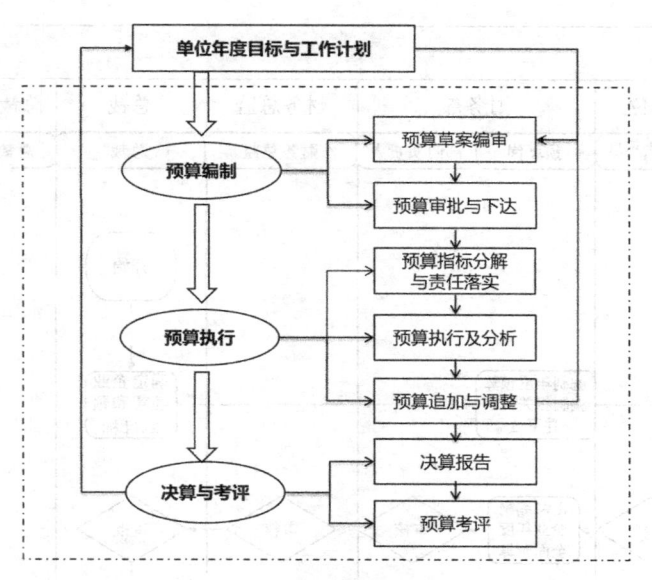

图 3-3　企业预算管理基本流程

其中，预算编制、预算调整及决算与考评的具体流程如图 3-4~图 3-6 所示。

三、预算管理关键控制措施

根据企业预算管理基本流程，结合《预算法》和企业内部控制基本规范及配套指引等相关规定，企业预算管理控制主要包括预算组织控制、预算编制控制、预算执行控制、预算调整控制、决算报告控制和预算考评控制六个方面。

（一）预算组织控制

预算组织控制主要包括企业预算管理制度、预算管理职责分工、预算管理岗位责任、预算管理领导机制和工作协调机制等的建立。企业应当根据战略目标和经营发展需要建立健全预算管理制度和流程，规范预算管理的组织领导和运行机制，明确预算编制、执行、决算和考评的具体工作程序，确保单位预算管理工作有章可循、有据可依。可根据需要在董事会下设立专职委员会——预算管理委员会，负责审议批准预算管理制度、编制方法和流程，审议企业年度预算，召开跨部门预算评审会，下达预算分解方案，审议年度财务预算执行情况及决算报表等相关工作。明确预算管理部门（财务部门）、其他各业务或职能部门及各级领导在预算管理中的职责分工，设置预算管理的具体岗位，配备合适的预算管理人员，确保预算管理主体责任清晰明确。按照不相容职务相互分离的原则细化预算管理相关岗位的职责、分工及权限，明确预算编制、执行、调整、决算及考核各环节的授权批准制度。预算管理工作各环节的不相容职位一般包括预算编制与预算审批、预算审批与预算执行、预算执行与预算考核。成立包括企业负责人、分管领导、各部门负责人在内的预算领导组织机构，并就预算编制、预算执行、决算编制及预算考核工作运行过程中存在的问题进行定期讨论沟通，不断完善预算工作协调机制。

预算编制流程

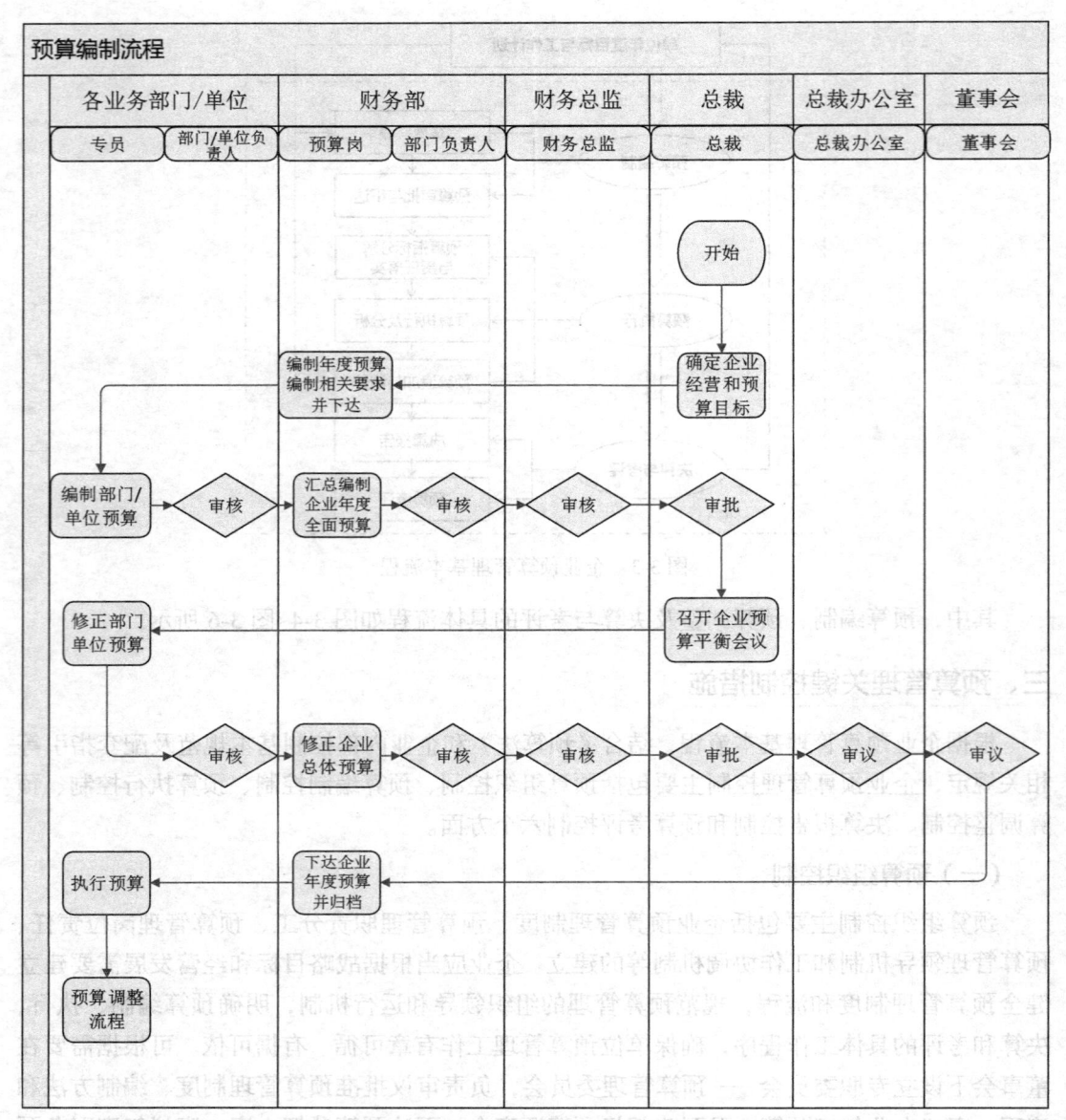

各业务部门/单位		财务部		财务总监	总裁	总裁办公室	董事会
专员	部门/单位负责人	预算岗	部门负责人	财务总监	总裁	总裁办公室	董事会

```
                                                                开始
                                                                 ↓
                                                          确定企业经营和预算目标
                                                                 ↓
                  ← 编制年度预算编制相关要求并下达 ←
                  ↓
编制部门/单位预算 → 审核 → 汇总编制企业年度全面预算 → 审核 → 审核 → 审批
                                                                 ↓
                                                          召开企业预算平衡会议
                                                                 ↓
修正部门单位预算 ←
       ↓
      审核 → 修正企业总体预算 → 审核 → 审核 → 审批 → 审议 → 审议
       ↓
执行预算 ← 下达企业年度预算并归档
       ↓
预算调整流程
```

图 3-4 预算编制流程

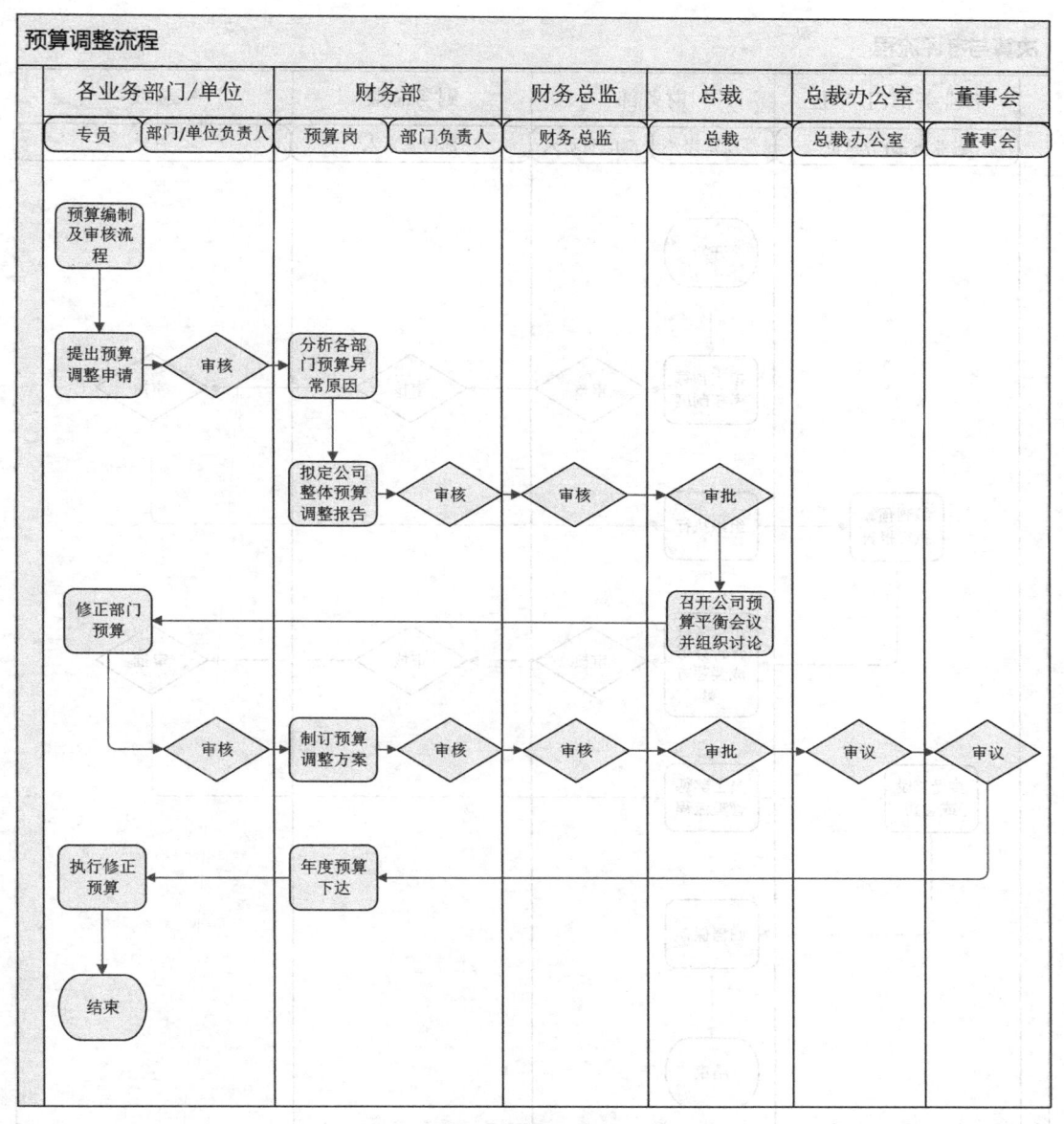

图 3-5　预算调整流程

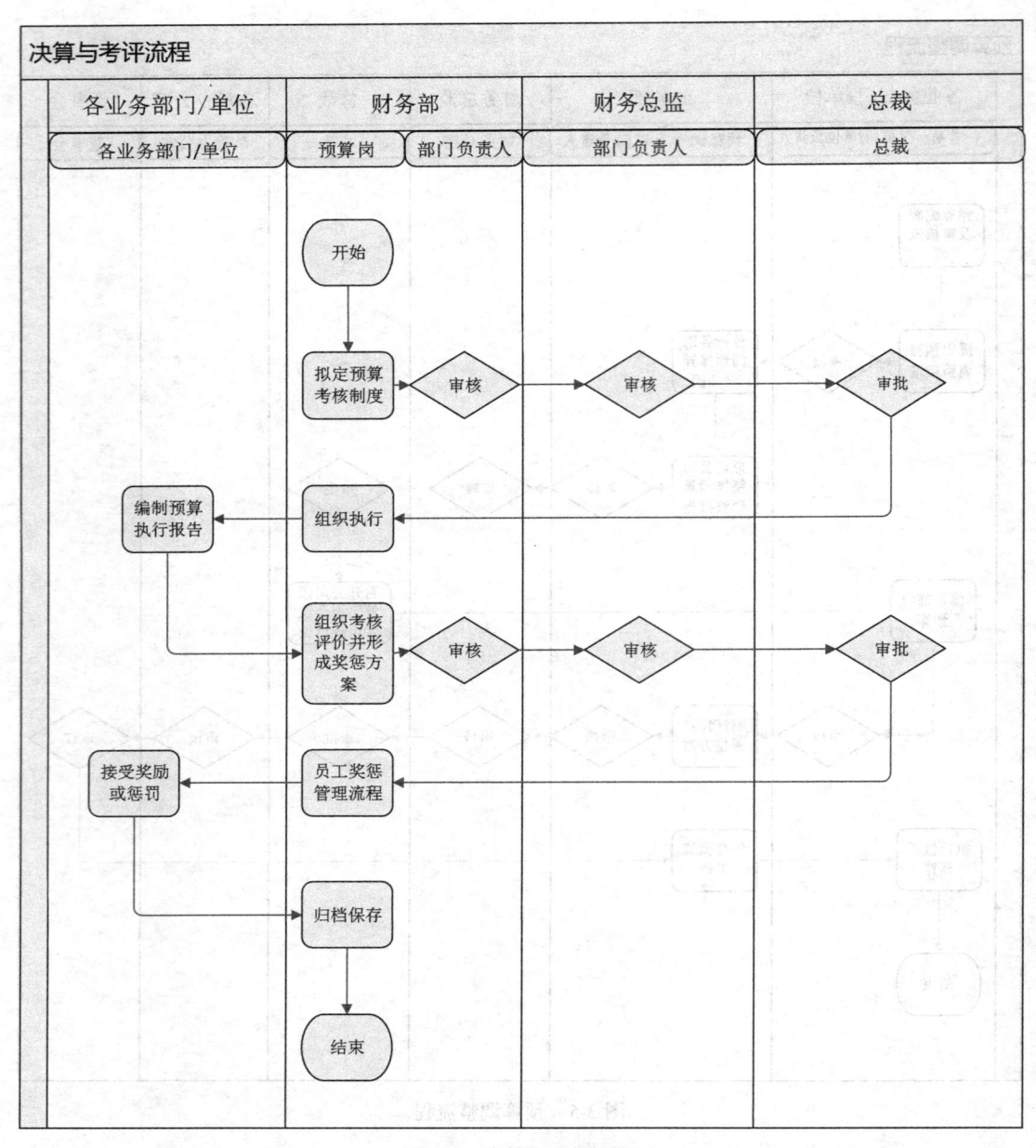

图 3-6 决算与考评流程

（二）预算编制控制

预算编制是企业实施预算管理的起点。企业应当严格界定预算编制的范围和内容，明确各部门及所属单位的预算编制责任，将各部门、各所属单位的各项经济活动全部纳入预算管理。同时，按照国家相关法律法规及本企业财务会计政策规定，结合业务实际，综合编制反映本企业各项经营活动运行情况的预算报表。设置科学的预算编制原则和方法，在预算编制过程中，坚持积极稳妥、量入为出、收支平衡，适度控制、重点控制、统筹兼顾的原则，全面综合反映企业各项经营活动的收入和支出预算。同时，应当本着遵循经济活动规律，充分考虑业务活动特点、基础数据管理水平和管理需要的原则，对不同预算项目实行不同的编制方法，选择或综合运用固定预算、弹性预算、滚动预算等方法编制企业内部预算。企业在编制预算草案时应当将年度工作目标和计划作为制定预算目标的首要依据，同时深入分析上一期间的预算执行效率和效果，充分考虑本期间的资源、环境等变化情况，进行合理编制。企业应当按照"财务指标为主体、非财务指标为补充"的原则设计预算指标体系，并确保与企业绩效评价指标协调一致。此外，还应当注意预算编制的时间要求，确保预算工作及时、有序完成。

（三）预算执行控制

企业应当通过落实预算指标责任、实时监控预算执行、开展预算执行分析、建立预算执行反馈报告等机制，确保在预算额度范围内实施各项经营活动，合理安排各项资金，实现企业资源的最佳利用。具体来说，企业应当使用科学的预算指标分解方法，将批复的预算在企业内部进行层层分解，确保预算指标落实到企业各部门、各项业务活动和各个岗位，并建立严格的预算执行责任制度，定期或不定期进行预算责任考核。同时，应当建立完善预算执行实时监控制度，健全预算执行凭证记录，明确预算执行监督检查的方法、频率和执行主体，定期或不定期地组织预算执行情况检查，及时发现和纠正预算执行中的偏差。建立完善预算执行情况分析和报告制度，定期召开预算执行分析会议，通报预算执行情况，研究、解决预算执行中存在的问题，认真分析原因，提出改进措施。预算归口管理机构应当加强与各部门及所属单位的沟通，运用财务信息和其他相关资料监控预算执行情况，采用恰当方式及时向企业领导、预算最高决策机构、各部门及下属各预算执行单位报告、反馈预算执行进度、执行差异及其对预算目标的影响。

（四）预算调整控制

预算调整是预算管理中一个必不可少的环节，是确保预算顺利执行的必要措施。企业在实施预算管理的过程中，经常会遇到某种突发的、无法抗拒的事件，这时就会使企业的预算背离预定的目标。因此，对预算进行适当的调整是必要的。企业应当明确预算调整的条件和审批程序。当企业组织机构和职能出现重大调整，企业发展战略和经营计划有较大调整，国家有关政策法规发生重大变化等，导致预算执行发生重大差异确需调整预算的，应当严格履行预算调整程序。企业预算调整应当遵循以下原则：符合企业战略发展规划、年度工作计划和实际情况；调整方案应当客观、合理、可行，确保实现资源配置和收益的最优化；调整频率应当严格控制，避免频繁调整。企业预算调整应当由需求部门逐级提出，阐述预算执行的具体情况、客观因素变化情况及对预算执行造成的影响程度，并提出相应的预算调整建议；预算归口管理部门对预算调整申请进行审核分析，集中编制预算调整方案，按规定依次报分管领导、企业负责人、领导班子审议通过；需要上级主管部门批准的，应当履行相应的报批手续。

（五）决算报告控制

决算报告是指企业根据预算执行结果编制的年度报告。企业应当加强决算工作组织领导，根据监管机构和企业自身的要求，制定本企业决算草案编制办法，明确决算报告的编制范围、编制内容、工作组织、填报审核、汇总上报、质量核查及数据资料管理等方面的工作规范，并严格执行。企业应当加强决算报告的审核工作，根据实际情况采取自行审核、集中会审、委托审核等多种形式，综合运用人工审核与计算机审核相结合的方法，确保决算数据资料真实、完整、准确。企业应当认真落实决算分析工作，建立完善决算分析工作机制，强化决算分析结果的运用。同时，要建立健全预算与决算相互协调、相互促进的机制，设置相应的决算岗位，对预算执行情况进行如实反映和总结，并作为企业预算执行考评的依据和下一年度预算编制的参照，加强预算与决算的协调性。

（六）预算考评控制

预算考评是在企业决算完成后，依据决算结果对预算执行情况的考核评价，其以预算编制内容为基础，以预算执行者为考核对象，以预算指标为考核标准，通过预算执行结果与预算指标的对比分析，据以落实责任、评价业绩、实施奖惩。预算考评对发挥预算约束与激励功能，增强预算"刚性"、强化预算执行、确保预算目标实现具有重要作用。企业应当建立"预算编制有目标、预算执行有监控、预算完成有评价、评价结果有反馈、反馈结果有应用"的全过程预算绩效管理机制，完善预算执行考评制度，明确预算考评主体、考评对象、考评期间、考评指标、考评程序、考评结果公布及奖惩原则等内容，定期组织实施预算考评，对各部门和所属单位进行考评，以有效发挥预算的激励和约束作用，确保预算目标的完成。企业预算考评指标应以定量指标为主，同时根据实际情况辅以适当的定性指标；考评指标应当具有可控性、可达到性和明晰性。预算考评应当以预算目标实现为标尺，以客观事实为依据，遵循公平合理、奖罚并存的原则，考评程序、标准、结果应当公开。奖惩方案的制订要注意各机构利益分配的合理性，要奖罚并举，不应只奖不罚，切实发挥预算考评的激励约束作用。

> **拓展阅读** 某公司全面预算管理实施细则
>
> 详见"DIB 内部控制与风险管理教学软件（试用版）—辅助资源—拓展阅读—阅读 12 某公司全面预算管理实施细则"。
>
> 登录地址：http://teachdemo.dibtime.com，登录账号：zhangmeng，登录密码：123456。

第四节 绩效管理控制

绩效是一个组织的生命线。正如管理学大师彼得·德鲁克所言："组织的一切活动目的就是该组织的绩效。"当今世界，几乎所有的企业、事业单位每年都要进行某种形式的绩效管理。很多卓越企业的绩效活动更早已从辅助性、事务性的战术层面，上升到了促进企业战略目标实现、帮助企业获取竞争优势的战略层面。绩效管理已成为推动企业建立现代管理制度，提升企业治理能力和水平的重要手段。

一、绩效管理概述

所谓绩效管理，是指企业各级管理者和员工为了达到组织目标而共同参与的绩效计划制订、绩效实施与沟通辅导、绩效考核评价、绩效反馈与结果应用的持续循环过程。绩效管理的目的是持续提升个人、部门和组织的绩效。建立健全科学、有效的绩效管理体系，能够充分调动企业各级员工的工作积极性，始终保持人力资源的活力和竞争力，使其在企业经营中发挥最大作用，对于促进企业战略和经营目标的实现，实现企业的长远、健康、可持续发展具有重要意义。

目前，国内外应用最广泛的绩效管理方法有平衡计分卡、关键绩效指标、目标管理法和360度考评体系等。

1. 平衡计分卡

平衡计分卡（Balanced Score Card，BSC），源自1992年罗伯特·卡普兰与戴维·诺顿在《哈佛商业评论》上发表的《平衡计分卡——业绩衡量与驱动的新方法》。文章提出，不能仅从财务指标来评价一家企业的业绩，而应从财务、客户、内部业务流程及学习与发展四个维度来评价企业业绩。平衡计分卡最突出的特点是，将企业的远景、使命和发展战略与企业的业绩评价系统联系起来，把企业的使命和发展战略转变为具体的目标和评测指标，实现发展战略和绩效的有机结合。平衡计分卡对企业全方位考核及关注企业长远发展的观念受到学术界和企业界的广泛关注，在实践领域获得了很多企业的认可，并被誉为75种出色的工商管理点子之一。平衡计分卡的实施需要企业有非常明确和具体的目标体系和四个方面的分解能力，同时，还需建立全面、庞大的数据库，为各项指标提供数据来源。因此，这种方法的实施需要企业在进行业务流程设计时就按照平衡计分卡的思路来建立，这在实际运用中有一定的条件和要求。

2. 关键绩效指标

关键绩效指标（Key Performance Indicators，KPI）是衡量企业战略实施效果的关键指标，其目的是建立一种机制，将企业战略转化为内部过程和活动，以不断增强企业的核心竞争力，使企业持续取得高效益。关键绩效指标制定的出发点是企业战略。企业应当围绕企业战略，通过对战略目标进行分解，制定科学合理的关键绩效指标，并对其实现过程进行有效的控制，以驱动业绩。通过关键绩效指标，可以落实企业战略目标和业务重点，传递企业的价值导向，有效激励员工为企业战略的实现共同努力。

3. 目标管理法

目标管理法是企业广泛采用的一种绩效考核方法。其主要内容是，在考核期初，被考核者与主管根据组织目标制定在考核期间需达到的工作目标，考核者在考核期末对照目标与被考核者一同检讨，并根据目标完成程度进行考核打分。目标管理法的优点是，能够通过目标的制定有效指导与监控员工工作行为，同时加强员工自我管理意识，从而提高工作绩效。同时，以目标的达成情况作为打分标准，评估客观性较强。缺点是订立目标的过程复杂，耗费时间，成本高。同时，该方法在推行过程中，往往倾向于只注重短期效益，而忽视长期效益的实现。因此，用目标管理法来评价绩效管理是存在一定局限性和问题的。

4. 360 度考评体系

360 度考评体系通过被考评人的上级、同级、下级和服务的客户对他进行评价，使被考评人知晓各方面的意见，清楚自己的所长所短，以达到提高自身能力的目的。360 度考评体系考评的内容主要跟公司的价值观有关，考评分析表设计很详细，所有参与考评的人员对每项都有各自的评价，最后由绩效管理部门或专门顾问公司分析，得出被考评人的评价结果。被考评人如果发现在任一点上有的组合的评价较低，他可以找到这个组合的几个人进行沟通，提出"希望帮助我"，大家可以开诚布公地交换意见。360 度考评体系具有全员参与管理、信息收集对称、能分散管理者日常管理力等特点，但它的评估过程复杂、统计工序繁多，在人员素质不高时，易造成人际关系紧张或可信度低等后果。

实践中，企业应当根据各个方法的特点，结合自身实际需要，合理选择一种或多种方法，灵活变通地进行运用。

二、绩效管理工作流程

根据绩效管理的基本内容，企业绩效管理工作流程一般包括绩效计划制订、绩效实施与沟通辅导、绩效考核评价、绩效反馈与结果应用等具体环节，是一个完整的、持续不断的循环管理系统，具体如图 3-7 所示。

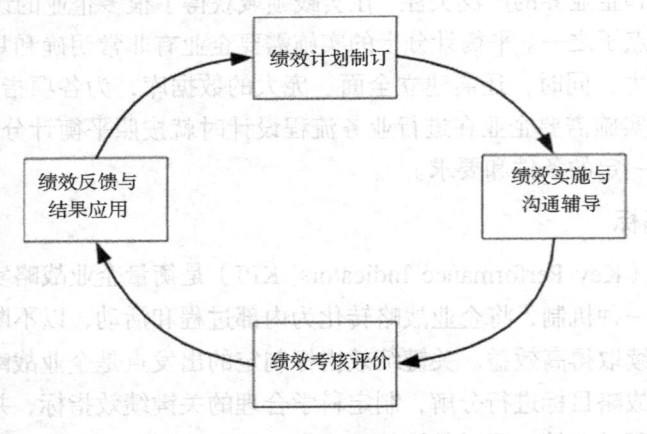

图 3-7 企业绩效管理工作流程

图 3-8 至图 3-11 展示了某企业从绩效管理计划制订到部门计划管理、员工绩效管理及员工绩效反馈的全流程。

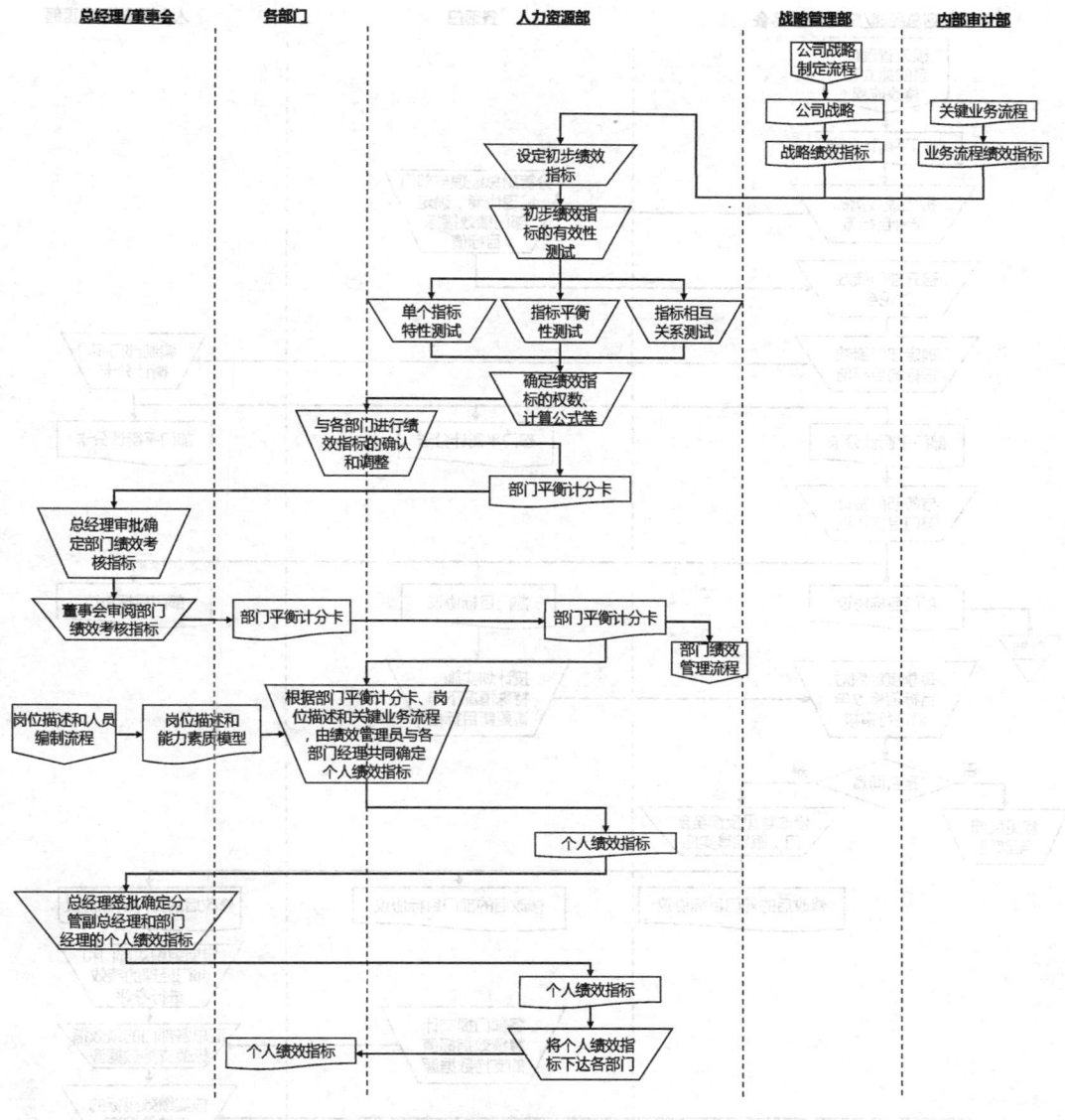

图 3-8　某企业绩效管理计划制订流程

企业内部控制：理论与实践

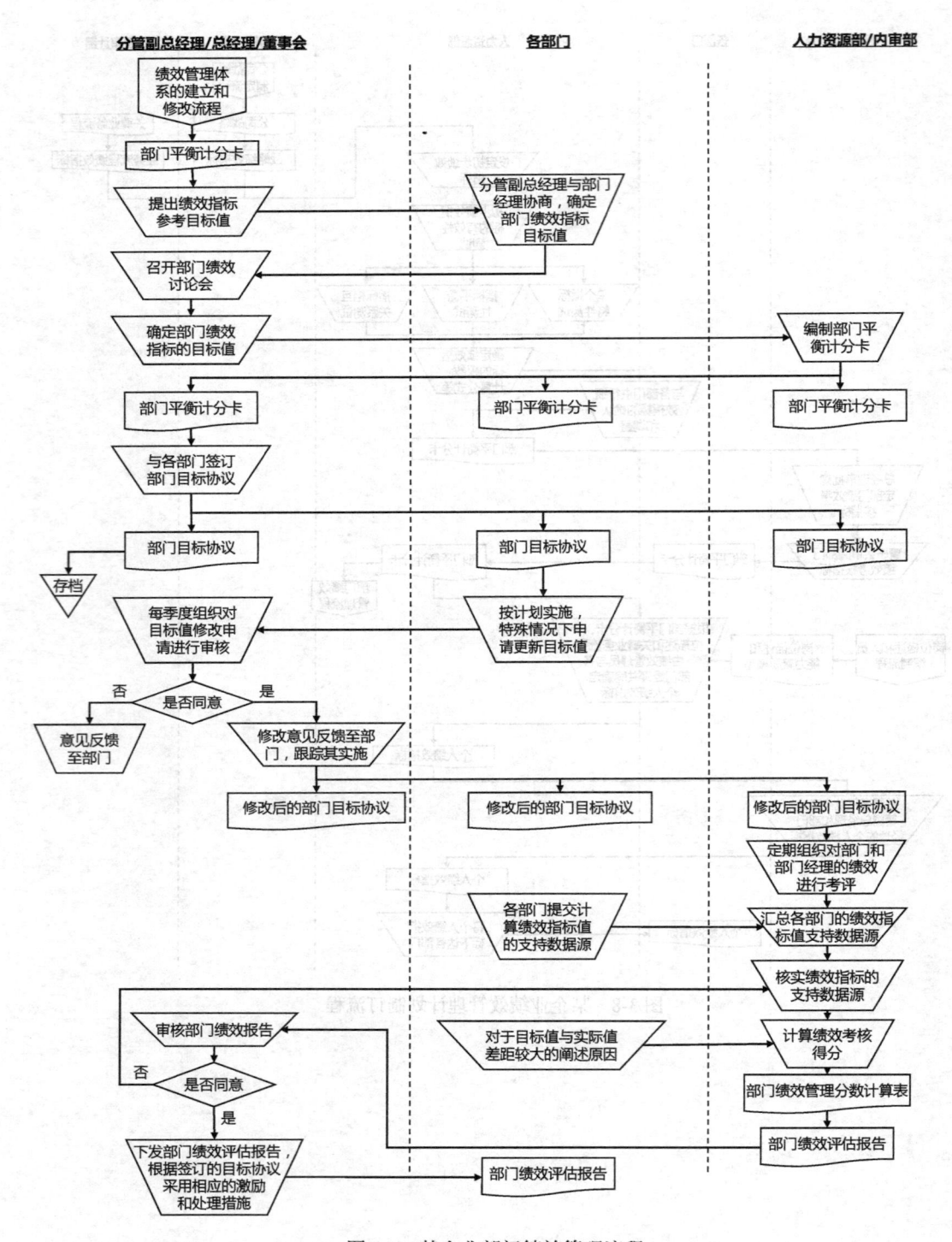

图 3-9　某企业部门绩效管理流程

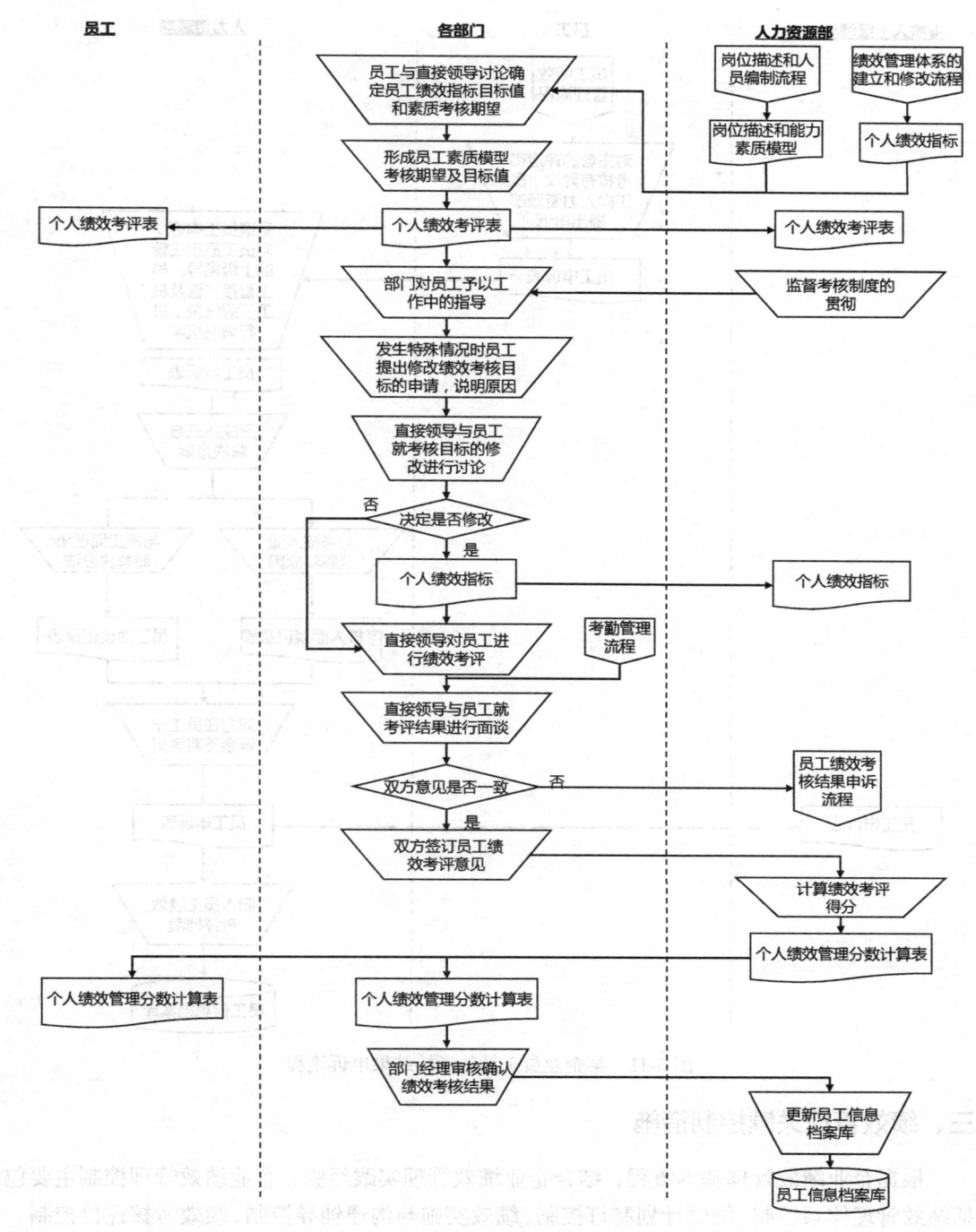

图 3-10 某企业员工绩效管理流程

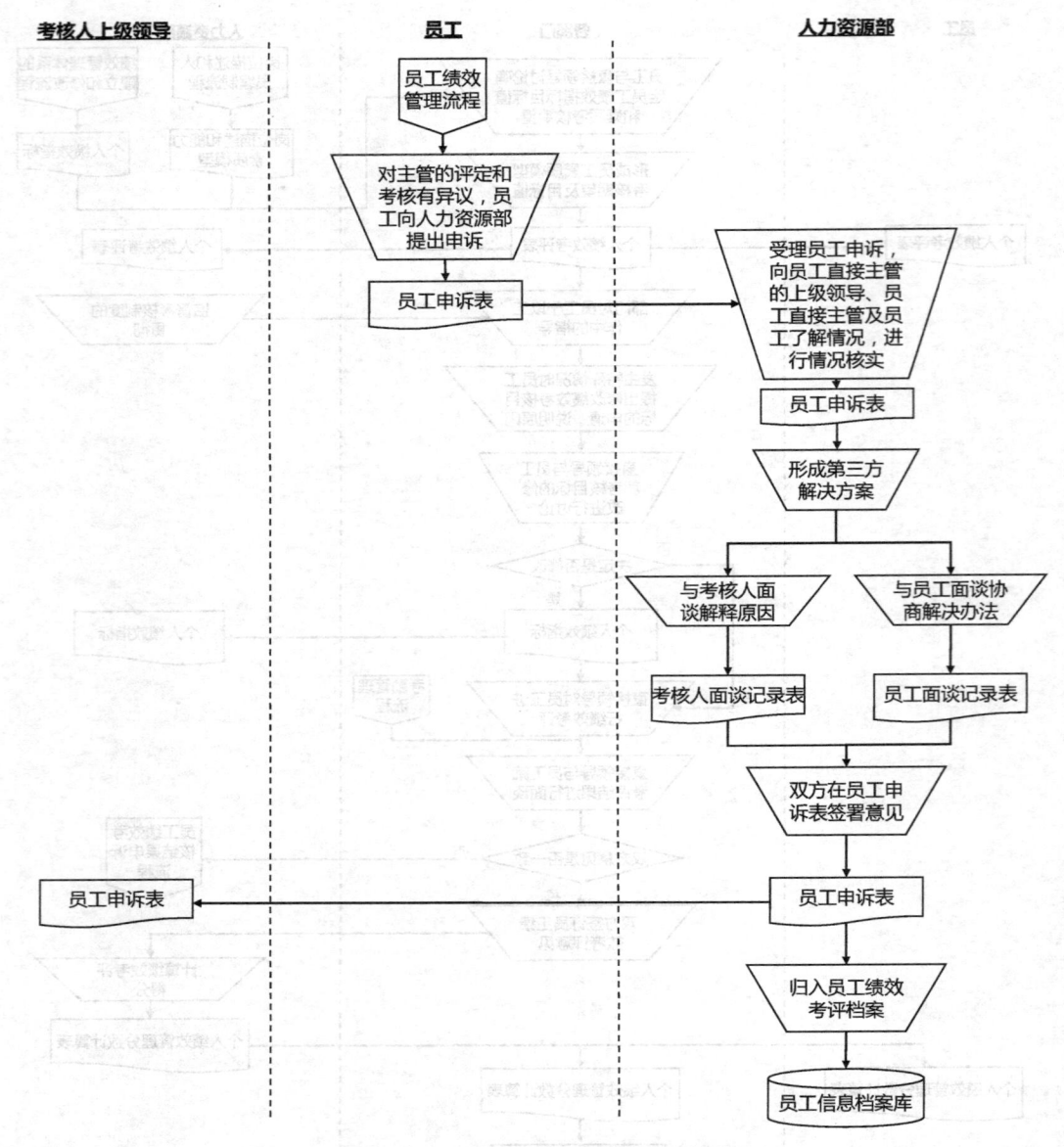

图 3-11 某企业员工绩效考核结果申诉流程

三、绩效管理关键控制措施

根据企业绩效管理基本流程，结合企业绩效管理实践经验，企业绩效管理控制主要包括绩效管理体系控制、绩效计划制订控制、绩效实施与沟通辅导控制、绩效考核评价控制、绩效反馈与结果应用控制等方面。

（一）绩效管理体系控制

绩效管理是一项系统性工程，由计划、实施、考核、反馈、结果应用等环节构成，是不断沟通、反馈、修正的过程，是有统一原则、统一标准的管理措施、机制和技术。为保证绩效管理落到实处，企业应当通过制度的形式固化绩效管理行为，建立健全绩效管理制度体系，使管理者和被管理者在实际操作过程中有章可循，有据可依。同时，应当建立健全绩效管理组织体系，成立以绩效管理委员会或考核与薪酬管理委员会为核心的绩效管理机构，全面指导企业绩效考核和绩效分配工作。企业还应当注重营造良好的绩效管理文化氛围，通过宣传、培训、参观、讲座等多种方式强化管理层和员工对绩效管理的认识和了解，使其树立正确的绩效管理理念，认识到绩效管理不仅仅是人事部门的工作和职责，更应该由全体员工共同参与；绩效管理不是惩罚措施，其目的是提高企业人员自我价值，有效促进企业战略目标实现。

（二）绩效计划制订控制

企业应当以战略规划、战略目标、运营管理目标、重点工作计划、客户及监管部门的要求为基础，科学设计关键绩效指标体系。在选取企业整体层面的关键绩效指标时，应当遵循科学性、导向性、可衡量、操作性和系统性的基本原则，使用合适的方法和工具，充分考虑影响企业绩效实现的关键因素，确定具有代表性的关键指标，确保评估指标的客观、合理和量化。部门、岗位绩效指标体系应当包括关键绩效指标和基础绩效指标。其中，关键绩效指标是应当完成的主要绩效目标，属于应当关注的核心；基础绩效指标是衡量日常工作职责完成情况的业绩指标，是应当达到的最基本的绩效指标，属于监控性指标。绩效指标体系确定并经审批通过后，应当按部门、岗位进行分解和下达，确定各部门、岗位明确自身要达到的绩效目标。企业应当与企业负责人、分管领导及其他各级管理人员签订绩效目标责任书，建立绩效管理责任制。关键绩效指标目标值和权重的确定应当根据企业的战略和经营目标，同时对比分析企业近年来的历史发展数据和国内外同行业数据，并组织内外部专家反复讨论。

（三）绩效实施与沟通辅导控制

企业应当实时监测绩效计划执行情况。绩效实施过程中，考评者要利用观察法、工作记录法和征求他人意见等方法，及时收集被考评者在绩效执行过程中客观、真实的信息，包括工作目标或指标完成情况、工作绩效突出的行为表现、工作中负面的行为表现、客户积极或消极的反馈信息等，并形成书面的工作记录，作为工作指导和绩效评估的依据。同时，应当根据被考评者绩效计划执行情况，及时与被考评者进行沟通，对被考评者进行工作指导，共同分析、解决计划执行中存在的问题。若客观条件发生变化导致绩效指标变化时，考评者应及时对绩效计划进行修订，与被考评者沟通确认，并经绩效管理机构审批、备案后方可遵照执行。

（四）绩效考核评价控制

企业应当根据不同职级、岗位、工作内容及特点，对员工实行分级分类考核，确保不同层级、不同部门、不同岗位员工之间绩效考评有所差异，同类同级员工之间绩效考评可以比较。企业绩效考评应当实行月度考核和年度考核相结合的方式。其中，企业整体及部门绩效考评由绩效管理委员会负责，岗位员工绩效考评由绩效管理部门负责。企业也可根据实际需要实行季度考核和半年度考核,并根据考核层级、考核周期确定不同的考核侧重点。例如,月度考核注重以规范行为、控制质量为目的的日常指导性考核,考核项目为基础绩效指标,主要面向中层及以下员工;季度考核注重量化目标,主要面向部门和高层人员;半年度考核注重综合考核,年度考核注重全面考核,面向所有层级。绩效考核方式可采取外部考核与内部考核相结合的方式。外部考核主要为客户满意度考核,内部考核主要按企业确定的绩效指标体系进行考核。企业绩效考评结果应按规定报绩效管理委员会和绩效管理部门审批和备案。

(五) 绩效反馈与结果应用控制

绩效反馈贯穿绩效管理循环的全过程。绩效管理过程中,企业应当注重并通过与员工持续不断地进行沟通和反馈,实时调整计划、目标、考核方案和考核指标,确保绩效计划的顺利实施和绩效目标的有效实现。具体来说,一是注重自上而下和自下而上有机结合的沟通反馈,通过绩效管理人员和员工的双向的不断沟通和反馈,使企业、部门和员工个人的目标一致,并努力实现;二是绩效管理人员在沟通和反馈时应当统一原则、统一标准,不能因人而异,以免造成理解混乱和不公平,甚至产生负面情绪,影响绩效管理的效果;三是绩效管理人员应当掌握一定的沟通技巧,如倾听、激励、劝服、解释、安慰等,在不同的场合,针对不同的沟通对象及不同的事情使用不同的沟通态度和沟通语言,使员工易于理解并易于接受。同时,应当注重对绩效评价结果的合理利用,将绩效评价结果与员工的薪酬发放、岗位聘用、个人职业发展与管理等方面的激励约束挂钩,并作为职务任免的重要参考。根据绩效评价结果反映的问题,及时查找分析原因,并制定相应的改进措施。

案例探讨 这家企业的绩效考核为什么会失败

思考:试分析这家公司绩效管理中存在的误区

案例详见"DIB 内部控制与风险管理教学软件(试用版)—辅助资源—案例探讨—案例 5 这家企业的绩效考核为什么会失败"。

登录地址:http://teachdemo.dibtime.com,登录账号:zhangmeng,登录密码:123456。

本章小结

+ 组织控制就是通过设计和维持组织内部的结构和相互之间的关系,使人们为实现组织的目标而有效地协调工作的过程,也称组织架构控制。组织控制的基本任务是:规定组织中每个人的职责,规定组织成员之间的关系,调动组织中每个成员的积极性。组织控制主要包括两个方面的基本内容:组织设计和组织运行。

+ 组织设计是指企业组织架构的设立或变革。组织设计控制主要体现在三方面:一是企业组织架构设计的原则;二是企业组织架构设计的主要内容;三是企业组织架构设计的控制程序。

+ 组织运行是指通过配备合适的人员、定期对企业组织架构进行梳理、定期对组织架构设计与运行的效率和效果进行评估等,为组织架构的有效运行提供合理保障,及时发现组织架构设计和运行中存在的问题，进行优化和调整，使企业的组织机构始终保持高效运行的状态。组织运行控制主要体现在人员配备及组织架构梳理和运行评估上。

✦ 资金集中管理，也称司库制度，是指集团企业借助商业银行网上银行功能及其他信息技术手段，将分散在集团各所属企业的资金集中到总部，由总部统一调度、统一管理和统一运用。有效的资金集中管理应该遵循合法性、时机性、预算控制、成本效益及集权与分权适度原则。

✦ 资金集中管理模式主要有六种：统收统支模式、拨付备用模式、结算中心模式、内部银行模式、财务公司模式和现金池模式。

✦ 一般来说，企业可以从这几方面开展有效的资金管理内部控制：资金收支计划、定时支付、不相容职位分离、将大额资金支付工作集中于母公司，以及强化考核工作。

✦ 预算管理控制，是指企业围绕预算展开的一系列管理活动，包括预算的编制、执行、调整、决算与考评等环节。它将企业的经营目标转化为各部门、各岗位甚至个人的具体行为目标，能够从根本上保证企业战略和经营目标的实现。

✦ 预算管理的基本流程一般包括预算编制、预算执行和决算与考评三个阶段，主要涉及预算草案编审、预算审批与下达、预算指标分解与责任落实、预算执行与分析、预算追加与调整、决算报告与预算考评具体环节。这些业务环节相互关联、相互作用、相互衔接，并周而复始地循环，从而实现对企业经营活动的全过程管理控制。

✦ 企业预算管理控制主要包括预算组织控制、预算编制控制、预算执行控制、预算调整控制、决算报告控制和预算考评控制六个方面。

✦ 所谓绩效管理，是指企业各级管理者和员工为了达到组织目标而共同参与的绩效计划制订、绩效实施与沟通辅导、绩效考核评价、绩效反馈与结果应用的持续循环过程。目前，国内外应用最广泛的绩效管理方法有平衡计分卡、关键绩效指标、目标管理法和360度考评体系等。

✦ 企业绩效管理流程一般包括绩效计划制订、绩效实施与沟通辅导、绩效考核评价、绩效反馈与结果应用等具体环节，是一个完整的、持续不断的循环管理系统。

✦ 企业绩效管理控制主要包括绩效管理体系控制、绩效计划制订控制、绩效实施与沟通辅导控制、绩效考核评价控制、绩效反馈与结果应用控制等方面。

课后习题

1. 什么是组织控制？其基本任务是什么？
2. 企业在进行组织控制时，通常会采用哪些控制措施？
3. 资金集中管理的定义是什么？一般包括哪些内容？
4. 资金集中管理应遵循哪些原则？
5. 资金集中管理主要有哪几种模式？现金池模式的优势在哪？
6. 企业一般通过哪些控制措施来进行资金集中管理？

7. 说说企业预算管理控制的定义及内容。
8. 企业预算管理的基本流程是怎样的?
9. 企业一般通过哪些控制措施来进行预算管理?
10. 什么是绩效管理? 目前国内外最广泛使用的绩效管理方法有哪几种?
11. 说说企业绩效管理的基本工作流程。
12. 企业一般通过哪些控制措施来进行绩效管理?

第四章

业务流程控制

【导入案例】 流程管理究竟有何魅力

有人说,麦当劳的成功经验就是其国际化的流程管理体系,并将其形象地概括为"三流的员工+一流的流程=一流的价值"。换句话说,无论何时、何地、何人来操作,产品无差异。据统计,麦当劳的员工流失率是52%,却依然能够做得很优秀,究其原因,在于有良好的系统和流程,即使人员流失,核心竞争力仍然存在。可见,有效的流程可以规范企业的管理体系,使之少走弯路。

有效的流程也有助于提升企业的经营效率和效果。在国内,海尔、华为等都是流程管理方面的先驱典范和受益者。

1998年,海尔开始考虑实施国际化战略,并于1999年起对原来的业务流程进行了重新设计和再造,并以"市场链"为纽带对再造后的业务流程进行整合。实施后,海尔的交货时间降低了32%;到货及时率从95%提高到98%;出口增长103%;利税增长25.9%;应付账款周转天数降低54.79%;直接效益为3.45亿元。

1998年,华为销售收入达到了80多亿元,然而却遇到了无法避免的问题:销售额年年增长,毛利率却逐年下降,人均效益只有IBM公司的1/6。诊断发现,华为企业管理存在严重问题,如缺乏跨部门的结构化流程,部门各自为政,流程作业不规范,成功经验难以复制,项目无变更控制等。为彻底改造自身,华为以世界顶级的IBM公司为标杆,1998—2003年,历时5年,耗资5 000万美元进行流程变革。IBM商业价值研究院中国研究主任毕艾伦(Alan Beebe)指出:"如果不进行流程创新,华为等中国公司不可能成为在国际上有竞争力的企业,也不可能具备与那些国际通信巨头们谈判的资格。"

【学习目标】

✦ 掌握流程的定义、要素和特点。
✦ 掌握流程控制的目的、意义和原则。
✦ 掌握流程控制的主要程序、方法和操作要点。
✦ 掌握流程图、流程描述和风险控制矩阵的主要作用和操作要点。
✦ 掌握销售与收款、采购与付款、生产循环、筹资活动、投资活动等主要业务活动的流程控制要点。

【学习导航图】

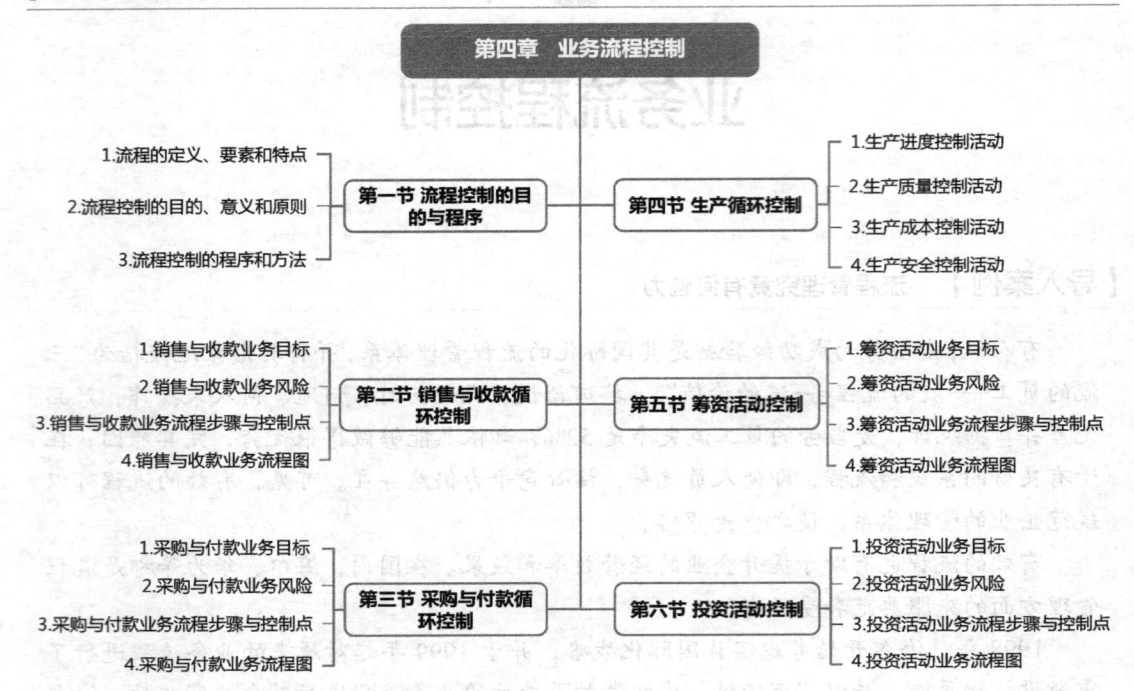

```
                        第四章 业务流程控制

1.流程的定义、要素和特点                              1.生产进度控制活动
2.流程控制的目的、意义和原则  第一节 流程控制的目   第四节 生产循环控制  2.生产质量控制活动
                              的与程序                              3.生产成本控制活动
3.流程控制的程序和方法                              4.生产安全控制活动

1.销售与收款业务目标                                1.筹资活动业务目标
2.销售与收款业务风险          第二节 销售与收款循   第五节 筹资活动控制  2.筹资活动业务风险
3.销售与收款业务流程步骤与控制点  环控制                              3.筹资活动业务流程步骤与控制点
4.销售与收款业务流程图                              4.筹资活动业务流程图

1.采购与付款业务目标                                1.投资活动业务目标
2.采购与付款业务风险          第三节 采购与付款循   第六节 投资活动控制  2.投资活动业务风险
3.采购与付款业务流程步骤与控制点  环控制                              3.投资活动业务流程步骤与控制点
4.采购与付款业务流程图                              4.投资活动业务流程图
```

第一节　流程控制的目的与程序

一、流程的定义、要素和特点

（一）流程的定义

关于什么是流程，不同的人和不同的组织从各个角度都给出了自己的定义：

- 业务流程是把一个或多个输入转化为对顾客有价值的输出的活动。（Hammer and Champy: Reengineering the corporation, 1993, p. 35.）
- 业务流程是公司以产出产品和服务为目标的一系列连贯的、有序的活动的组合，业务流程的输出结果是为内部或外部的"客户"所需的，并为"客户"所接受的产品或服务。（Scheer: ARIS—Vom Geschäftsprozess zum Anwendungssystem, 3. Aufl. Berlin et al, 1998.）
- 业务流程是一系列结构化的可测量的活动结合，并为特定的市场或特定的顾客产生特定的输出。（T.H.达尔文）
- 业务流程是在特定时间产生特定输出的一系列客户、供应商关系。（A.L.斯切尔）
- 业务流程是把输入转化为输出的一系列相关活动的结合，它增加输入的价值并创造出对接受者更为有效的输出。（H.J.约翰逊）
- 业务流程是将输入转化为输出的相互关联或相互作用的活动。（ISO9000）

简言之，流程其实就是"工作流转的过程"，这些工作需要多个部门、多个岗位的参与和配合，这些部门、岗位之间会有工作的承接、流转。因此，流程也可以说是"跨部门、跨岗位工作流转的过程"。图4-1和图4-2展示了房地产企业和电力企业的一般业务流程。

图4-1 房地产企业的流程示例（体会工作流转的过程）

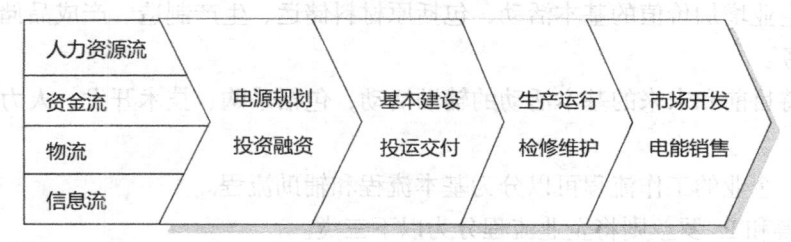

图4-2 电力企业的流程示例（体会工作跨部门、跨岗位流转）

（二）流程的要素

不同的定义强调了不同的要点，但归结起来可以发现，流程的定义包括了六个要素：① 流程的输入资源。② 流程中的若干活动。③ 活动的相互作用（如是串行还是并行、哪个活动先做哪个活动后做，即流程的结构）。④ 输出结果。⑤ 顾客。⑥ 最终流程创造的价值。

（三）流程的特点

分析流程的定义和要素，可以发现流程具有如下特点。

（1）目标性。有明确的输出（目标或任务）。这个目标可以是一次满意的客户服务，也可以是一次及时的产品送达。

（2）内在性。流程的活动是相互关联的，包含于任何事物或行为中。对于任何事物，我们都可以以这样的方式来描述："输入的是什么资源，输出了什么结果，中间的一系列活动怎么样，输出为谁创造了价值。"

（3）整体性。流程至少由两个活动组成，才能建立结构或关系，才能进行流转。

（4）动态性。流程中的活动具有时序关系，流程不是一个静态的概念，而是按照一定的时序关系徐徐展开。

（5）层次性。组成流程的活动本身中又有子流程，可以继续分解成若干活动，是一个嵌套的概念。

（6）结构性。流程的结构可以有多重表现形式，有串联、并联、反馈等。这些表现形式的不同，为流程的输出效果带来很大影响。

（四）流程的分级与分类

不同的人对流程的类别和层级的划分有不同的见解。

根据安东尼（Anthony，1965）的观点，企业的经营管理有以下三个层次。

（1）战略规划层。企业最高层，主要工作为企业目标的设定和为实现目标所实施的资源配置。

（2）管理控制层。中间管理层，为实现企业目标有效地利用资源的具体过程。

（3）操作控制层。下层管理层，为确保某项特定的业务能够被有效地执行的过程。

相应地，企业的工作流程可以分为战略规划流程、管理控制流程和操作控制流程。

根据哈佛商学院迈克尔·波特的价值链模型，企业活动分为以下两类。

（1）为企业增加价值的基本活动，包括原材料储运、生产制造、产成品储运、市场营销和售后服务。

（2）支持目前和未来的基本活动的辅助活动，包括采购、技术开发、人力资源管理和基础设施。

相应地，企业的工作流程可以分为基本流程和辅助流程。

J. 佩帕得和 P. 罗兰则将企业流程分为以下三类。

（1）战略流程。组织规划和开拓未来的流程，包括战略规划、产品服务开发、新流程设计等。

（2）经营流程。组织实现其日常工作的功能，包括客户获取、满足顾客和取得顾客支持、现金收支等。

（3）保障流程。为企业战略、经营提供保障的功能，如人力资源、管理会计、信息系统管理等。

这也是目前较为常见的流程分类。而上述三类流程也可以继续向下分解，直至到达具体的单项任务。

对于流程的细化分级，即把流程从粗到细、从宏观到微观、从端到端分解到具体指导操作的明细流程。一般来说，流程通常可以细化为三个或四个级别。

（1）一级流程。企业价值链中的构成部门。属于高阶流程，也称"域"，往往是端到端的流程。

（2）二级流程。在每个域内，可以看作域的"关键节点或分支"。属于中阶流程，也称"域过程"。

（3）三级流程。对域过程的进一步细分，由业务活动或/和子流程（四级流程）构成，属于低阶流程，称为"流程"（比较具体的流程）。

当然，流程的类别和层级划分并不是绝对的。实践中，企业可以根据自己的实际情况和需要进行合理划分。

例如，某企业将自己的流程体系划分为战略流程、核心流程和支持流程。其中，战略流程解决"做什么"的问题，主要包括价值、目标、产品定位、资源配置计划、基本流程确定和考评政策与原则等。核心流程解决"怎么做"的问题，主要包括研发、营销、生产、销售、售后服务管理等。战略流程决定核心流程的方向。支持流程是战略流程和核心流程的基础，包括采购、储运、人力资源、设备、财务、IT、考评等。如图 4-3 所示。

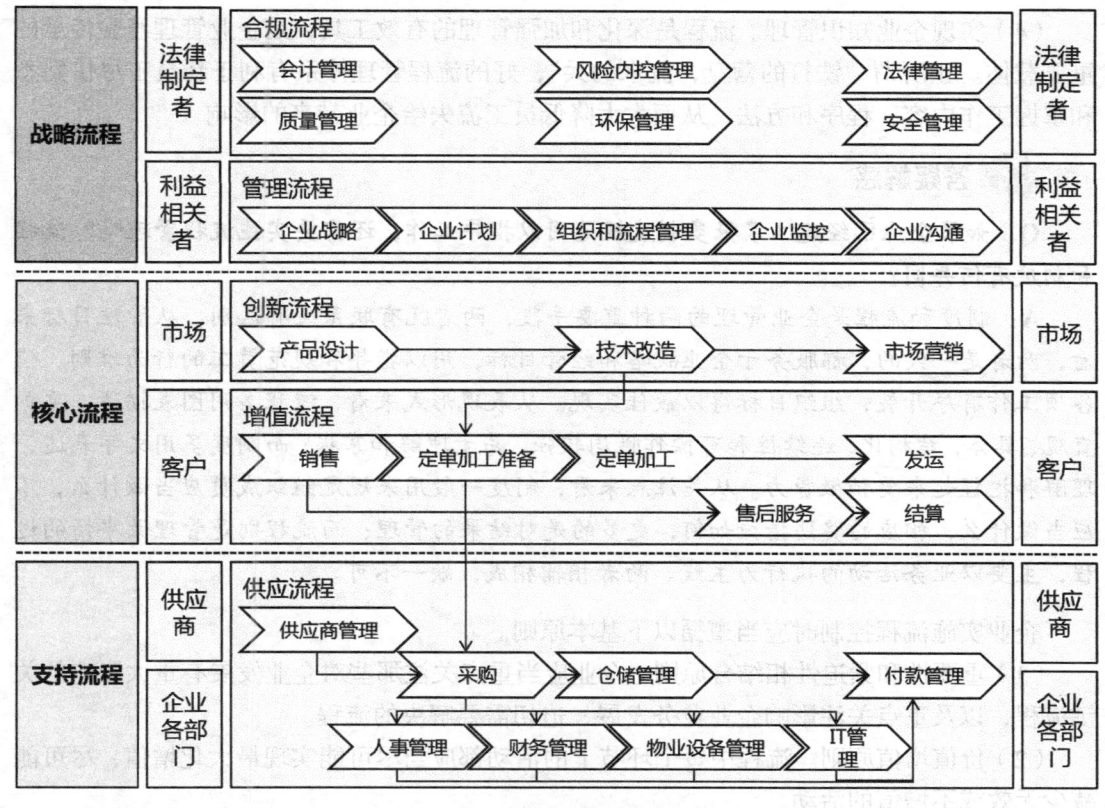

图 4-3 某企业的流程体系架构

二、流程控制的目的、意义和原则

流程控制，顾名思义，就是通过建立科学、高效、规范的业务流程管理体系，从而为企业控制目标的实现提供合理保障的一种系统化方法。

流程控制能够为企业带来以下重要作用。

（1）提高企业运行效率。流程能够直观、清晰地解决业务活动由谁来做、做什么、怎么做、有何证据，从而有效规范业务活动的执行程序、执行标准、执行凭证和相关责任人。实施流程控制有助于提升企业执行力，避免事事请示上级可能造成的时机延误和工作效率低下，提高企业成功的概率。

（2）降低企业运营成本。流程控制通过将业务运行过程中的常规工作和例行工作进行梳理、固化，将一些不必要、不重要的环节进行简化，对一些设计不合理、执行不到位的环节进行分析、监控和不断优化，能够有效降低业务处理成本和管理成本，提高企业运营效益。

（3）支撑企业战略和经营目标的实现。流程控制有助于强化企业风险控制和管理，便于建立目标和业绩管理体系。同时，流程所带来的高效执行率能够帮助企业快速响应市场和客户需求，提升企业的决策反应能力；流程执行过程中所积累的丰富完整的资料和数据信息也能够为企业的科学决策提供有力支撑，有效提升企业的决策能力和水平。

（4）实现企业知识管理。流程是深化和加强管理的有效工具，是企业管理经验传承的重要载体。正所谓"铁打的营盘，流水的兵"，好的流程管理体系有利于新员工尽快熟悉和掌握工作内容、程序和方法，从而大大降低员工流失给企业带来的影响。

> **? 答疑解惑**
>
> **Q：** 如果企业已经建立了很多制度规范用以指导工作，还需要实施流程管理吗？流程和制度有何异同？
>
> **A：** 制度和流程是企业管理的两种重要手段，两者既有联系又有区别。从管理目标来看，两者是一致的，都服务于企业战略和经营目标，用以指导和规范员工的行为准则，使各项工作有序开展，组织目标得以最佳实现。从表现形式来看，流程多用图表描述，更加直观、具体，结构化、连续性和可操作性均较强，易于理解和掌握；而制度多用文字表述，理解和把握起来要稍微费力。从关注点来看，制度一般用来规定组织成员应当做什么，不应当做什么，相应的奖惩措施如何，更多的是对结果的管理；而流程则是管理做事情的过程，主要以业务活动的执行为主线。两者相辅相成，缺一不可。

企业实施流程控制时应当遵循以下基本原则。

（1）重要性和紧迫性相结合原则。企业应当重点关注那些对企业发展有重大影响的关键流程，以及重点关注影响企业业务发展、迫切需要解决的流程。

（2）价值增值原则。流程中每个环节上的活动都应当尽可能实现最大化增值，尽可能减少无效或不增值的活动。

（3）控制和效率相结合原则。流程设计要兼顾控制效果和运行效率，企业应当在保证对关键业务有效控制的前提下，尽可能提高运行效率。

（4）设计与优化相结合原则。实际工作中，企业在对业务流程进行梳理和优化的过程中，也应当根据实际需要对流程进行整体或局部的重新设计。

三、流程控制的程序和方法

流程控制的核心在于流程梳理、缺陷识别、优化和整改。通常来说，企业实施流程控制的主要工作程序如图 4-4 所示。

需要注意的是，企业在进行流程梳理之前，首先应当做好以下几个方面的工作。

（1）企业基本业务流程目录。流程梳理不仅针对企业主要流程目录，而且扩大到包含所有业务的基本业务流程框架。在此范围内，不仅要识别出会计与报告风险，还要识别出运营风险和法律风险等。

（2）企业适用的风险数据库。企业在进行流程梳理前，需要先整理出企业适用的风险数据库，包括分、子公司各业务活动所涉及的风险，以作为流程梳理重点关注的内容。

（3）企业组织机构图。组织机构图应当包括企业管理层、各业务部门、所属单位及具体操作岗位。这是进行流程梳理的组织前提和基础，否则流程将无所依附。

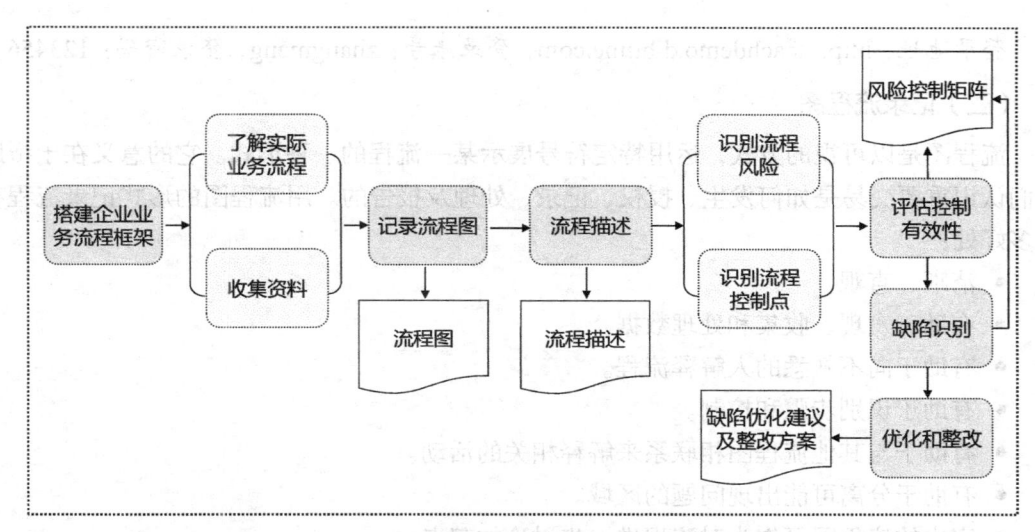

图 4-4 企业实施流程控制的主要工作程序

（一）搭建企业业务流程框架

流程框架体系源于美国生产力与质量中心（American Productivity and Quality Center，APQC）提出的一套横向端到端、纵向层级式业务流程体系模型。该框架体系覆盖组织全业务，从战略层、管理层、执行层直至岗位工序规范；围绕战略，跨职能界限，协同部门间行动，准确定位流程角色，回归流程管理本质；提供清晰、可测量的过程绩效测量工具和方案。

流程框架是描述企业流程分类及分层的全视图，是企业开展内部控制设计的"总纲领"，有助于指导企业人员有效开展内部控制建设。具体搭建可参照前述"流程的分级与分类"内容。一般流程框架采用三分法的流程分类法，把企业流程划分为三大类：战略流程、经营流程和支持流程。通过打破企业部门边界，把企业组织的所有活动都归入这三类流程中，每类流程可能都要包括若干个流程。每个流程通常又会分为三到四个层级。其中：一级流程主要根据企业的经营范围和特色确定；应涵盖企业的经营存续所必需的所有重要活动，可能包括战略规划、生产经营、人力资源、财务管理、采购供应链、市场与销售、质量与安全、研发与技术、资产管理、审计监察、信息管理等；应当根据企业业务特点和集团统一流程进行调整。二级流程主要根据企业业务类型划分，或者根据相对独立的业务单元/模块划分，也可根据业务对象划分。同时还应当考虑特殊的业务或产品特征，考虑次级流程的复杂程度。三级流程主要根据企业业务循环、业务模块、业务对象来划分，同时考虑特殊的业务或产品。

实践中，企业可以根据自己的实际需要合理设计适合自身的业务流程框架。

案例探讨 华为公司的业务流程框架

思考：试从华为的流程架构分析其业务特点，以及这样划分的优势。

案例详见"DIB 内部控制与风险管理教学软件（试用版）—辅助资源—案例探讨—案例 6 华为公司的业务流程框架"。

登录地址：http://teachdemo.dibtime.com，登录账号：zhangmeng，登录密码：123456。

（二）记录流程图

流程图是以可视的方式，运用特定符号展示某一流程的一种形式。它的意义在于帮助人们认识重要交易是如何发生、授权、记录、处理及报告的。用流程图的形式记录流程有诸多好处：

- 清晰、直观。
- 有助于发现、收集和处理数据。
- 有助于向不熟悉的人解释流程。
- 有助于识别步骤和控制。
- 有助于与其他流程图相联系来解释相关的活动。
- 有助于分离可能出现问题的区域。
- 完成的流程图可作为对流程进一步讨论的起点。
- 有利于企业规范化管理。

企业在记录流程图之前，需要做好两项基本工作。一是了解企业实际业务工作流程，主要通过访谈各流程相关负责人的方式来进行。在访谈过程中，应当注意抓住信息流动的衔接性和完整性，注意信息传递的方式，注意访谈内容明确至各个职能岗位。二是进行资料收集，包括收集与整理相关制度资料和穿行测试样本资料，制作资料清单，做好资料记录和保管。

了解清楚业务流程和相关文档后，就可以进行流程图的编制了。通常来说，企业建立标准化流程图，可参照如表 4-1 所示的图例。

表 4-1 企业标准化流程图一般图例

符　号	解　释
	表示流程的起点或终点，通常位于流程图的开端或结尾
	表示流程具体任务、动作
	表示某一流程步骤的执行岗位，一般置于流程步骤框的上方
	表示流程走向，代表业务处理的传递，用于连接两个流程步骤
	表示业务流转过程中输出的文档或表单
	表示问题判断或判定（审核/审批/评审）环节
	表示流程与流程之间的关联关系；流程中出现子流程，理解为流程的输入或输出
	用于页面内连接，一般从一个步骤转至另一个步骤，而两个步骤相隔较远，或者直接连接会造成连线交叉时使用
	用于跨页连接，当流程较长，一个页面难以画开时，转入另一个页面

流程图编制时应当遵循如下要求：
- 确定流程参与的部门及具体岗位。
- 使用标准图例。
- 确定流程的主要步骤、先后次序、步骤之间的关系及输出文档。
- 关注流程的关键步骤，确保流程的连贯性及合理性。
- 确定每个流程的开始和结束。
- 反映现有的流程，而不是计划中的将来。

除此之外，编制流程图时还应当注意以下事项：
- 要有步骤编号。
- 各个步骤之间的连线为单向黑色实线，最多有两个拐点，且不允许出现交叉。
- 输出文档在第一次出现的步骤表示即可，以后再出现可不必再次记录。
- 一般审批不通过不返回，如有必要也可根据实际情况处理。
- 每张流程图一般只保留一个"开始"、一个"结束"；如需要，起点可从其他流程引入，终点可引出至其他流程，注意各个子流程间的钩稽关系。

流程图示例如图 4-5 所示。

案例探讨 某公司销售业务具体管理控制措施

请根据案例描述绘制销售计划编制与实施、产品定价这两个工作流程的流程图，并在流程图中标出控制活动。

案例详见 "DIB 内部控制与风险管理教学软件（试用版）—辅助资源—案例探讨—案例 7 某公司销售业务具体管理控制措施"。

登录地址：http://teachdemo.dibtime.com，登录账号：zhangmeng，登录密码：123456。

（三）流程描述

流程描述是可以替代流程图或与流程图并列的业务流程记录形式。流程描述应保留足够的细节，让其他没有接触过该流程的人能够了解该流程的各环节、各控制点，能够对流程设计的有效性进行整体评估，能够进行测试以验证流程执行的有效性。

流程描述需回答以下这些问题：
（1）谁在做？
（2）做什么？
（3）怎么做？
（4）什么时候做？

举例说明："会计在收到入库单、采购检验单及供应商发票后，进行'三单匹配'，即检查其是否与采购合同/订单上的采购项目、数量、单价、总金额、质量要求等一致。"在该流程描述中，"会计"回答了"谁在做"；"进行'三单匹配'"回答了"做什么"；"在收到入库单、采购检验单及供应商发票后"回答了"什么时候做"；"检查其是否与采购合同/订单上的采购项目、数量、单价、总金额、质量要求等一致"回答了"怎么做"。

图 4-5 流程图示例

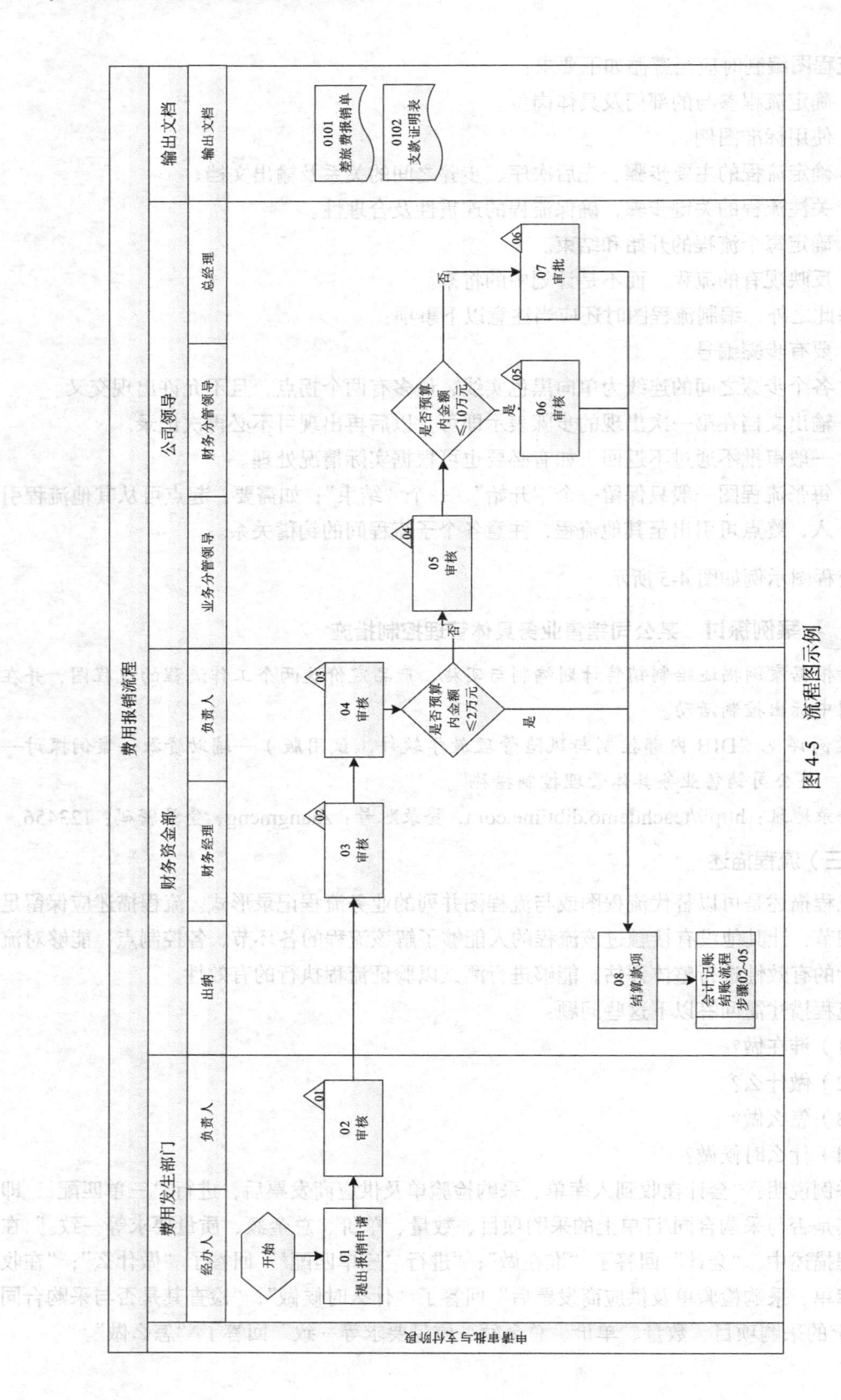

流程描述和流程图一样，应该反映现有的流程，而不是计划中的将来。一般来说，进行流程描述时，应当遵循如下要求：

- 对流程描述中的每个步骤、控制、文档及控制缺陷进行编号，如有对应流程图，编号需与流程图中保持一致。
- 在进行流程描述记录的时候，应该包括这些基本点，即谁、在什么时间、做什么事、怎样做、做该项工作的频率是怎样的。
- 每个步骤要明确到具体的部门岗位及该步骤所对应的文档。
- 需记录流程最终涉及的具体会计处理。
- 需记录流程的转入、转出、结束等。

除此之外，在进行流程描述时还应注意以下事项：

- 流程描述需要详细地说明业务流程的步骤。
- 使用简练的陈述句进行描述。
- 流程描述中不应出现"应该""应当"等字眼。
- 保持流程描述前后的一致性及连贯性。

流程描述编号举例：

- 一级流程用三个字母代替（可按照后附缩写字母编号），二级子流程按照 1.0/2.0/3.0 等进行编号，三级子流程按照 1.1/1.2/2.1 等进行编号。
- 流程描述中可使用【01】（流程步骤），【C01】（控制活动），【EF01】（输出文档）进行编号。

在文件中需要相互索引时，分为以下三种情况。

- 引用来自不同主流程的编号方式为："一级流程编号—流程号码—【01】/【EF01】"；
- 引用来自相同主流程及不同子流程的编号方式为："流程号码—【01】/【EF01】"；
- 引用来自同一子流程的编号方式为："【01】/【EF01】/【GAP01】"。

> **要点提示**

流程描述常见问题如下。

（1）流程负责人不明确，未写明具体执行人员的岗位，如相关人员/销售部等。

（2）同一岗位、同一文件、同一流程等名称前后文说法不一致。

（3）未明确文档或系统文件名称，如出现"相关资料"等。

（4）不同流程之间缺乏必要的钩稽关系。

（5）存在多份文档时，未能写清每份文档的流转去向和保管人，如发票一式三联，记账联、客户联、存根联分别如何处理和保存等。

流程描述示例如图 4-6 所示。

编号	步骤名称	步骤类型	控制编号	控制方式	控制频率	控制类型	业务类型	步骤描述	主责岗位	输出文档
		一般控制	C01	人工	随时	预防性		xx公司财务部2012年3月发布了《货币资金管理制度》，主要内容包括岗位分工及授权标准、现金管理、银行存款管理、票据及有关印章管理等，对公司涉及货币资金收付的相关程序做了规定/说明，旨在规范公司所属各单位的货币资金管理行为，减少公司的资金占用，提高货币资金的使用效率，保证货币资金的安全。xx公司财务部发布了《财务报销及付款审批权限暂行规定》，对费用报销及办理采购、劳务、技术服务等各款项的付款审批权限做出了规定，旨在加强财务管理和监督，完善费用报销和付款制度，规范报销、付款程序，明确审批权限。流程开始		
01	提交付款凭证	一般步骤					业务经办	公司对外支付一般采取承兑方式。各相关单位业务经办人向集团结算中心提交加盖财务专用章及法人章的《结算中心对外付款支票（付款凭证）》，若因业务所需采取现汇方式的，还需提交经相应付款权限领导签字的《付款审批单》	各相关单位/业务经办人	《结算中心对外付款支票》《付款审批单》
02	审核并编制付款计划	关键控制	C02	系统	随时	发现性	验证	集团结算中心A股公司会计汇总各单位付款凭证，审核《付款凭证》及《付款审批单》，主要关注财务专用章、法人章、相应领导签字是否齐全，审核无误后在C06系统中编制当日《付款计划》，提交集团结算中心主任审核	集团结算中心/A股公司会计	《付款计划》
03	审核	关键控制	C03	系统	随时	发现性	验证	集团结算中心主任审核当日付款计划，主要关注《付款凭证》与《付款审批单》签章是否齐全，付款计划与之是否相符，收款人名称、用途、金额、付款方式、付款单位与实际已审批付款凭证是否相符，审核通过后在系统中点击确认	集团结算中心/主任	《结算中心对外付款支票》《付款审批单》《付款计划》
04	审核	关键控制	C04	系统	随时	发现性	验证	财务部经理审核当日《付款计划》，主要关注收款人名称、用途、金额、付款方式、付款单位与实际付款凭证是否相符，审核通过后在系统中点击确认	财务部/经理	《结算中心对外付款支票》《付款审批单》《付款计划》
05	审批	关键控制	C05	系统	随时	发现性	授权审批	公司财务总监审批当日《付款计划》，主要关注付款金额的准确性及支付工作的必要性，对总支付金额在50万元以内的付款进行授权，审批通过后在系统中点击确认。如果付款金额在50万元以内，财务总监审批通过后即可交集团结算中心出纳办理结算手续；如果付款金额超过50万元，需提交公司总经理进行审批	公司领导/财务总监	《结算中心对外付款支票》《付款审批单》《付款计划》
06	审批	关键控制	C06	系统	随时	发现性	授权审批	公司总经理审批当日《付款计划》，主要关注付款金额的准确性及支付工作的必要性，对总支付金额在50万元以上、100万元以下的付款进行授权，审批通过后在系统中点击确认。如果付款金额在100万元以内，总经理审批通过后即可交集团结算中心出纳办理结算手续；如果付款金额超过100万元，需提交公司董事长进行审批	公司领导/总经理	《结算中心对外付款支票》《付款审批单》《付款计划》
07	审批	关键控制	C07	系统	随时	发现性	授权审批	公司董事长审批当日《付款计划》，主要关注付款金额的准确性及支付工作的必要性，对总支付金额在100万元以内的付款进行授权，审批通过后在系统中点击确认	公司领导/董事长	《结算中心对外付款支票》《付款审批单》《付款计划》
08	办理付款手续	一般步骤					业务经办	集团结算中心出纳根据经相应审批权限领导签字的付款计划及各单位开具的付款凭证，办理内部结算手续，到银行办理付款，并登记银行日记账	集团结算中心/出纳	《银行回单》《银行日记账》
09	进行账务处理	一般步骤					业务经办	集团结算中心A股公司会计根据付款结束后的付款凭证在系统中做账务处理，会计分录如下：借：应付账款 贷：银行存款	集团结算中心/A股公司会计	《记账凭证》
10	复核	关键控制	C08	系统	随时	发现性	验证	集团结算中心主任对A股公司会计录入的《记账凭证》进行复核，主要关注记账的科目、金额和摘要等信息是否正确，复核通过后在系统内进行确认	集团结算中心/主任	《记账凭证》
11	存档	关键控制	C09	人工	随时	发现性	保管	集团结算中心A股公司会计将《付款计划》《付款凭证》等相关过程文件进行归档保存，以备后续的核查及审计	集团结算中心/A股公司会计	

图 4-6　流程描述示例

(四)识别流程风险、控制点并评估控制有效性

识别流程风险、控制点并评估控制有效性是发现流程缺陷并进行流程改进和优化的关键步骤。实践中,多采用风险控制矩阵(Risk and Control Matrix)方法来进行。

风险控制矩阵即将业务流程中所涉及的风险和控制措施进行匹配,以评估控制的有效性并发现控制缺陷的一种矩阵表格。

编制风险控制矩阵时,应该回答以下问题:
- 流程的风险有哪些?
- 对应的控制活动有哪些?
- 谁对流程/控制负责?
- 控制是怎样设计的?
- 控制设计的有效性如何?
- 控制是否有效执行?

具体编制步骤如下。

1. 设定业务流程对应的控制目标

设定控制目标是流程控制的起点,只有明确每一业务所要达到的管理控制目标,才能在设计具体控制措施时有的放矢、有章可循。

企业在梳理业务流程时,一般会将业务流程分解为若干子流程、业务活动或环节。相应地,流程目标也会进一步分解为流程中各关键业务环节的具体控制目标。因此,设定业务流程对应的控制目标,就是基于企业各关键环节相关业务活动所要达到的目的分析设定的。

一般来说,识别相关业务活动或环节的目标时需要考虑:
- 各流程环节目标是否清晰、明确。
- 各流程环节目标是否与流程目标保持一致。
- 各流程环节目标是否能够整合保证流程目标实现。

业务流程控制目标设定方法如图4-7所示。

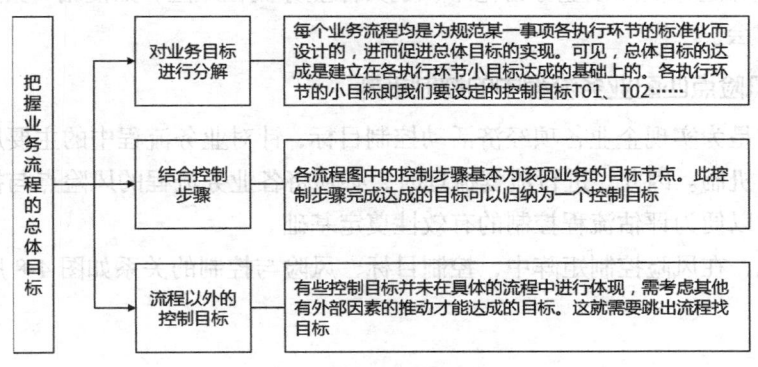

图4-7 业务流程控制目标设定方法

2. 根据控制目标识别业务风险点

可能影响流程目标实现的不确定因素即与相关业务活动或环节目标对应的流程风险，包括流程中可能发生的错误；数据输入可能发生的遗漏；交易未受到相应级别管理层的授权审批；输入可能在未经授权的情况下被更改等。

流程风险举例如下：
- 采购制度不完整，可能导致采购管理实际操作缺乏制度性指引。
- 财务支出缺乏适当的审批，可能产生不合理的支出行为。
- 现金管理缺乏适当的权责分离，存在舞弊风险。
- 未与供应商签订包含法律责任条款的协议文书，可能导致法律纠纷。
- 采购订单未被有效地监控，可能导致逾期未到货的情况发生。

识别流程风险的目的是帮助使用者更清晰、直观地了解可能存在的风险，以便及时采取合理的控制措施，从而有效保障流程控制目标的实现。

业务风险点的识别主要有以下几种方法：
- 从业务流程层面设定的控制目标出发，识别无法达到目标的相应业务流程风险（如可从事先授权、职责分工、资产安全、信息处理、会计记录等方面来考虑）。
- 将业务流程与公司层面风险进行对接，对公司层面风险进行分解，识别并形成业务流程层面风险。
- 根据现有的管理控制措施来识别该业务中固有的风险点。
- 风险树法。如果控制目标的设定比较笼统，则需要运用风险树法，具体分析影响控制目标的多种因素。如果控制目标的设定比较明确、细化，则可以用倒推法，直接把否定目标的具体情形描述出来。例如，从"确保支付事项合理性"这个比较笼统的目标角度出发，可以具体分析有哪些不合理性情形，如不真实、不正确、未经过授权等。
- 根据对应内部控制指引或实践中积累形成的各业务模块标准风险库进行识别，如参考行业数据库，或借鉴已经发生的风险事件进行识别。
- 根据业务运作实际或业务讨论来识别具体业务流程风险，如使用"头脑风暴"等风险研讨会。

3. 针对风险点匹配业务流程中的控制措施

控制措施是为实现企业各项经济活动控制目标，针对业务流程中的主要风险而设计的一套管理控制机制。因此，进行流程梳理时，必须将各业务流程的风险点与控制措施有效关联、匹配，以便为评估流程控制的有效性奠定基础。

一般来说，在风险控制矩阵中，控制目标、风险与控制的关系如图4-8所示。

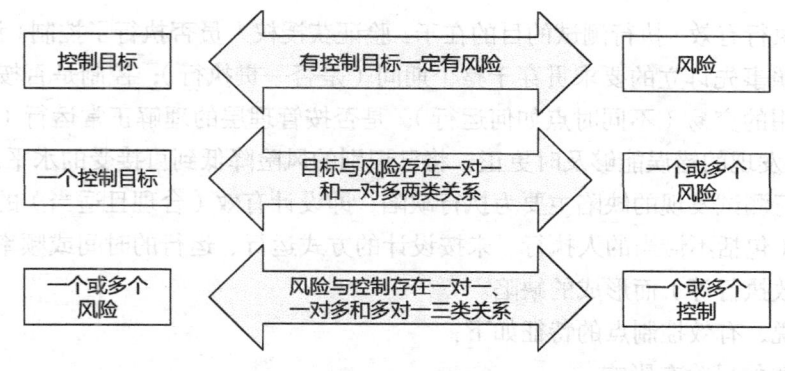

图 4-8　目标、风险与控制的关系

4. 评估控制的有效性

评估控制的有效性，即通过专业判断、穿行测试和执行测试等方式，从管理制度、业务流程和控制措施等方面，分别对业务控制设计的有效性和执行的有效性进行评估，其目的在于识别业务活动控制缺陷，提出改进建议，优化企业流程控制体系。

（1）专业判断。专业判断是通过具备业务活动和流程管理专业知识的专业人员针对控制设计的有效性进行评估的一种评价方法。

通常，执行人员可根据流程风险与控制活动的匹配性来识别缺陷。具体操作方法为：对于某项风险，若流程图中的关键步骤已进行了控制描述，则需进一步确认该风险是否已被控制覆盖，如完全覆盖，则表明该风险下无缺陷，反之，如未完全覆盖，则表明存在缺陷；如果该风险没有对应的控制描述，则需与流程执行部门沟通是否有其他控制，如有控制，进一步判定是否能覆盖风险，如没有相关控制，则直接确定为缺陷。

（2）穿行测试。穿行测试是针对某一业务抽取一套全过程的控制文件，通过采用询问、观察、检查和重新执行等方法，来了解并追踪整个业务流程处理过程的一种评价方法。其目的在于：第一，通过交易轨迹追查某笔交易，确认对业务流程（包括相关书面记录）的了解是否准确和完整；第二，评价业务流程控制设计是否能够及时预防或发现并纠正重大错误，通过将运行结果与设计要求对比，发现缺陷；第三，验证业务流程控制设计是否得到执行，通过获取部分业务实施证据，了解业务流程的运行情况。

穿行测试是验证企业业务流程控制执行有效性的重要方法，可以及时发现业务流程存在的问题，帮助企业改进业务流程控制缺陷，提高企业业务管理水平。

穿行测试的具体操作步骤为：① 选取样本，获取原始单据，跟踪交易全过程。② 记录测试过程，复印留存相关文档并逐一编号。③ 撰写穿行测试报告。④ 将穿行测试报告及复印的相关文档妥善归档。

在进行穿行测试时，应注意每个流程、子流程及控制活动都必须选择一笔业务样本进行穿行测试。同时，穿行测试样本应从本流程的业务中抽取，选择具有代表性和典型性的、能够广泛涵盖该流程诸多控制环节的样本进行测试。

（3）执行测试。执行测试是一种验证控制执行有效性的方法，它强调控制能否在各个不同的时点按照既定设计得以一贯执行，一般通过在一定周期内抽取多个样本来测试某一控制点是否执行有效。执行测试的目的在于：验证获授权人员否执行了控制（谁来执行）。控制是否按照事先订立的要求贯穿于整个期间（是否一贯执行）；控制是否按时执行且涵盖了所有适用的交易（不同时点如何运行）；是否按管理层的理解正常运行（以何种方式运行）；确保发现的错误能够及时更正，将已识别的风险降低到可接受的水平。

通过执行测试发现的缺陷主要为执行缺陷，即设计有效（合理且适当）的内部控制由于执行不当（包括不恰当的人执行、未按设计的方式运行、运行的时间或频率不当、没有得到一贯有效执行等）而形成的缺陷。

一般来说，有效控制点的特征如下：
- 对相关的风险有影响。
- 有足够的运行频率。
- 实施这些控制活动的人员有足够的知识和经验。
- 存在适当的职责分工。
- 发现的问题和例外情况很快得到处理。
- 该控制活动的执行基于可靠的信息。

无效控制点举例：操作人员自行复核；会计人员无会计从业资格证；会计和出纳由同一人兼任等。

（五）缺陷识别

流程缺陷指针对流程风险缺乏足够的或行之有效的控制活动以规避风险事件发生的情况，或者控制活动未得到有效执行。

按照缺陷的来源划分，可分为设计缺陷和运行缺陷。设计缺陷是指业务流程中不存在足以规避相关风险的控制点；运行缺陷是指业务流程中虽然存在足以规避相关风险的控制点，但由于未运行或无效运行仍然无法规避相关风险的情况。

按照缺陷影响的对象划分，可分为财务报告缺陷和非财务报告缺陷。不能合理保证财务报告可靠性的缺陷属于财务报告缺陷。

按照缺陷对目标的影响程度划分，可分为重大缺陷、重要缺陷和一般缺陷。重大缺陷是指一个或多个控制缺陷的组合，可能导致企业严重偏离控制目标。重要缺陷是指一个或多个控制缺陷的组合，其严重程度和经济后果低于重大缺陷，但仍有可能导致企业偏离控制目标。一般缺陷是指除重大缺陷、重要缺陷之外的其他缺陷。

通过控制有效性评估所发现的问题即控制缺陷，通常可分为三种类型：控制无效、控制缺失、控制冗余。这三种类型又具体表现为七种情况：制度缺失、制度设计不合理、流程设计不合理、控制活动缺失、职责分工不明确、执行监督缺失、信息系统控制失效。

要点提示

风险与缺陷的区别和联系如下。

风险（此处指狭义的风险）是指未来的不确定性对企业实现其经营目标的不利影响，其主要特点之一就是不确定性，即是否发生、发生的时间及发生后产生的结果都具有不确定性。

缺陷则是因缺乏足够的或行之有效的控制活动，或者控制活动未得到有效执行而未能规避风险事件发生的情况，是已经存在于企业生产经营活动中的。

可见，两者最大的区别在于风险是未发生的，而缺陷是已存在的。

两者的关系则从缺陷的定义中可以看出，正是因为风险没有被有效地规避或控制，才会有缺陷产生。

（六）优化和整改

对于识别出的控制缺陷，企业应从缺陷描述、原因分析、缺陷影响三个方面进行分析，并与责任部门进行充分的沟通，确保缺陷编写符合实际、重点突出。同时，还应说明发现问题的手段和方式（如访谈或穿行测试资料、查阅制度等），问题的实质（如背景信息、问题的表现形式、出现问题的原因、由该问题可能引发的风险）等。

优化改进建议是针对识别出的控制缺陷，提出解决方案及改善思路。优化改进建议可从完善制度流程、明确责任奖惩机制、设计有效管理控制方式、强化执行监督检查等方面来撰写。在编写优化改进建议时，应首先说明建议的思路，其次逐条列示操作方法和步骤，并对操作方法进行具体阐述，注重可操作性，若问题存在多个表现形式，则建议需要一一对应。

流程的优化可以从"清除（Eliminate）、简化（Simplify）、整合（Integrate）、自动化（Automate）"四个方面切入，简称"ESIA"，是减少流程中非增值活动及调整流程的核心增值活动的实用原则。

拓展阅读 流程的优化

详见"DIB 内部控制与风险管理教学软件（试用版）—辅助资源—拓展阅读—阅读13 流程的优化"。

登录地址：http://teachdemo.dibtime.com，登录账号：zhangmeng，登录密码：123456。

一般来说，流程优化改进建议主要分为两类。一是必要性质的优化改进建议，主要指那些如果不执行该控制则很可能无法规避相关风险的控制建议。二是提高性质的优化改进建议，指即使不执行也不一定不能规避相关风险的控制建议，但若实施该控制则可进一步提高风险防御能力或管理水平。例如，控制根据其方式、内容、性质、执行人员等的不同，其强弱程度也有所不同。具体如表 4-2 所示。对于该类提高性质的优化改进建议，企业在进行流程改进和优化时可结合自身资源、能力等实际条件合理确定。

表 4-2 控制措施的强弱程度划分

较强的控制	较弱的控制
自动控制	人工控制
多个相互关联的控制	单个控制
由高层人员执行	由基层人员执行

续表

较强的控制	较弱的控制
预防性控制	发现性控制
100%进行控制	使用抽样方法
实时进行的	滞后的

> **要点提示**
>
> 制定流程优化改进建议时要避免以下误区：
> - 控制点越多越好。
> - 控制点的增加必然会降低运营效率。
> - 适合局部的控制就是适合全局的。
> - 不适合局部的控制就是不适合全局的。
> - 控制点在企业的各个发展阶段是一成不变的。
> - 同行业公司的控制点可以不加考虑地照搬。

企业应当重视控制缺陷的整改工作，根据识别出的缺陷和优化改进建议，制订整改方案并跟踪落实，明确整改的时间表、责任人、措施、涉及部门、督察人、督察结果，确保业务流程的优化改进建议落到实处。

> **仿真模拟**
>
> 请登录网址或扫二维码收看"DIB 内部控制与风险管理教学软件仿真模拟操作视频——流程梳理"（视频密码：4321）。
>
> 网址：http://teachdemo.dibtime.com/video.html

第二节　销售与收款循环控制

一、销售与收款业务目标

1. 经营目标

通过规范销售与收款业务流程，确保产品销售与收款业务按规定程序和适当授权进行，实现预期经营目标。

2. 财务目标

确保销售与收款业务及其相关会计账目的核算真实、完整、规范，防止差错和舞弊，保证财务报表合理揭示产品销售业务发生的折扣与折让。

3. 合规目标

保证销售业务及其税金的处理符合国家有关法律法规及公司的规定。

二、销售与收款业务风险

1. 经营风险

由于产品销售与收款业务流程设计不合理或控制不当，可能导致产品销售及价格、信用政策等与目标要求不一致，或者出现舞弊和差错。

2. 财务风险

可能导致会计核算多记、少（漏）记或错记销售收入、应收账款及其他相关会计事项，造成核算和反映不真实、不准确、不完整。

3. 合规风险

可能导致销售业务违反国家有关规定而受到行政处罚或法律制裁。

三、销售与收款业务流程步骤与控制点

1. 受理订单与编制销售计划

（1）销售部门分析客户需求，受理客户订单，订单应按类别连续编号。

★[①]（2）所有订单均由被授权人员核准，并对客户信用状况进行初步核查。

销售部门依据客户信用状况及订单和生产计划、库存等情况，编制销售产品的品种、规格型号、数量、价格、货款支付方式等具体的销售计划与赊销方案，并经部门领导审核签字。

2. 审定销售方案和信用政策

★（1）产品销售计划传送给公司分管业务的领导审定，特别重大的产品销售计划报公司总经理办公会审定。

销售产品拟采用赊销方式的应对客户信用进行审核。销售部门应根据本部门已掌握或客户提供的信用资料，结合产品销售市场情况，提出准予客户赊销的期限和额度，经部门领导审核后连同有关信用资料等一并传送给信用管理部门。

★（2）信用管理部门依据客户的信用资料及本部门已建立的客户信用档案和记录，对客户信用情况进行审核或调查，评定信用等级，提出审核意见。

★（3）销售部门将销售计划/销售订单和赊销审核意见等资料传送给分管业务的领导

---

① ★表示关键控制点。

和财务总监审批，特别重大的赊销方案报公司总经理办公会审定。销售价格未按规定政策执行的，应报价格领导小组或授权领导审定。

3. 生产订单

销售部门及时将审批后的销售计划/销售订单传送给生产部门。生产部门根据生产计划与销售计划/销售订单情况，编制生产订单，安排生产。

4. 签订销售合同

销售数量较大或批量销售业务应当签订销售合同。销售合同文本由销售部门拟订。

★（1）法律部门和财务部门根据本部门职责对销售合同进行审核，提出书面审核意见交销售部门修改合同。

★（2）分管业务的领导和财务总监依据审核部门的意见审定销售合同，按内部授权交由授权人员签订。

（3）销售部门将已签订的销售合同分送财务、法律、仓储等部门备查。

★（4）销售合同需要变更或提前终止时，应报分管业务的领导和财务总监同意，重大合同需报公司总经理办公会审定同意，并传送财务、法律等部门。

5. 组织销售与收款

★（1）财务部根据销售合同和销售实施方案/销售订单，查询核实客户预留资金和客户预付款的到账情况或客户信用额度使用情况，向销售部门传送核实信息或据实开具收款通知单。

（2）销售部门根据已签销售合同、销售订单向财务部核实收款情况，确认无误后向仓储部门传送发货通知单，或销售部门根据已签销售合同和财务部收款单，开具销售发货通知单（连续编号）送仓储部门，并逐笔录入系统。

★（3）仓储部门依据销售发货通知单和销售合同、销售订单等组织发货。

① 验货人员清点装货数量并与有效销售发货通知单核实一致。

② 发货人员依据核准的发货单（实际发货量）对销售订单发货，系统自动生成相应会计凭证，将核准的发货单财务联传送给财务部，经会计主管复核后过账，或发货人员依据核准的发货单（实际发货量）录入系统，并将核准的发货单财务联传送到财务部进行账务处理。

③ 门卫核实发货单准予出厂。

★④ 客户应按合同指定地点、指定签收人员签收货物，货运人员对签收人员身份进行核对。

★⑤ 采用赊销方式的，销售部门及主管人员应负责货款的按期回收，并对销售人员建立"谁销售，谁负责货款回笼"的责任考核机制。

6. 财务开票与记账

（1）财务部依据销售合同、核准的发货单和已办出库手续等有关原始单据传送到有关财税系统开具销售发票，并加盖印章。

（2）根据财税系统开具的销售发票数据系统生成收入和税金的会计凭证，或根据开具的销售发票、核准的发货通知单等有关销售单据确认收入和税金，编制/录入相应会计凭证。

★（3）会计主管复核会计凭证后记/过账。

7. 销售折让或退货

★（1）销售部门受理客户提出的折让或退货申请，并依据折让或退货理由组织相关部门查验和核实，提出处理意见。属于合同规定的折让和退货，则由销售部门审核后，将销售折让通知书传送财务部，将退货产品入库单和退货通知书传送仓储部门。

★（2）销售部门将折让或退货申请及核实处理意见报分管业务的领导和财务总监审定，涉及法律纠纷的，还应有公司法律部门的审批意见。

（3）销售部门根据销售折让及退货审批意见，将销售折让或退货通知书传送给财务部，将退货产品入库单和退货通知书传送给仓储部门。

（4）仓储部门审核退货通知书后，将退货产品验收入库，系统生成相应会计凭证，将核实后的退货产品入库单财务联传送给财务部。

（5）财务部审核销售折让通知书或退货通知书及退货产品入库单后，编制/录入折让或退货会计凭证（系统生成退货会计凭证的，无须编制/录入）。

★（6）会计主管审核销售折让通知书或退货通知书及退货产品入库单，复核会计凭证后由会计人员记/过账。此外，需在会计报表中披露的应当披露。

8. 盘点对账

★（1）销售、财务、仓储等部门定期对产品销售及存货情况等进行对账和实物盘点，核实产品库存，对差异情况应及时查明原因并按规定处理。

★（2）财务部应及时对赊销货款进行清结。未按合同清结的，要及时通知销售部门采取措施。要定期组织销售等部门与客户核对往来账款，发现差异及时查明原因并按规定处理。

★（3）期末财务部对应收账款应进行账龄分析，合理计提坏账准备，并提出追收措施和建议，报分管业务的领导和财务总监审核同意后实施。同时做好客户资信档案的记录。

★（4）分管业务的领导应组织销售部门和责任人员积极落实清欠措施并严格实行奖惩措施。

9. 清理、终止合同

（1）合同执行完毕后，销售部门应对合同执行情况进行清理、终止，建立客户信用档案。

（2）销售部门将合同清理结果和客户信用情况反馈给财务部。财务部应按季向分管业务的领导和财务总监提供核销合同遗留问题的清结情况，并督促销售部门落实追索工作。

四、销售与收款业务流程图

销售与收款业务流程如图4-9所示。

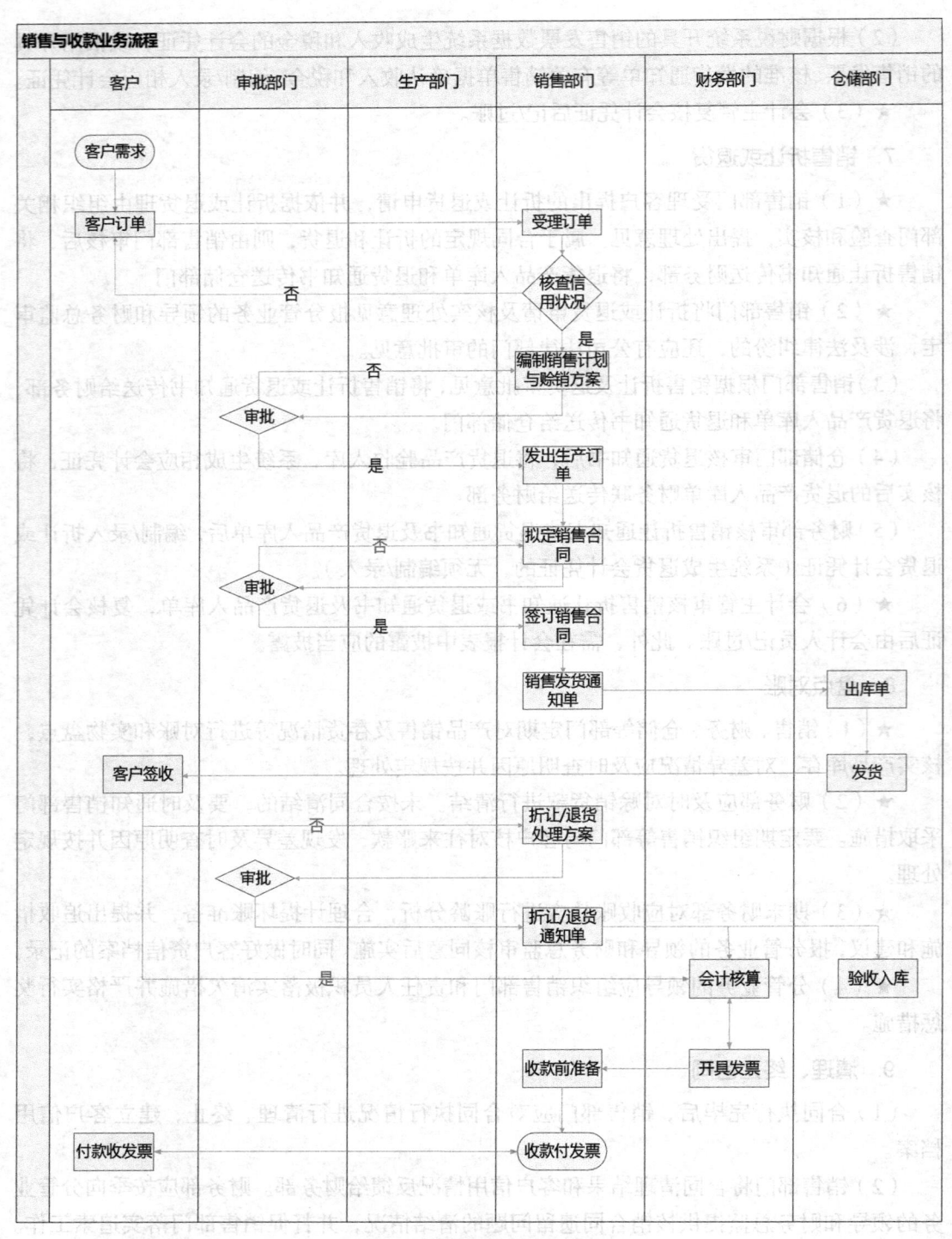

图 4-9　销售与收款业务流程

案例探讨　长虹海外巨额应收账款事件

案例详见"DIB 内部控制与风险管理教学软件（试用版）—辅助资源—案例探讨—案例 8　长虹海外巨额应收账款事件"。

登录地址：http://teachdemo.dibtime.com，登录账号：zhangmeng，登录密码：123456。

第三节　采购与付款循环控制

一、采购与付款业务目标

1. 经营目标

通过规范采购业务流程，确保采购业务按规定程序和适当授权进行，实现预期目标。

2. 财务目标

确保采购与付款业务及其相关会计账目的核算真实、完整、规范，防止出现差错和舞弊；保证账实相符，财务会计报告合理揭示采购业务享有的折扣、折让。

3. 合规目标

保证采购及付款业务、相关采购、招标合同等符合国家有关法律法规。

确保付款、与采购相关的货币资金管理符合中国人民银行等国家有关部门的法规要求。

二、采购与付款业务风险

1. 经营风险

由于采购业务流程设计不合理或控制不当，可能导致采购物资及价格偏离目标要求，或出现舞弊和差错。

2. 财务风险

可能导致会计核算多记、错记、漏记物资采购成本和应付账款及其他应计负债，造成核算和反映不真实、不完整、不规范。

3. 合规风险

可能导致采购业务处理违反国家有关规定而受到行政处罚或法律制裁。

三、采购与付款业务流程步骤与控制点

1. 采购申请和采购计划

（1）使用单位根据生产经营、建设需要和预算，提出采购申请。注明所需物资的名称、规格、数量、技术质量标准与要求等，经单位、部门领导审核后报仓储部门审核。

★（2）仓储部门根据物资储备定额，符合储备定额的给予办理发货手续；定额不足的编制物资请购计划，经部门领导审核后报采购部门。

★（3）采购部门根据采购申请计划编制物资采购实施方案，报部门领导签字后再报

主管领导审批。

2. 编制、审定采购实施方案

（1）经审批的采购计划，交财务部申请资金计划。采购计划需按照货币资金内部控制制度的规定进行审批。

★（2）采购部门依据经审定的采购实施方案和资金计划制订相关采购计划，包括选择确定采购价格、供应商、采购合同、采购物资的技术指标等。

3. 选择确定采购价格及供应商

（1）采购部门依据批准的物资采购实施订单和资金计划，通过询比价、招标、网上采购和公开采购信息等公平、透明的方式，按照公司物资采购的有关规定提出选择和确定采购价格和供应商的方案，经部门领导审核后确定。

★（2）需与供应商就价格、付款方式或供货质量及要求等进行谈判确定的，由采购、财务及相关技术部门等人员组成谈判组，提出初步意见，报授权领导审定后由采购部门牵头谈判。

★（3）对公司要求实施统一采购的大宗或进口物资，应按公司的相关规定办理。属招标采购范围的，应组织招标采购。

4. 签订采购合同

★（1）大宗、批量或比较重要的物资采购必须签订采购合同。合同文本由采购部门拟订，传送财务、法律或技术等有关部门或岗位审核。

★（2）财务、法律或技术等部门或岗位依据职责权限对合同有关条款进行认真审核，提出修改意见后交拟订部门修改合同文本。

★（3）分管业务的领导和财务总监审定合同，交授权人员签订合同。合同需报财务、检验、法律等部门备案。原件留采购部门。

（4）采购合同需要变更或提前终止时，应报原审批领导同意。重大合同变更需报公司总经理办公会研究同意。

5. 跟踪并监督合同的执行

★（1）采购部门的采购人员、合同管理人员及有关部门在合同签订后，应当跟踪并监督合同的执行。

（2）物资采购、技术、设计等部门和需用部门对长周期运行的关键重要设备、材料实行过程监造，确定监造方式，编制监造大纲，签订监造协议，落实监造责任人。

（3）采购人员按照采购合同中确定的制造周期、交货时间、工程项目进度计划落实催交、催运措施，监督合同按期执行。

6. 采购物资验收入库

★（1）质检部门对到货物资进行质量检验，出具质量检验报告书并传送给采购部门、仓储部门、财务部门。

★（2）采购部门编制物资入库单或系统自动生成入库单（入库单应连续编号），仓储部门对到货物资进行外观和数量检验并审核入库单，对符合合同要求的合格物资办理验收入库手续，并将入库验收单传送给财务部门和采购部门分别审核编制入账，经会计主管复核后过账。对检验不符合合同要求的物资，不得办理入库手续。

★（3）不合格物资由采购部门办理退货索赔事宜或提出折让方案，报授权部门或人员审批后进行处理。

7. 发票校验、货款支付及核算记账

★（1）财务部门对购货增值税发票进行校验认证，未能通过发票认证的必须退回并重新开具。将校验审核后的发票、采购合同、货物入库验收单等信息录入系统中生成会计凭证或编制会计凭证，经会计主管复核后过账。

（2）采购部门根据采购合同规定的货款支付方式及合同执行情况，提出采购资金支付申请，填制付款申请单并附采购合同、验收单据等付款依据，经采购部门领导审核签字后传送到财务部门办理货款支付和结算手续。

★（3）财务部门收到采购部门的货款支付申请，首先要对采购合同、购货发票、货物入库验收单等进行审核，然后对应付、预付账款和分期付款等付款约定，以及采购享有的折扣和折让等进行审核，在审核确认无违反合同、程序和其他问题的情况下，编制付款会计凭证和填制银行付款单据，经会计主管复核、财务部门负责人审核签字后付款入账。若需提前付款、更改合同约定条件的及金额较大的，按规定权限报批。

★（4）月末财务部门与采购部门对采购预付款、备用金及未结算的货款进行核对，发现问题及时报告并查明原因和处理。享有采购折扣或折让的，应在会计报表中恰当披露。

★（5）季末或半年末，仓储部门和有关资产管理部门必须对存货等实物资产进行盘点。财务部门应当派人监督盘点。

★（6）公司财务和采购部门应定期与客户核对确认应付、预付账款，发现问题及时查明原因和处理。

8. 清理、终止合同

（1）合同执行完毕后，采购部门应对合同执行情况进行清理、终止，并建立客户信用档案。

（2）采购部门将合同清理和客户信用情况反馈给财务部门。

四、采购与付款业务流程图

采购与付款业务流程如图 4-10 所示。

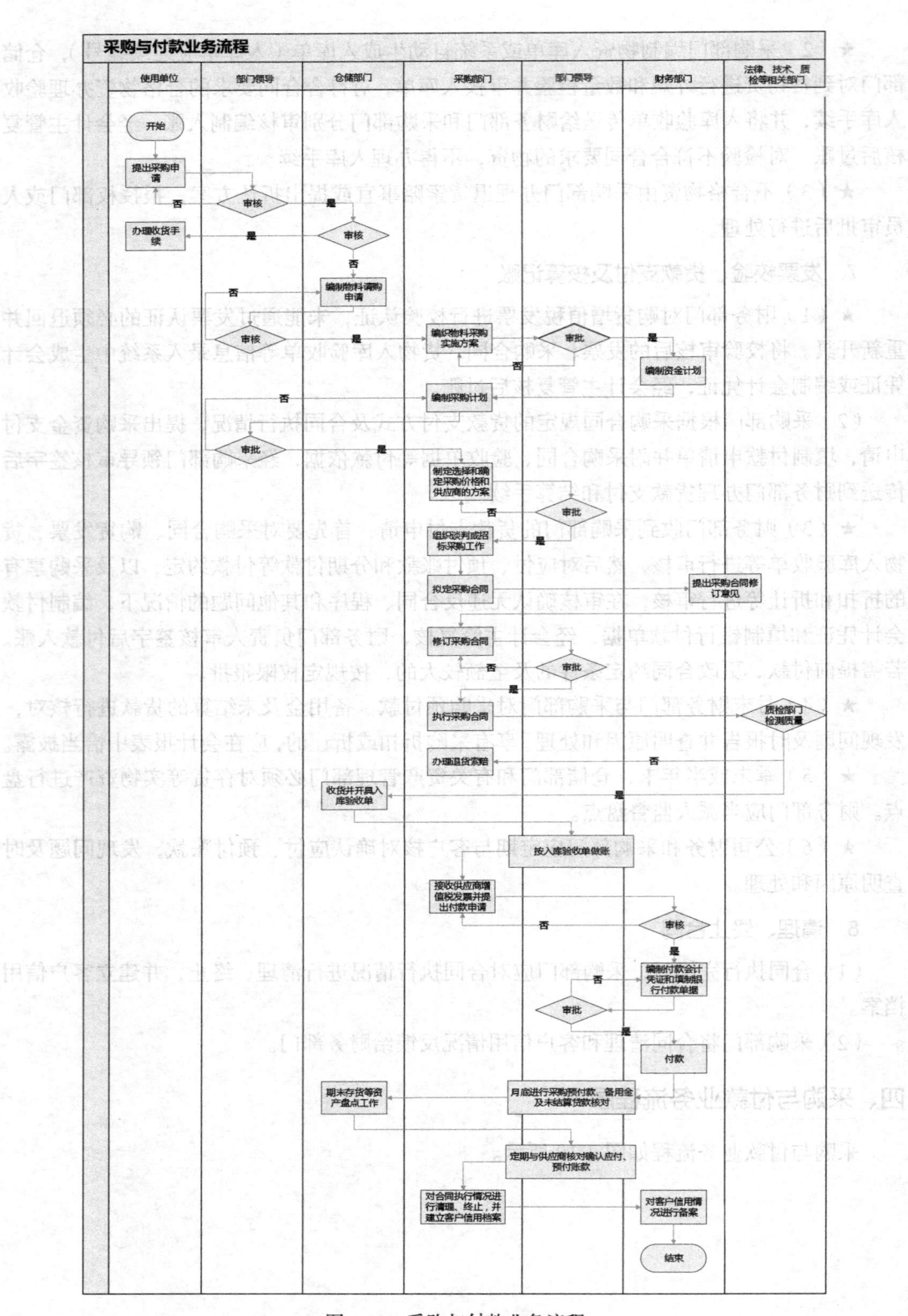

图 4-10 采购与付款业务流程

> **案例探讨** 采购与应付账款管理案例两则

思考：
1. 请分析该公司采购及应付账款管理流程存在哪些问题，如何优化。
2. 请分析 A 公司采购招标流程不规范具体表现在哪里。

案例详见"DIB 内部控制与风险管理教学软件（试用版）—辅助资源—案例探讨—案例 9 采购与应付账款管理案例两则"。

登录地址：http://teachdemo.dibtime.com，登录账号：zhangmeng，登录密码：123456。

第四节 生产循环控制

一、生产进度控制活动

1. 业务目标

（1）保证对客户交货期的达成率符合公司预定的目标。
（2）避免因推迟交货而导致的客户投诉、订单流失。
（3）避免因达不到交货期而导致的违约、罚款、赔偿、法律诉讼。

2. 业务风险

（1）达不到交货期导致的客户投诉、合同取消、订单流失、销售下降等。
（2）达不到交货期导致的公司形象受损等。
（3）达不到承诺的交货期导致的罚款。
（4）达不到承诺的交货期导致的法律诉讼。

3. 业务流程步骤与控制点

（1）编制生产计划表。

★① PMC（生产计划部）依据由生产、物控、技术工程、采购等部门充分评估的销货计划、现有生产计划、物料状况、产能利用状况，制订生产计划，并及时、准确地通知相关部门。

② 规定外购零件、工具、机器设备进厂的时间，以免妨碍工作的进行。

★③ 制订计划时充分考虑物料的采购周期。

★④ 拟订各制程的制造时间。

⑤ 应考虑销售业务状况，适当地调整安排日程计划。

（2）生产部门的生产准备工作。

★① 生产部依据生产计划、现有生产能力做出相关的准备工作，相关人员提前核实物料、工装夹具、场地等准备工作情况。

② 各制程的制造时间确定后，根据各制程的加工先后次序，计算产品完成所需要的总工时。

（3）生产。

★① 生产进行时应保持人员、环境、物料、设备的良好状态，以使生产顺利进行。

② 原物料、人工均应安排妥当，生产制程必须善加控制，尽量做到全面管制，对于突发状况应有妥善的处理办法。

★③ 生产制造的各种进度与成本必须详加记录。

★④ 生产过程中，避免停工待料的情形，避免不必要的搬运。

4. 生产进度控制流程图

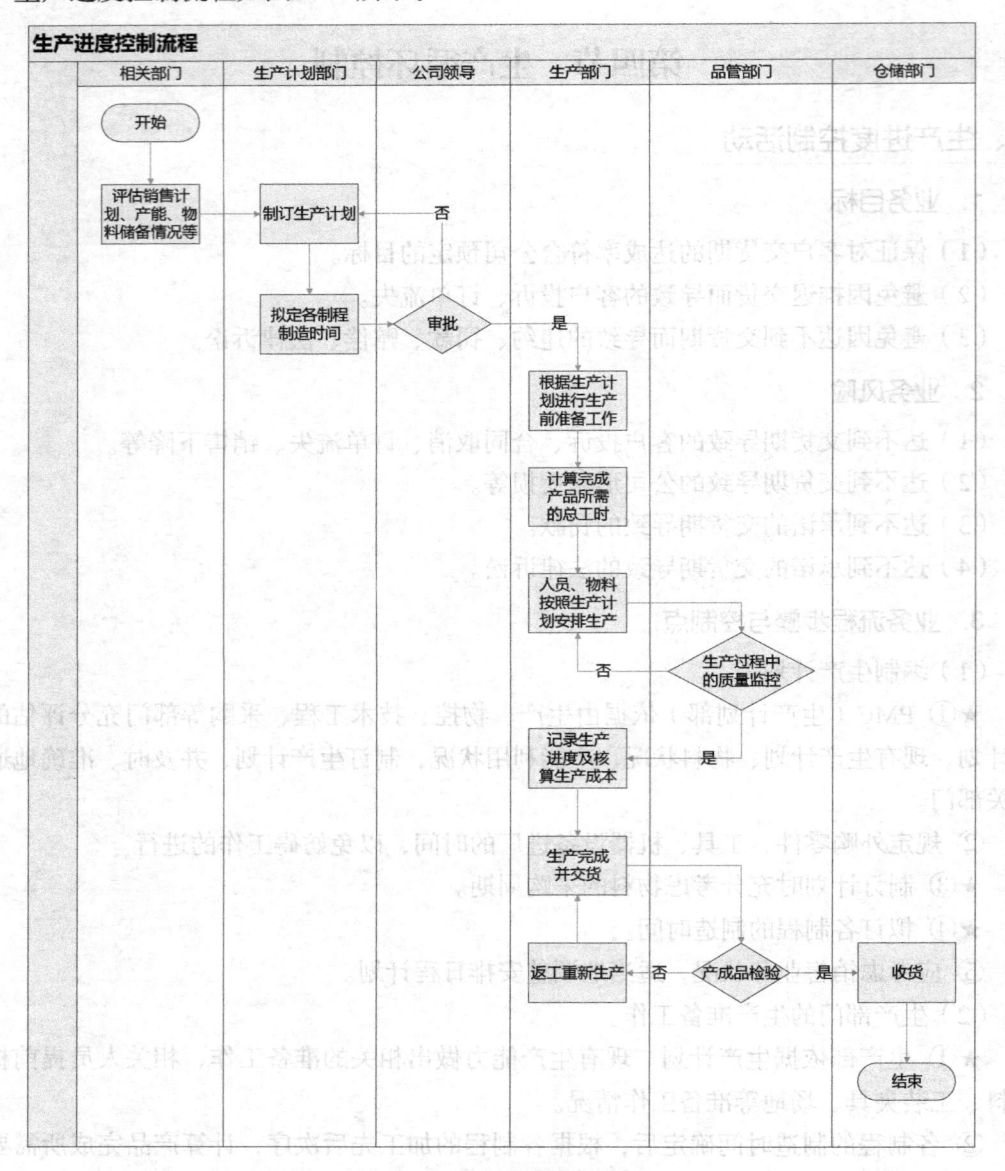

生产进度控制流程如图 4-11 所示。

图 4-11 生产进度控制流程

二、生产质量控制活动

1. 业务目标

（1）保证产品和服务质量符合公司的质量目标，提高客户满意度。
（2）提高产品和服务质量，增强公司的市场竞争力。
（3）避免因达不到质量要求而导致的罚款、退货、赔偿和法律诉讼。

2. 业务风险

（1）达不到质量要求而导致的客户投诉、退货、订单流失、销售下降等。
（2）达不到承诺的质量要求而导致被罚款。
（3）达不到承诺的质量标准而导致法律诉讼。
（4）达不到质量要求而导致公司形象受损、竞争力下降等。

3. 业务流程步骤与控制点

★（1）市场部、工程技术部、品质部、生产部参与订单评审，确定客户对产品的质量要求，做出力所能及的质量承诺，以作为品质、设计、生产等活动的最终判断标准。

★（2）设计部依据客户要求进行产品设计，产品设计完成后进行产品生产工艺流程的设计，以保证产品按质量要求生产。

（3）仓库部门依据设计部的图纸、BOM 清单及库存物料状况提出采购申请，按规定的标准验收采购物料，并按要求保存。

★① 材料入库时，依材料管理相关规定检验原物料是否符合标准，检验合格后方可入库。

② 存放期间妥当储存，以保持材料质量。

★③ 仓储单位依原物料规格标准检验或抽验，原物料合格后方可发料。

④ 若领用单位在制造过程中发现质量不合需要而退料，应办理退料手续。

★⑤ 生产单位在测试原物料合格后，方可投入生产线制造。

（4）生产部从仓库领料并安排生产，品质部做好制程质量控制。

① 为使操作者及检验站工作人员规范工作，应制定作业标准，并悬挂于作业现场，它可以作为操作人员作业的依据及制程与管理人员检核的基准。

★② 操作人员依操作标准操作，并依规定实施自主检查，将检查结果及检查时间记录于"自主检查单"上。

③ 领班人员依规定抽验操作人员自主检查执行情形。

★④ 每批的第一件加工完成后，必须由有关人员实施首件检查，等检查合格后，方可继续加工。

⑤ 检查站的人员确定依检查标准检查，不合格品检修后须再经复检合格后，方可继续加工。

★⑥ 品管单位派人员巡回抽检，并做好制程管制与解析，并将数据回馈有关单位。

★⑦ 检查仪器量规的管理与校正。

★⑧ 生产人员应在制造过程中对在制品取样抽查，依半成品检验标准检验，并记录，必要时进行适当调整，以控制质量。

★⑨ 在制品抽验不合格者，应分析原因，并通知生技及品管、生产单位判断是否调整制程设备或更换零件材料。

⑩ 若检验发觉不良品来自制程与设备的不符标准，则调整机器设备。若发现产品规格呈现超过可容许限度的趋势，应立即停工，待改善后再继续制造。若不良品因原材料质量不佳而产生，应更换此批原材料，或全部检验后再继续制造。不良品一律退回仓储处理，不得任意丢弃。

（5）出货品质检验人员按相关质量要求抽检或全检产成品。

★① 依成品检验标准，确实执行成品检验。

② 督导并协助外协生产商的品质控制活动，建立品管制度。

★③ 依检验标准检验外包成品或半成品是否符合标准。

④ 成品由制成到送交客户的中间均列入成品品管范围，包括包装、运送、储存，以确保成品在最佳状况下交与顾客。

⑤ 客户抱怨质量及销货退回时，应了解分析并采取改进措施。

4. 生产质量控制流程图

生产质量控制流程如图 4-12 所示。

三、生产成本控制活动

1. 业务目标

（1）通过规范生产管理及核算业务流程，确保生产成本计量、核算按规定程序和适当授权进行，实现预期目标。

（2）保证产品成本及有关存货的计价真实、合理、规范，保证生产成本及费用支出经济、合理。

（3）保证生产管理及费用的归集、分配、摊提等符合国家会计准则、会计制度等规定。

2. 业务风险

（1）经营风险。生产管理及核算业务流程设计不合理或控制不当，可能导致公司生产经营偏离预期目标，生产消耗、费用支出和损失增大。

（2）财务风险。可能导致生产成本及费用的计量、归集、分配、摊提不规范、不真实，产品成本及有关存货计价不合理。

（3）合规风险。可能导致生产成本的业务处理违反国家有关规定而受到政府的行政处罚或法律制裁。

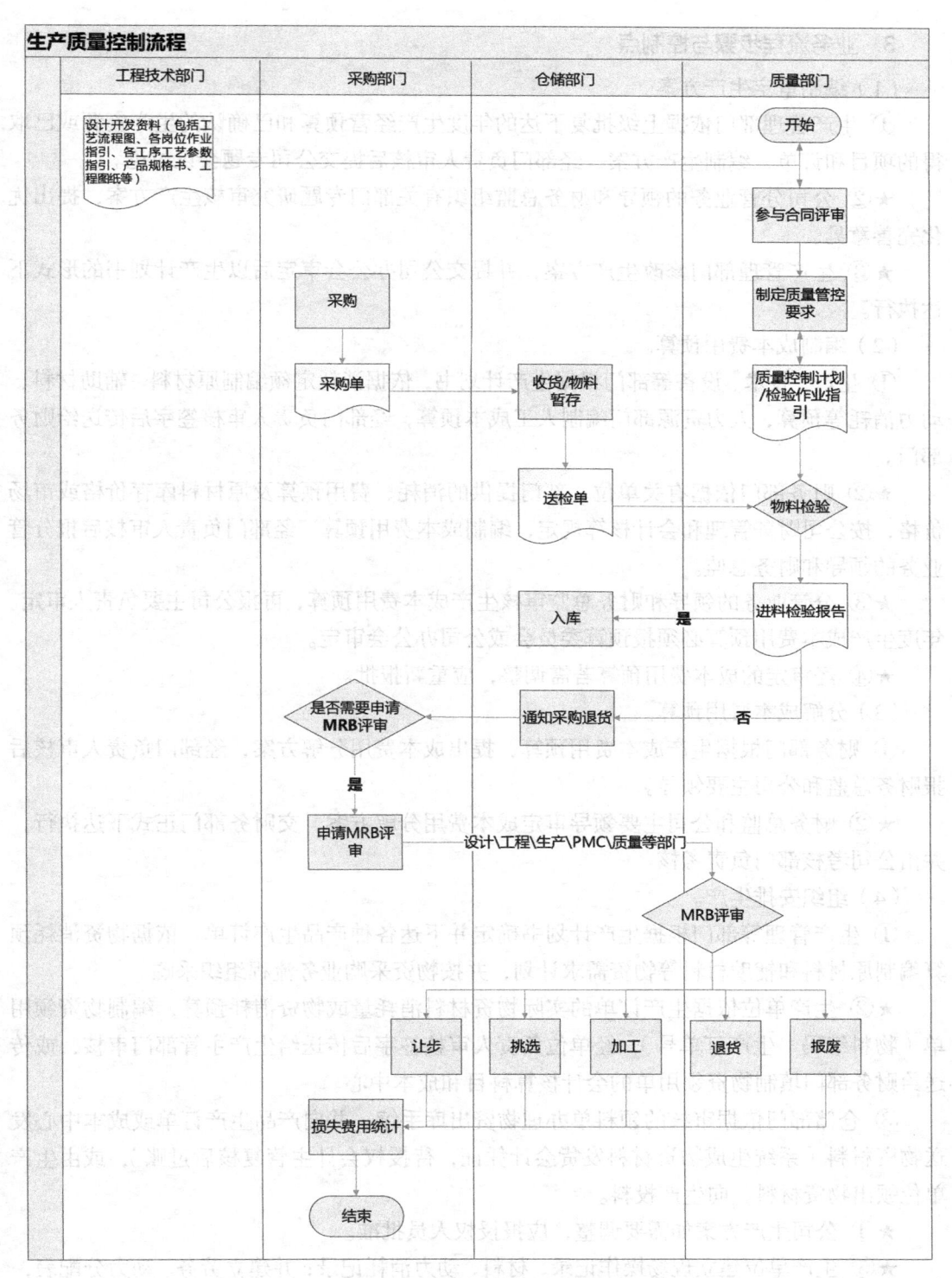

图 4-12　生产质量控制流程

3. 业务流程步骤与控制点

（1）编制审定生产方案。

① 生产管理部门依据上级批复下达的年度生产经营预算和已确认的生产资源或已取得的项目和订单，编制生产方案，经部门负责人审核后提交公司专题会议讨论。

★② 公司分管业务的领导和财务总监组织有关部门专题研究审核生产方案，提出优化完善意见。

★③ 生产管理部门修改生产方案，并提交公司办公会审定后以生产计划书的形式下达执行。

（2）编制成本费用预算。

① 生产、技术、设备等部门根据生产计划书，依据消耗定额编制原材料、辅助材料、动力消耗等预算，人力资源部门编制人工成本预算，经部门负责人审核签字后传送给财务部门。

★② 财务部门依据有关单位、部门提供的消耗、费用预算及原材料库存价格或市场价格，按公司财务管理和会计核算规定，编制成本费用预算，经部门负责人审核后报分管业务的领导和财务总监。

★③ 分管业务的领导和财务总监审核生产成本费用预算，再报公司主要负责人审定。年度生产成本费用预算必须报预算委员会或公司办公会审定。

★④ 经审定的成本费用预算若需调整，应重新报批。

（3）分解成本费用预算。

① 财务部门根据生产成本费用预算，提出成本费用分解方案，经部门负责人审核后报财务总监和公司主要领导。

★② 财务总监和公司主要领导审定成本费用分解方案，交财务部门正式下达执行，并由公司考核部门负责考核。

（4）组织安排生产。

① 生产管理等部门根据生产计划书确定并下达各种产品生产订单，依据物资消耗预算编制原材料和辅助材料等物资需求计划，并按物资采购业务流程组织采购。

★② 生产单位依据生产订单的实际物资材料消耗量或物资消耗预算，编制物资领用单（物料编码、生产订单号），经单位负责人审核签字后传送给生产主管部门审核，或传送给财务部门填制物资领用单的会计核算科目和成本中心。

③ 仓储部门依据审核的领料单办理物资出库手续，并向产品生产订单或成本中心发送物资材料（系统生成物资材料发货会计凭证，待授权会计主管复核后过账）；或由生产单位领出物资材料，向生产投料。

★④ 公司生产方案如需要调整，应报授权人员批准。

★⑤ 生产单位建立现场操作记录，材料、动力消耗记录；并建立劳务、动力分配表，经单位负责人审核签字后，传送给生产主管部门。

★⑥ 生产主管或相关部门按月平衡全系统的物料和动力，编制物料、动力平衡表，经部门负责人审核签字后，传送给财务等相关部门。

★⑦ 生产统计部门按月统计生产投入产出情况，编制生产统计表，经部门领导审核后，传送给分管业务的领导审定，再传送给财务等相关部门。

（5）归集、分配、计算成本费用。

① 财务部门根据生产单位和生产管理等部门提供的原材料、辅助材料及动力消耗表等基础资料，按规定归集或分配生产成本费用。

★② 年中或年终需要对原材料、辅助材料、半成品、产成品等存货资产进行盘点，资产管理和资产占用等部门应当实施盘点，财务部门派人参加监盘，并在盘点表上签字。

③ 财务部门根据生产单位和人力资源部门提供的有关人工成本分配表或工时记录表，按规定归集或分配人工成本。

④ 财务部门根据审定的维修计划及相关原始单据和按规定编制的折旧费用提取表，以及经费用使用部门或专业主管部门负责人签字确认的其他各项费用支出，分别归集或分配修理费用、折旧费用及其他费用支出。

★⑤ 上述各项费用的归集和分配经会计主管复核，财务部门负责人审核后进行账务处理。

⑥ 财务部门结转原料、在产品及半成品等成本，计算产成品成本及其单位生产成本，编制/生成相关会计凭证。

★⑦ 会计凭证经会计主管复核确认后记/过账。

★⑧ 月末，财务部门将生产成本费用的预算执行结果报考核部门。

（6）半成品及完工产品入库。

★① 仓储部门审核半成品数量，办理半成品入库手续，并将审核验收的入库单传送给财务部门，同时系统生成（或财务部门凭仓储部门审核签收的入库单或汇总表编制/录入）半成品入库会计凭证，经会计主管复核后过账。

★② 质量检验部门检查、设立产品质量记录，并定期编制产品质量报告，传送给生产、仓储和销售部门。

③ 生产部门依据产品质量报告填制产品入库单，并办理入库事宜。

★④ 仓储部门凭质量报告验收入库，并将审核验收的入库单传送给财务部门，同时系统生成（或财务部门凭仓储部门审核签收的入库单或汇总表编制/录入）产成品入库会计凭证，经会计主管复核后过账。

★⑤ 期末，公司有关部门应对半成品和完工产品进行实物盘点，财务部门应参与监盘，并按盘点结果进行账务处理。

4. 生产成本控制流程图

生产成本控制流程如图4-13所示。

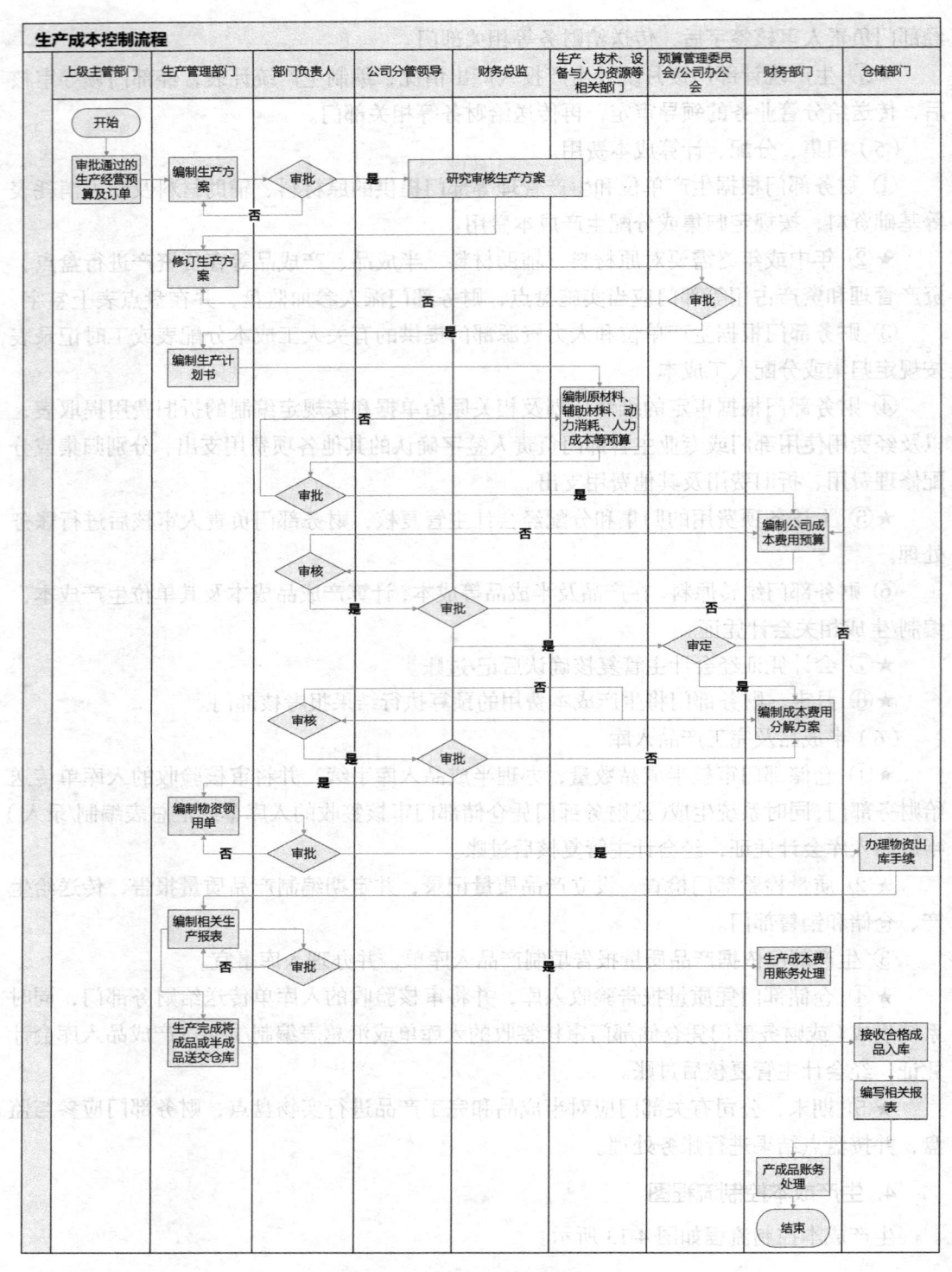

图 4-13 生产成本控制流程

四、生产安全控制活动

1. 业务目标

（1）通过生产安全控制，使公司的生产活动顺利进行。

（2）保证公司的生产过程符合国家相关的安全法律法规。

（3）确保员工的人身安全、公司财产安全。

2. 业务风险

（1）生产过程中的工伤事故引起的生产效率下降和士气低落。

（2）企业生产、运输、存货等过程中的盗窃行为造成的财产损失。

（3）企业生产、运输、存货等过程中的其他意外事故造成的财产损失。

（4）工厂暴力行为导致的士气低落和效率损失。

（5）工厂火灾导致的财产损失。

（6）生产过程违反有关法律法规导致的诉讼。

3. 业务流程步骤与控制点

★（1）工业安全行政作业须遵照《安全生产法》、《劳动法》、《职业安全和卫生及工作环境公约》及其他有关安全法令规定办理。

① 必须有充分的工作安全装备与配置，并加以妥善管理。

② 订立操作项目及工作内容。

③ 测定每一分解动作可能发生的危险。

④ 指导操作人员防范的方法。

★（2）利用改变制程、将操作单位或机器加以隔离、管制有害物质等措施改善工作环境。

（3）工厂环境卫生应注意工作场所整洁、垃圾及时处理、供水或排水设备正常工作、厕所整洁、厨房餐厅及休息室整洁、通风及照明设备正常工作、饮水及盥洗设备干净。

（4）重视营养补充及适当休息，以避免过度疲劳而致注意力不集中。

★（5）改善工作环境使职业病减至最少。

★（6）对空气污染、食物污染、噪声污染、废水污染采取防治措施，应积极做好环保工作，并将各种污染减至最低。

（7）安全维护对公司信誉及社会形象极为重要，同时可提高公司员工生产率，减少意外事故发生，降低损失。应做到平日保养工作务必按规定认真执行，安全卫生维护标准切实遵守政府法令规定，重视建立环境保护意识，维护整洁及注意员工健康。

★（8）工业安全各项作业，必须遵照《安全生产》规定办理。妥善防止意外灾害的发生，对员工职业病的调查、预防、处理也应积极注意。

★（9）每年的工业安全卫生教育训练必须落实，同时列入个人记录。

4. 生产安全控制流程图

生产安全控制流程如图 4-14 所示。

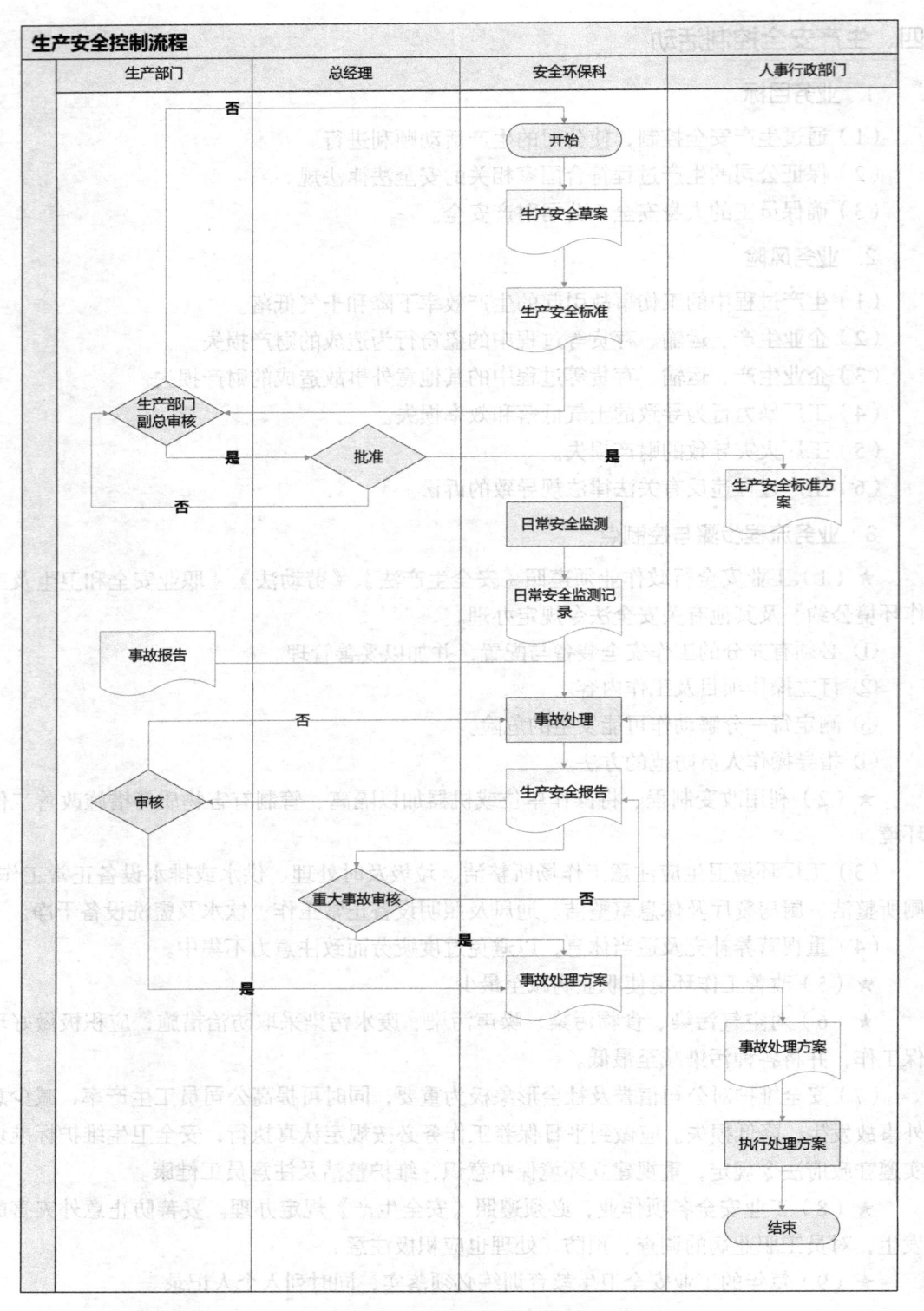

图 4-14　生产安全控制流程

> **案例探讨**　黑龙江完达山药业停产事件始末

思考：请分析完达山公司在生产质量管理中存在什么问题。

案例详见"DIB 内部控制与风险管理教学软件（试用版）——辅助资源——案例探讨——案例 10　黑龙江完达山药业停产事件始末"。

登录地址：http://teachdemo.dibtime.com，登录账号：zhangmeng，登录密码：123456。

第五节　筹资活动控制

一、筹资活动业务目标

1. 经营目标

保证企业生产经营和发展所需的资产；确保筹资方案的拟订与审批、筹资合同的审核与签订、筹资资金的偿付的审批与办理程序明确、合理；按合同规定偿还债务，确保资金合理使用和安全。

2. 财务目标

确保筹资核算真实、准确、完整，确保公司保持合理的负债水平与负债结构，降低筹资成本。

3. 合规目标

确保企业筹资业务符合国家有关金融法律法规和公司内部规章制度要求；确保公司贷款合同、融资租赁合同等符合合同法等国家法律法规和公司内部规章制度要求。

二、筹资活动业务风险

1. 经营风险

资金短缺导致无法满足生产经营需要；资金冗余或债务结构不合理导致筹资成本过大；债务过高和资金安排不当导致无法按期偿还债务；资金遭非法挪用、占用、管理不当等造成资金流失；未按规定权限进行审批，导致越权审批。

2. 财务风险

筹资记录有误，导致账实不符；财务核算不准确，造成投资成本或财务费用不实。

3. 合规风险

筹资过程发生违反国家金融法律法规的行为导致损失；借款合同、融资租赁合同不符合合同法等国家法律法规和企业内部规章制度要求。

三、筹资活动业务流程步骤与控制点

1. 筹资方案的提出

（1）提出初步筹资方案。公司财务部根据企业经营战略、财务预算情况与资金现状等

因素，提出初始筹资方案，包括筹资额度、筹资形式、利率、筹资期限、资金用途等内容。

★（2）进行筹资方案可行性论证。初步筹资方案先报资金管理部领导审核，部门研究讨论后，报公司分管领导和财务总监审核同意后，由筹资管理部门负责组织计划、技术和业务等有关部门进行筹资方案可行性论证，编写筹资可行性研究报告。进行筹资方案可行性论证着重关注以下内容。

① 进行筹资方案的战略性评估，评估筹资方案与企业发展战略的适应性及筹资规模的合理性。

② 进行筹资方案的经济性评估，包括筹资成本是否最低、资本结构是否恰当、筹资成本与资金收益是否相匹配。

③ 进行筹资方案的风险性评估，包括筹资方案面临的风险种类，风险大小是否适当、可控，风险与收益是否匹配。

★（3）审批筹资方案。按照分级授权审批的原则，通过可行性分析论证的筹资方案交由财务部经理、财务总监、总经理依据审批权限进行审批，以选择批准最优筹资方案。审批过程中应实行集体审议或联签制度，重大筹资方案还应当提交股东（大）会审议。

2. 筹资计划的编制

（1）编制筹资计划。资金管理部门根据经审核批准的筹资方案，结合当前经济金融形势，制订详细的筹资计划，明确筹资方式及不同方式下的筹资数量。

★（2）审核筹资计划。筹资计划经资金管理部门领导审核，根据授权审批权限和程序报经财务部相关负责人审批同意后开始执行。

3. 筹资合同的订立

（1）拟订筹资合同。筹资部门严格按照筹资计划的要求，选择筹资对象，拟订筹资合同，经双方协商达成一致后，报经相关授权人审批。

★（2）审核筹资合同。拟订好的筹资合同，交由拟订合同人员的上级领导逐级审批并报法律顾问进行审核，确保合同的合法性、合理性及完整性。

（3）签订合同。筹资合同经审核通过后，由公司总经理与合同当事人依照规定的程序签订筹资合同，明确双方的权利与义务。

4. 筹资资金的划拨使用

★（1）收取借款本金。企业财务部出纳人员根据筹资合同，在规定时间内收取借款本金，及时核实资金到账情况，确保筹资资金到账和保管资产。一旦发现异常情况，应及时上报。

★（2）核实会计凭证。会计人员应依据筹资合同，检查贷款凭证手续是否齐全、内容是否合法，确保与筹资合同的内容保持一致，及时登记总账和明细账，交由财务部负责人审核。

★（3）核对总账与明细账。每月月底，总账会计与明细账会计核对账簿记录的筹资资金发生额和余额，核对无误后，双方在科目余额表上签字确认，确保筹资业务会计记录真实、准确。

（4）监督筹集资金的使用。根据筹资合同或协议中对筹集资金的使用要求，筹资主管与筹资专员定期监督筹资资金的使用情况，确保筹资资金按确定的用途使用，合理调度资金，提高资金的使用效率。

5. 筹资资金的偿付

（1）会计人员按照筹资合同要求，申请还本付息或发放股利。

★（2）财务部经理、财务总监、总经理依据审批权限与程序对还本付息或发放股利申请进行审核，审核通过后批准还本付息和发放股利。

（3）会计人员根据实收资本（股本）明细账、债券存根记录与企业的股利（利润）分配方案，编写还本付息和股利发放清册。股票与债权由承销商代理发放的，应与承销商签订代理协议，并根据代理协议编制记账凭证。

★（4）稽核人员依据筹资合同协议中的条款，审核股利发放清册中应付股利总额与单个股东应付股利额度的准确性，并认真核实利息支付清单与凭证，审核通过后报经财务总监进行审批。

（5）财务部出纳依据经审核批准的清册、记账凭证办理还本付息和股利发放手续。

★（6）财务会计人员根据记账凭证、发放清册与所附原始凭证，及时登记明细账和总分类账，交由财务部负责依审批权限与程序进行审核。

★（7）每月月底，总账会计与明细账会计核对双方账簿记录的发生额与余额，核对无误后，双方在科目余额表上签字确认，确保筹资偿付业务会计记录真实、完整。

6. 筹资活动评价与考核

★（1）公司财务部根据公司资金状况和金融业务市场的变化编制《筹资分析报告》，交由财务部经理、财务总监和总经理依审批权限进行审批。

★（2）财务部依据经审核批准的筹资分析报告，提出筹资业务管理建议，并报送财务部经理、财务总监和总经理审核、审批。

（3）财务部负责对筹资活动的执行情况进行检查、考核，提出考核建议并进行考评，追究违规人员相关责任。

四、筹资活动业务流程图

筹资活动业务流程如图 4-15 所示。

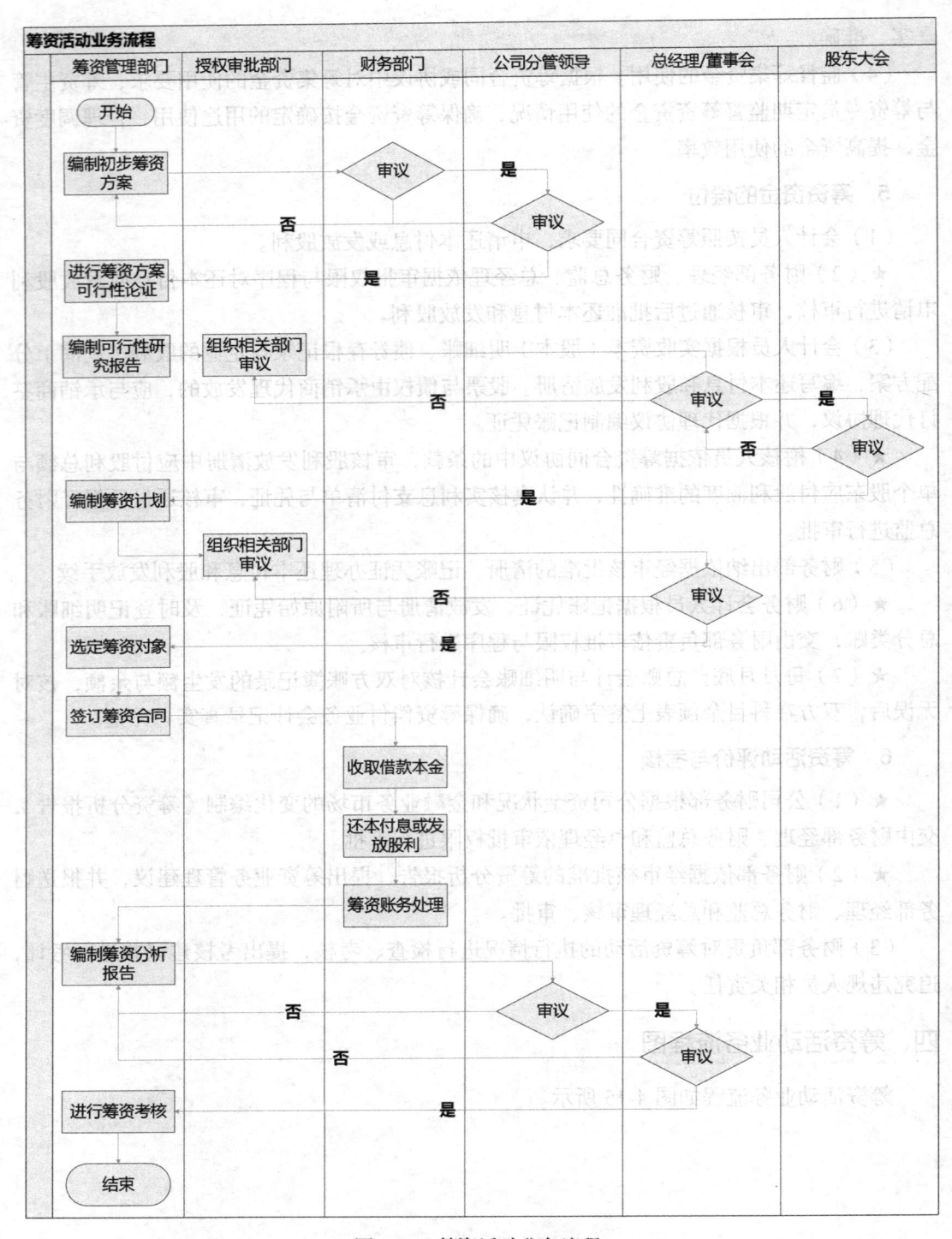

图 4-15 筹资活动业务流程

案例探讨　ABC 公司筹资活动控制问题解析

思考：请根据给定资料分析 ABC 公司筹资活动控制中存在的问题及应该如何改进。

案例详见"DIB 内部控制与风险管理教学软件（试用版）——辅助资源——案例探讨——案例 11　ABC 公司筹资活动控制问题解析"。

登录地址：http://teachdemo.dibtime.com，登录账号：zhangmeng，登录密码：123456。

第六节　投资活动控制

一、投资活动业务目标

1. 经营目标

通过规范投资业务流程，确保投资业务按规定程序和适当授权进行，实现预期投资目标。

2. 财务目标

确保投资业务会计核算真实、准确、规范，防止出现差错和舞弊；保证财务报表合理揭示投资成本及其收益。

3. 合规目标

确保投资业务符合我国的会计准则、会计制度及与投资有关的法律、法规及公司的规定。

二、投资活动业务风险

1. 经营风险

由于投资业务流程设计不合理或控制不当，可能导致投资业务失当或失控，形成投资损失，甚至出现舞弊和差错。

2. 财务风险

可能导致投资业务会计核算不规范，财务报表反映和揭示不完整。

3. 合规风险

可能导致投资业务违反国家有关法规而受到行政处罚或法律制裁。

三、投资活动业务流程步骤与控制点

1. 投资管理部提出初步投资方案

（1）投资管理部门根据公司的实际情况，结合发展规划和投资计划，提出初步投资方案。

（2）初步投资方案先报投资管理部领导审核，部门研究讨论后，报公司分管领导和财务总监审核同意后，由投资管理部门负责组织编写可行性研究报告。可行性研究报告的控

制点如下。

① 通过市场预测工作分析论证投资项目的必要性。
② 通过生产建设条件、技术分析、生产工艺论证进一步分析项目可行性。
③ 对项目合理性进行分析，合理性必须作为报告的核心部分考虑。
★④ 编写可行性研究报告应当进行调查研究；投资管理部组织计划、财务、技术和业务等有关部门编写和讨论可行性研究报告，对可行性研究报告做出必要的补充与修订。需要聘请有关专业咨询机构的，应当经分管副总批准，并签订业务约定书。
★⑤ 业务约定书由投资管理部负责起草，送财务部门审核后报分管领导或财务总监审定。
⑥ 业务约定书经审定后，由投资管理部负责签订，并按规定程序办理费用支付手续。
★⑦ 投资管理部门将可行性研究报告及投资意向以投资方案形式再报分管领导和财务总监审核，并提交公司总经理办公会审定。
★⑧ 总经理办公室负责组织投资管理专题会，研究投资方案。
★⑨ 投资方案经公司总经理办公会初步审定后，报公司审批核准。

2. 投资方案的审批与执行

（1）投资方案经批准后，投资管理部门应当制订投资实施计划，并组织计划、财务等有关部门讨论，形成一致意见。
★（2）投资管理部门将投资实施计划报分管领导和财务总监审定后列入年（季或月）度资金预算，并由工作小组负责实施。需要报公司主要负责人或总经理办公会审定的报其审定。
★（3）公司拟委派到被投资单位担任董（监）事长或董（监）事会成员及公司经理或其他部门负责人等人选，应经公司总经理办公会研究决定。

3. 项目涉及资产的审计与评估

（1）以实物资产或无形资产对外投资的，应当进行资产评估，需要审计的应当进行审计。选聘审计、评估机构，应当由财务部门与其他投资方共同协商确定，并依据公司批准的行为文件等向公司办理资产评估申请立项手续。
★（2）财务部门草拟审计、评估协议文本。送法律部审核后报财务总监审定，并交授权人员签字。
★（3）中介机构出具的审计、资产评估报告经财务、审计部门负责人或财务总监审阅后，财务部门上报公司审核备案。

4. 投资项目谈判

（1）投资管理部具体负责投资项目谈判，并依据审定的投资实施计划（或资产评估结果），与其他投资方进行投资谈判。
★（2）谈判中若投资条件与原计划相比发生重大变化时，需按授权报授权人员决策，特别重大的变更需报公司总经理办公会集体审议决定。

5. 签订投资合同

（1）投资管理部负责谈判工作的团队在投资谈判取得一致意见后，草拟投资合同文本。

★（2）投资合同文本经法律部审核后，报分管领导和财务总监或公司主要负责人审定，并按授权权限由授权人员与其他投资方签订。

6. 订立被投资公司的章程

★（1）投资谈判工作团队起草或修订被投资公司章程，形成章程初稿，报公司分管领导和财务总监等领导审阅。

★（2）投资谈判工作团队在股东会上就章程初稿与各方一起讨论，形成一致意见后报公司分管领导和财务总监审核确认。重大投资需报公司主要负责人审核确认。

7. 公司的投资款项控制流程

（1）投资管理部门根据投资合同规定的投资金额或投资期限，及时提出付款申请送财务部门。

★（2）财务部门审核投资合同和付款申请，编制付款凭证，经会计主管复核、财务部门负责人审核后支付。

（3）以实物投资或无形资产投资时，投资管理部组织有关部门清点资产，列出资产清单，并办理资产交接手续（交接清单要有相关方面的签字）。

★（4）投资管理部将资产清单和有关交接资料及投资合同等送财务部门编制会计凭证，经会计主管复核后做账务处理。

（5）投资管理部负责办理或协助及监督被投资公司办理公司工商注册登记或变更登记。

8. 投资项目的收益管理

★（1）投资管理部门应当建立投资项目管理档案，财务部门定期分析被投资公司的财务报表。要通过适当方式加强对被投资公司的财务管理和监督，特别对所投资的控股子公司，要建立定期报告制度。

★（2）被投资公司召开董（监）事会或股东会，研究决定重大事项和问题。投资公司应事前进行认真研究，并经总经理办公会集体审议形成一致意见后，由董（监）事长或董（监）事会成员代为发表，同时委派人员应共同努力督促其落实和执行。

★（3）公司对委派的董（监）事长或董事、监事及公司其他人员，要明确其权利和责任，建立正常的业务工作报告制度。特别是被投资公司的一些重大投资、经营事项和问题，要及时向分管领导和财务总监或公司主要负责人汇报。

★（4）财务部门应当按期核对投资成本，认真审核被投资公司的财务资产状况和效益情况，正确核算投资成本和收益，合理计提投资减值准备。相关会计凭证需经会计主管复核后入账。

四、投资活动业务流程图

投资活动业务流程如图 4-16 所示。

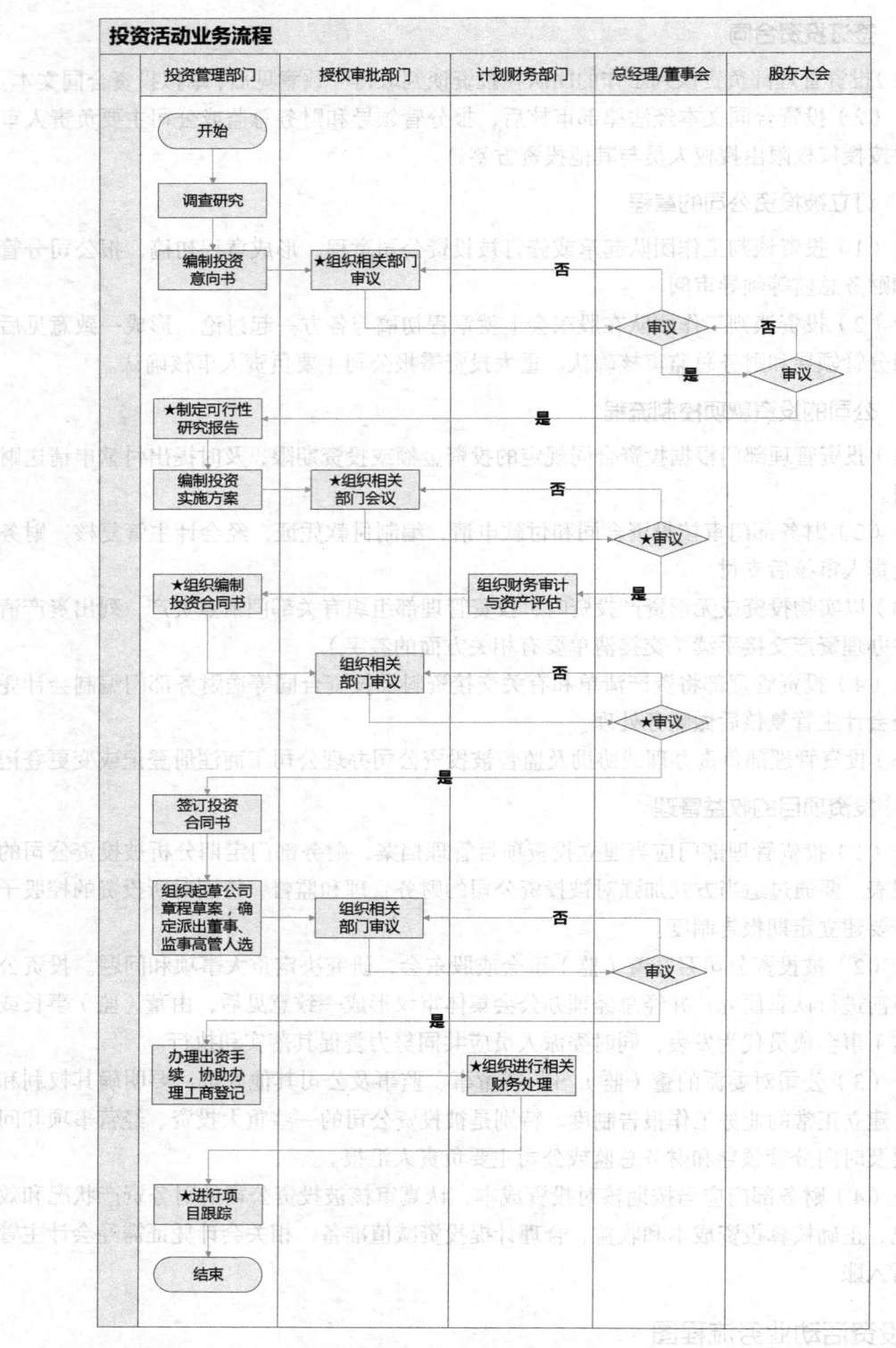

图 4-16 投资活动业务流程

案例探讨　大唐发电煤化工项目投资巨亏分析

思考：请分析大唐发电在煤化工项目投资管理过程中存在哪些问题。

案例详见"DIB 内部控制与风险管理教学软件（试用版）—辅助资源—案例探讨—案例 12　大唐发电煤化工项目投资巨亏分析"。

登录地址：http://teachdemo.dibtime.com，登录账号：zhangmeng，登录密码：123456。

本章小结

+ 流程控制，就是通过一些技术方法和手段，对企业的业务流程进行梳理、分析和优化，以帮助企业建立科学、高效、规范的业务流程管理体系，从而为企业提高运行效率、降低运营成本、支撑企业战略和经营等目标的实现提供合理保障，并促进企业实现知识管理。
+ 流程控制的核心在于流程梳理、缺陷识别、优化和整改。企业实施流程控制的主要工作程序为：搭建企业业务流程框架、记录流程图、流程描述、识别流程风险、控制点并评估控制有效性、缺陷识别、优化和整改。其中：
  - 流程框架是描述企业流程分类及分层的全视图，是企业开展内部控制设计的"总纲领"，有助于指导企业人员有效开展内部控制建设。
  - 流程图是以可视的方式，运用特定符号展示某一流程的一种形式。它的意义在于帮助人们认识重要交易是如何发生、授权、记录、处理及报告的。
  - 流程描述是可以替代流程图或与流程图并列的业务流程记录形式，需回答这些问题：谁在做？做什么？怎么做？什么时候做？
  - 评估控制的有效性，即通过专业判断、穿行测试和执行测试等方式，从管理制度、业务流程和控制措施等方面，分别对业务控制设计的有效性和执行的有效性进行评估。
  - 流程缺陷指针对流程风险缺乏足够的或行之有效的控制活动以规避风险事件发生的情况，或者控制活动未得到有效执行。
  - 对于识别出的控制缺陷，企业应从缺陷描述、原因分析、缺陷影响三个方面进行分析，提出相应的优化改进建议，制订整改方案并跟踪落实。

课后习题

1. 什么是流程？流程的要素有哪些？
2. 什么是流程控制？流程控制应遵循哪些原则？
3. 说说企业实施流程控制的主要工作程序。
4. 在绘制流程图时，有哪些注意事项？
5. 在进行流程描述时，应当遵循哪些要求？

6. 编制风险控制矩阵的具体步骤有哪些?
7. 评估控制有效性的方法有哪几种?
8. 什么是流程缺陷？其分类标准有哪些?
9. 制定流程优化改进建议时要避免哪些误区?

第五章

内部控制评价

【导入案例】

2017年7月4日,深圳市迪博企业风险管理技术有限公司《中国上市公司2017年内部控制白皮书》(简称《白皮书》)在《中国证券报》《上海证券报》《证券时报》刊发。《白皮书》建议:提升上市公司内部控制评价质量,确保信息披露实质有效。

《白皮书》选取2017年4月30日前在沪、深交易所A股上市并披露2016年年度报告的3 117家上市公司为研究对象,对上市公司内部控制披露情况进行分析。统计显示,3 117家上市公司中,91.88%的公司披露了年度内部控制评价报告。总体来看,近年来,随着企业内部控制规范体系的推进,上市公司内部控制评价工作有了较大改进,但仍存在一定的提升空间。分析发现,上市公司内部控制评价工作存在如下问题:一是报告披露的规范性有待提升,具体表现在报告披露不准确、不完整、不及时;二是内部控制评价质量有待提高,具体表现在内部控制评价结论不能完全充分反映上市公司内部控制的真实信息,内部控制评价结论与内部控制审计意见存在重大不一致;三是内部控制缺陷认定不当,重大、重要缺陷整改不及时等。

以2016年1月1日前上市的2 804家A股上市公司为样本,根据迪博·中国上市公司内部控制指数四级八档的分类标准,2016年度中国上市公司内部控制整体水平为:内部控制评级为AAA的公司占比0.07%,评级为AA的公司占比0.14%,评级为A的公司占比0.86%,评级为B的公司占比60.77%,评级为C的公司占比13.59%,评级为D的公司占比5.24%。

内部控制评价不仅是促进企业内部控制体系持续改进和完善的重要措施,也是投资者、债权人、监管机构、研究人员了解企业内部控制现状和水平,以便做出科学决策或进行实证研究的重要依据。

本章我们将一起来学习企业内部控制评价工作的相关知识和操作要点。

【学习目标】

✦ 掌握内部控制评价的目的和作用。
✦ 掌握内部控制评价的主体和内容。
✦ 掌握内部控制评价的主要程序、方法。

✦ 掌握内部控制缺陷认定。
✦ 掌握内部控制评价报告的编制。

【学习导航图】

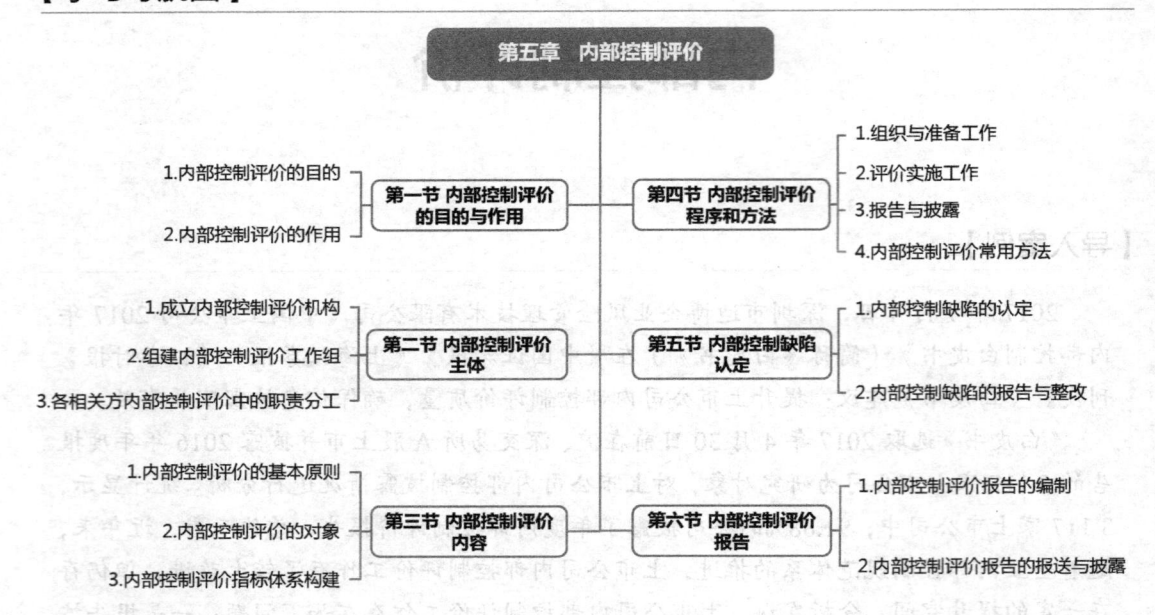

```
                        第五章 内部控制评价
                       
1.内部控制评价的目的   第一节 内部控制评价      第四节 内部控制评价    1.组织与准备工作
                      的目的与作用            程序和方法           2.评价实施工作
2.内部控制评价的作用                                              3.报告与披露
                                                                4.内部控制评价常用方法

1.成立内部控制评价机构  第二节 内部控制评价      第五节 内部控制缺陷    1.内部控制缺陷的认定
2.组建内部控制评价工作组  主体                   认定
3.各相关方内部控制评价中的职责分工                                2.内部控制缺陷的报告与整改

1.内部控制评价的基本原则  第三节 内部控制评价    第六节 内部控制评价    1.内部控制评价报告的编制
2.内部控制评价的对象     内容                   报告
3.内部控制评价指标体系构建                                       2.内部控制评价报告的报送与披露
```

第一节　内部控制评价的目的与作用

一、内部控制评价的目的

美国公众公司会计监督委员会（PCAOB）在 Audit Standard No.5 中将内部控制评价定义为：内部控制评价是一个风险评估的过程，这个过程被企业管理者和外部审计师同时利用来评价企业会计信息系统的各个方面。我国《企业内部控制评价指引》对内部控制评价的定义是：内部控制评价是指企业董事会或类似决策机构对内部控制的有效性进行全面评价、形成评价结论、出具评价报告的过程。简单来说，内部控制评价就是对企业现有的内部控制系统的设计、实施及运行的结果进行调查、测试、分析、评价，并得出相应报告的活动。它是企业内部控制体系中一个重要的系统性活动，通过"评价—反馈—再评价"的过程促进企业内部控制的有效实施与持续改善。

内部控制评价同内部控制审计的关系和会计责任与审计责任的区分保持一致，即：建立健全和有效实施内部控制，评价内部控制的有效性是企业董事会或类似决策机构的责任；在实施审计工作的基础上对企业内部控制的有效性发表审计意见，是注册会计师或审计师的责任。

企业通过内部控制评价可以达到以下目的。

● 可以全面了解、掌握内部控制的实际执行情况及执行效果。

- 可以明确关键控制点，诊断出控制强点和控制弱点。
- 可以为内部控制鉴证做好准备。
- 可以进一步完善内部控制的理论和实务操作程序。
- 可以提高企业的管理效率。

二、内部控制评价的作用

（1）内部控制评价有助于上市公司自我完善内部控制体系。内部控制评价是企业内部控制持续改进过程中的一个重要信息反馈渠道，其通过评价、反馈、再评价，可以对内部控制程序与政策设计的健全性和执行的有效性做出合理判断，进一步发现内部控制的缺陷并有针对性地进行克服，及时堵塞管理漏洞，防范偏离目标的各种风险，持续促进企业内部控制体系的自我完善。

（2）内部控制评价有助于上市公司提升自身市场形象和公众认可度，实现长远健康发展。内部控制评价在企业管理中发挥着巨大作用，能够充分有效地保证组织的竞争能力。内部控制评价报告的定期披露，还能够及时将企业的风险管理水平、内部控制状况及与此相关的发展战略、竞争优势、可持续发展能力等信息公布于众，使企业树立诚信、透明、负责任的良好社会形象，有利于增强投资者、债权人及其他利益相关者的信任度和认可度，为企业创造更有利的外部环境，促进企业的长远可持续发展。

（3）内部控制评价有助于实现上市公司与政府监管的协调互动。政府监管部门有权对上市公司内部控制建立与实施的有效性进行监督检查。实施内部控制评价，能够使企业通过自查尽早排查风险、发现问题，并积极整改落实，从而有利于企业在配合政府监管部门的监督检查中赢得主动，并借助政府监管成果进一步改进自身内部控制实施工作，促进自我评价与政府监管的协调互动。

第二节 内部控制评价主体

内部控制评价是一项涉及面广、内容繁多的工作，必须通过打造一个科学合理的内部控制评价组织体系，明确董事会、监事会、经理层、内部控制评价机构及其他各相关部门在内部控制评价过程中的功能定位和职责分工，才能确保该项工作在企业中有序开展和实施。

一、成立内部控制评价机构

（一）内部控制评价机构设置条件

根据《企业内部控制评价指引》，内部控制评价是指企业董事会或类似权力机构对内部控制的有效性进行全面评价、形成评价结论、出具评价报告的过程。董事会应当对内部控制评价报告的真实性负责。可见，内部控制评价是董事会的责任，董事会应该负责组织整个内部控制评价工作。一般来说，董事会可以考虑组建内部控制评价机构，或者授权内部审计或其他专门机构具体负责企业内部控制评价的组织实施工作。

为确保内部控制评价机构的独立性，内部控制评价机构应直接向董事会和审计委员会报告工作。内部控制评价机构的岗位职责权限应清晰，相关责任应明确；公司应从岗位设置、资源配置、职责权限等方面对内部控制评价机构予以支持和保障。

（二）常见内部控制评价机构设置模式

实践中，企业可以根据自身的经营规模、机构设置、经营性质、制度状况等特点和实际情况，决定采用何种方式成立内部控制评价机构。目前比较常见的内部控制评价机构设置模式为授权内部审计机构或内部控制专门机构作为企业内部控制评价机构。此外，企业还可以委托外部专业机构实施内部控制评价。

> **要点提示**
>
> 为保证内部控制评价工作的独立性，为企业提供内部控制审计的会计师事务所，**不能为同一家企业提供内部控制评价服务**。

二、组建内部控制评价工作组

为保证企业内部控制评价工作的有效实施，内部控制评价机构应当根据经批准的内部控制评价总体方案，组建内部控制评价工作组，具体实施内部控制评价工作。由于内部控制评价实质上是公司的一次内部控制自检，不涉及外部审计机构的独立审计，因此评价人员主要来自企业内部。

评价工作组通常由内部控制评价专门机构或内部审计部门人员组成，同时应当吸收公司内部相关机构熟悉情况的业务骨干参加，包括公司管理部门、采购部门、生产部门、销售部门、研发部门、战略和投资部门、财务部门、人力资源部门、信息系统部门等熟悉业务和控制流程的业务骨干。

内部控制评价工作组成员应具有专业胜任能力，内部控制评价机构应组织外部内部控制技术专家，对内部控制评价机构人员及评价工作组成员进行相关技能培训。具体培训工作包括两个层面：一是技术培训，包括样本量的选取、技术手段、结果记录等；二是沟通培训，在评价人员查找出缺陷后，就这些缺陷与控制措施的负责人员或流程责任人沟通，对缺陷的认定和影响达成共识。除了正式和定期的培训外，评价机构人员及评价工作组成员还应根据测试阶段工作中出现的新情况及时沟通，灵活解决各种实践问题。为保证内部控制评价工作的有效性，评价工作组成员应包括一定数量的内部控制技术专家，必要时引入外部内部控制专家参加评价工作组。

除了考虑评价人员的工作胜任能力外，评价人员的独立性也是进行人员安排时一个应重点考虑的因素。评价工作组成员应具有相对独立性，对所在部门的内部控制评价工作应当实行回避制度。由于评价人员对所在部门与本人相关的控制措施进行测试时，或对与其存在利益关系的人员的控制措施进行评价时，可能出现评价结果不客观的情况，因此，在内部控制评价的具体实施过程中，最佳的实践是交叉检查，要尽量做到评价人员与被检测部门独立，上一轮次的评价人员与本轮次评价人员不同。

三、各相关方内部控制评价中的职责分工

内部控制评价的参与主体涉及董事会、监事会、经理层、内部控制评价机构、其他各业务/职能部门和企业所属单位。在内部控制评价工作的实施过程中，无论企业采取何种组织形式，各参与主体的职责分工都不会发生本质变化。一般来说，各参与主体在内部控制评价中的职责分工具体如下。

1. 董事会

董事会负责内部控制的建立健全和有效实施，因此，也对内部控制评价承担着最终的责任。董事会可以通过审计委员会来承担对内部控制评价的组织、领导、监督职责。董事会或审计委员会应听取内部控制评价报告，审定内部控制重大缺陷、重要缺陷整改意见，对内部控制部门在督促整改中遇到的困难，积极协调，排除障碍。

2. 监事会

监事会对董事会建立与实施内部控制进行监督。在内部控制评价工作实施过程中，监事会应当对内部控制评价报告进行审议，并发表独立意见。

3. 经理层

经理层负责组织实施内部控制评价，也可以授权内部控制评价机构具体组织实施，并积极支持和配合内部控制评价工作的开展，为其创造良好的环境和条件。经理层应结合日常掌握的业务情况，为内部控制评价方案提出应重点关注的业务或事项，审定内部控制评价方案和听取内部控制评价报告。对于内部控制评价中发现的问题和报告的缺陷，要按照董事会或审计委员会的整改意见积极采取有效措施。

4. 内部控制评价机构

内部控制评价机构根据授权承担内部控制评价的具体组织和实施任务，通过复核、汇总、分析内部监督资料，结合经理层要求，拟订合理评价工作方案并认真组织实施；对于评价过程中发现的重大问题，应及时与董事会、审计委员会或经理层进行沟通，并认定内部控制缺陷，拟订整改方案，编写内部控制评价报告，及时向董事会、审计委员会或经理层报告；沟通外部审计师，督促各部门、所属企业对内、外部内部控制评价提出的控制缺陷进行整改；根据评价和整改情况拟订内部控制考核方案。

5. 其他各业务/职能部门

其他各业务/职能部门应负责组织本部门的内部控制自查、测试和评价工作，对发现的设计和运行缺陷提出整改方案和具体整改计划，积极整改，并报送内部控制评价机构复核，配合内部控制评价机构（部门）及外部审计师开展公司层面的内部控制评价工作。

6. 企业所属单位

企业所属单位应逐级落实内部控制评价责任，建立日常监控机制，开展内部控制自查、测试和定期检查评价。发现问题并认定内部控制有缺陷时，需拟订整改方案和计划，报本级管理层审定后，督促整改，编制内部控制评价报告，对内部控制执行和整改情况进行考核。

第三节　内部控制评价内容

《企业内部控制评价指引》规定，企业应当根据《企业内部控制基本规范》、应用指引及本企业的内部控制制度，围绕内部环境、风险评估、控制活动、信息与沟通、内部监督等要素，确定内部控制评价的具体内容，对内部控制设计与运行情况进行全面评价。

一、内部控制评价的基本原则

（一）全面性原则

全面性原则是指内部控制评价工作应当包括内部控制的设计与运行，涵盖企业及其所属单位的各种业务和事项，对实现控制目标的各个方面进行全面、系统、综合的评价。一方面，内部控制评价的范围应该涵盖全面，覆盖企业和所属单位的组织架构、发展战略、投资、筹资、采购、销售、财务、人事、行政管理等内部活动的全过程；另一方面，内部控制评价的内容应该包括内部控制系统的各个要素和主要控制环节，能够较为系统、全面地检查评价系统的健全性、有效性和适宜性，不应存在重大遗漏和评价盲点。

（二）重要性原则

重要性原则是指内部控制评价工作应当在全面评价的基础上，关注重要业务单位、重大业务实现和高风险领域。重要性原则强调内部控制评价应当在全面性的基础上，着眼于风险，突出重点。一方面，内部控制评价应当坚持风险导向的思路，以风险评估为基础，根据风险发生的可能性和对企业单个或整体控制目标造成的影响程度来确定需要关注的高风险领域和风险点；另一方面，内部控制评价应当坚持重点突出的思路，重点关注与企业战略、经营、报告、合规和资产安全目标相关的重要业务单元、重要业务领域或流程环节。

（三）客观性原则

客观性原则是指内部控制评价工作应当准确地揭示经营管理的风险状况，如实反映内部控制设计与运行的有效性。客观性原则要求企业在评价方法的选择、评价标准的确定等方面都能科学合理，确保评价结果比较准确地反映评价对象内部控制的实际状况。实践中，企业应注意避免影响内部控制评价的客观性的相关因素，如经理层对内部控制评价认识不够，对内部控制评价方案、评价报告中存在的问题不予重视或不予披露；缺乏专业的评价人员，评价方法不科学，依靠主观印象进行评价工作；下属单位管理层故意制造障碍影响评价过程或结果；各部门之间缺乏沟通，评价范围不能针对重点部门或重点事项进行选择，所选取的测试样本不合适等。

二、内部控制评价的对象

内部控制评价是针对内部控制的有效性发表意见。内部控制有效性是指企业建立与实施的内部控制对控制目标的实现提供合理保证的程度，具体包括内部控制设计有效性和内部控制运行有效性。

（一）内部控制设计有效性

内部控制设计有效性是指为实现控制目标所必需的内部控制要素都存在且设计恰当。不同的内部控制目标所适用的内部控制设计有效性评价标准是不一样的。内部控制设计有效性主要体现在两个方面，即合理性和适当性。合理性是指内部控制的设计在符合内部控制基本原理的同时，本着客观、公平、公正的原则制定，对董事会、监事会、经理层和企业员工具有执行的基础和约束力；适当性是指内部控制的设计应结合企业自身的环境条件、业务范围、经营特点，进行风险识别和评估，确定主要风险及重大风险控制措施，从而为控制目标的实现提供合理保证。

（二）内部控制运行有效性

内部控制运行有效性是指在内部控制设计有效的基础上，现有内部控制是否按照规定程序得到了正确运行。值得注意的是，评价内部控制运行有效性的前提必须是内部控制设计有效，如果评价证据表明内部控制设计存在缺陷，那么即使内部控制按照设计得到了一贯执行，也不能认为其运行是有效的。

> **要点提示**
>
> 评价内部控制设计有效性，应充分考虑以下几点。
> - 是否为防止、发现并纠正财务报告重大错报而设计了相应的控制。
> - 是否为合理保障资产安全而设计了相应的控制。
> - 相关控制的设计是否能够保证企业遵循适用的法律法规。
> - 相关控制的设计是否有助于企业提高经营效率和效果，实现发展战略。
>
> 评价内部控制运行有效性，应充分考虑以下几点。
> - 相关控制在评价期内是如何运行的。
> - 相关控制是否得到了持续一致的运行。
> - 实施控制的人员是否具备必要的权限和能力。
> - 相关控制运行的方式，一般包括人工控制和自动控制、预防性控制和发现性控制。

> **拓展阅读** 内部控制评价的客体：是有效性还是质量
>
> 详见"DIB 内部控制与风险管理教学软件（试用版）—辅助资源—拓展阅读—阅读 14 内部控制评价的客体：是有效性还是质量"。
>
> 登录地址：http://teachdemo.dibtime.com，登录账号：zhangmeng，登录密码：123456。

三、内部控制评价指标体系构建

内部控制评价指标是内部控制评价的载体，也是内部控制评价内容的外在表现。根据我国企业内部控制规范框架体系，《企业内部控制基本规范》和《企业内部控制应用指引》构成了企业内部控制建立与实施的标准体系，同时为企业开展内部控制评价提供了具体的、可供参考的评价标准。由于所处结构层次的不同，实务中，企业内部控制评价的范围可确定为两个层次：公司层面内部控制和业务层面内部控制。

（一）公司层面内部控制

> **要点提示**
>
> 公司层面内部控制是指对企业控制目标的实现具有重大影响，与**内部环境**、**风险评估**、**控制活动**、**信息与沟通**、**内部监督**等直接相关的控制。

以内部环境为例，其内部控制评价指标设计如下。

内部环境包括公司道德价值观念与组织架构，决定了公司的基调，是所有其他内部控制要素的基础。内部环境评价应当以《企业内部控制基本规范》中有关内部环境的要求及组织架构、发展战略、人力资源、社会责任、企业文化等应用指引为依据，结合企业的内部控制制度，设计内部环境评价指标，对内部环境及相关制度的设计和实际运行情况进行评价。内部环境评价指标如表 5-1 所示。

表 5-1 内部环境评价指标

评价要素		编号	评价指标
组织架构	组织架构的设计	1	董事会、监事会和经理层的职责权限、任职条件、议事规则和工作程序等是否根据国家有关法律法规的规定予以明确
		2	企业的决策权、执行权和监督权是否相互分离，形成制衡
		3	企业是否按照股东大会的有关决议，设立战略、审计、提名、薪酬与考核等专门委员会，明确其职责权限、任职资格、议事规则和工作程序
		4	董事会、监事会和经理层的产生程序是否合法、合规，其人员构成、知识结构、能力素质是否满足履行职责的要求
		5	企业的重大决策、重大事项、重要人事任免及大额资金支付是否按照规定的权限和程序实行集体决策审批或联签制度
		6	企业是否按照科学、精简、高效、透明、制衡的原则，综合考虑企业性质、发展战略、文化理念和管理要求等因素，合理设置内部职能机构
		7	企业是否按照不相容职务相互分离的要求，对各机构的职能进行科学、合理的分解，确定具体岗位的名称、职责和工作要求等，明确各个岗位的权限和相互关系
		8	企业是否制定组织结构图、业务流程图、岗位说明书和权限指引等内部管理制度或相关文件，使员工了解和掌握组织架构设计及权责分配情况，正确履行职责
	组织架构的运行	9	企业是否根据组织架构的设计规范，定期对现有治理结构和内部机构设置进行全面梳理
		10	企业在梳理治理结构过程中，是否重点关注董事、监事、经理及其他高级管理人员的任职资格和履职情况，以及董事会、监事会和经理层的运行效果

续表

评价要素		编号	评价指标
组织架构	组织架构的运行	11	企业在梳理内部机构设置过程中,是否重点关注内部机构设置的合理性和运行的高效性
		12	企业针对子公司是否建立了科学的投资管理控制制度,通过合法、有效的形式维护出资人权益,重点关注子公司特别是异地、境外子公司的发展战略、年度财务预决算、重大投融资、重大担保、大额资金使用、主要资产处置、重大人事任免、内部控制体系建设等重要事项
		13	企业是否定期对组织架构设计与运行的效率和效果进行全面评估,发现缺陷及时优化调整
		14	组织架构调整时是否充分听取董事、监事、高级管理人员和其他员工的意见,并按照规定的权限和程序进行决策审批
发展战略	发展战略制定	15	企业是否在充分调查研究、科学分析预测和广泛征求意见的基础上,综合考虑宏观经济政策、国内外市场需求变化、技术发展趋势、行业及竞争对手状况、可利用资源水平和自身优势与劣势等影响因素,制定发展目标
		16	企业是否根据发展目标制定战略规划,明确企业发展的阶段性和发展程度,确定每个发展阶段的具体目标、工作任务和实施路径
		17	企业是否在董事会下设立战略委员会,或者指定相关机构负责发展战略规划管理工作,履行相应职责
		18	企业发展战略委员会是否对发展目标和战略规划进行可靠性研究和科学论证,并形成发展战略建议方案
		19	董事会是否严格审议战略委员会提交的发展战略方案,重点关注其全局性、长期性和可行性,发现重大问题即责成战略委员会对方案做出调整
		20	企业的发展战略方案经董事会审议后,是否报经股东(大)会批准实施
	发展战略实施	21	企业是否根据战略规划制订年度工作计划,编制全面预算,将年度目标分解、落实
		22	企业是否制定了完善的发展战略管理制度,确保发展战略有效实施
		23	企业是否采取了组织结构调整、人员调配、财务安排、薪酬分配、信息沟通管理和技术变革等配套保障措施,确保发展战略的有效实施
		24	企业是否重视发展战略宣传工作,通过内部各层级会议和教育培训等有效方式,将发展战略及其分解落实情况传递到内部各管理层级和全体员工
		25	企业是否重视对发展战略实施情况的监控和评估,定期收集和分析相关信息,对于明显偏离发展战略的情况及时进行内部报告
		26	由于经济形势、产业政策、技术进步、行业状况及不可抗力等因素发生重大变化,确需对发展战略做出调整的,企业是否能够按照规定调整发展战略

续表

评价要素	编号	评价指标
人力资源引进与开发	27	企业是否根据发展战略，结合人力资源现状和未来需求预测，建立了人力资源发展目标，制定了人力资源总体规划和能力框架体系
	28	企业是否根据人力资源总体规划，结合生产经营实际需要，制订了年度人力资源需求计划
	29	企业是否建立了人力资源引进制度，规范工作流程，按照计划、制度和程序组织人力资源引进工作
	30	企业是否根据人力资源能力框架要求，明确各岗位的职责权限、任职条件和工作要求
	31	企业是否遵循德才兼备、以德为先和公开、公平、公正的原则，通过公开招聘、竞争上岗等多种方式选聘优秀人才
	32	企业选聘人才时是否重点关注选聘对象的价值取向和责任意识
	33	企业人才选聘是否遵循岗位回避制度
	34	企业是否依法与选聘人员签订劳动合同，建立劳动用工关系
人力资源	35	对于在产品技术、市场、管理等方面掌握或涉及关键技术、知识产权、商业机密或国家机密的岗位，企业是否与该岗位人员签订岗位保密协议，明确保密义务
	36	企业是否建立选聘人员试用期和岗前培训制度，对使用人员进行严格考察，试用期满考核合格后，方可正式上岗
	37	企业是否重视人力资源开发工作，建立员工培训长效机制
	38	企业是否设置了科学的业绩考核指标体系，对各级管理人员和全体人员进行严格考核评价
	39	企业是否制定了与业绩考核挂钩的薪酬制度，切实做到薪酬安排与员工贡献相协调
人力资源使用与退出	40	企业是否制定了各级管理人员和关键岗位人员定期轮岗制度，明确轮岗范围、轮岗周期、轮岗方式等
	41	企业是否按照有关法律法规规定，结合企业实际，建立了员工退出（辞职、解除劳动合同、退休等）机制，明确退出的条件和程序
	42	企业是否与退出员工依法约定保守关键技术、商业秘密、国家机密和竞业限制的期限，确保知识产权、商业秘密和国家机密的安全
	43	企业关键岗位人员离职前是否根据有关法律法规的规定进行工作交接或离任审计
	44	企业是否定期对年度人力资源计划执行情况进行评估，总结管理经验，分析存在的缺陷和不足，完善人力资源政策

续表

评价要素	编号	评价指标
安全生产	45	企业是否建立了严格的安全生产管理体系、操作规范和应急预案，强化安全生产责任追究制度，切实做到安全生产
	46	企业是否设立了安全管理部门和安全监督机构，负责企业生产的日常监督管理工作
	47	企业是否重视安全生产投入，在人力、物力、资金技术等方面提供必要的保障，并通过健全检查监督机制，确保各项安全措施落实到位
	48	企业是否贯彻预防为主的原则，采用多种形式增强员工安全意识，重视岗位培训，对于特殊岗位实行资格认证制度
	49	发生生产安全事故时，企业是否能够按照安全生产管理制度妥善处理，排除故障，减轻损失，追究责任
	50	重大生产安全事故发生后，企业是否能够及时启动应急预案，同时按照国家有关规定及时报告
产品质量	51	企业是否能够根据国家和行业相关产品质量的要求，切实提高产品质量和服务水平，努力为社会提供优质、安全、健康的产品和服务
	52	企业是否建立了严格的产品质量控制和检验制度，规范生产流程
	53	企业是否加强了产品的售后服务，妥善处理消费者提出的投诉和建议，一旦发现存在严重质量缺陷、隐患的产品，则及时召回或采取其他有效措施
环境保护与资源节约	54	企业是否建立了环境保护与资源节约制度，认真落实节能减排责任，并通过宣传教育等有效形式，不断提高员工的环境保护和资源节约意识
	55	企业是否重视生态保护工作，并加大对环保工作的人力、物力、财力的投入和技术支持，不断改进工艺流程，降低能耗和污染物排放水平，实现清洁生产
	56	企业是否重视资源节约和资源保护，充分利用国家产业结构调整相关政策，加快高新技术开发和传统产业改造，切实转变发展方式，着力开发利用可再生资源，防止对不可再生资源进行掠夺性或毁灭性的开发，实现低投入、低消耗、低排放和高效率
	57	企业是否建立了环境保护和资源节约的监控制度，定期开展监督检查，发现问题及时采取措施予以纠正
	58	发生紧急、重大环境污染事件时，企业是否能够及时启动应急机制，及时报告和处理，并依法追究相关责任人的责任
促进就业与员工权益保护	59	企业是否能够依法保护员工合法权益，贯彻人力资源政策，保护员工依法享有劳动权利和承担劳动义务，保持工作岗位相对稳定，积极促进充分就业，切实履行社会责任
	60	企业是否与员工签订了劳动合同并依法履行

（社会责任）

续表

评价要素		编号	评价指标
社会责任	促进就业与员工权益保护	61	企业是否遵循按劳分配、同工同酬的原则，建立了科学的员工薪酬制度和激励机制
		62	企业是否建立了高级管理人员与员工薪酬的正常增长机制，切实保持合理水平，维护社会公平
		63	企业是否及时办理员工社会保险，足额缴纳社会保险费，保障员工依法享受社会保险待遇
		64	企业是否按照有关规定做好了健康管理工作，预防、控制和消除职业危害
		65	企业是否按期对员工进行健康监护，对从事有职业危害作业的员工进行职业性健康监护
		66	企业是否遵守法定的劳动时间和休息休假制度，确保员工的休息休假权利
		67	企业是否通过加强职工代表大会和工会组织建设，维护员工合法权益，积极开展员工职业教育培训，创造平等发展机会
		68	企业是否尊重员工人格，杜绝性别、民族、宗教、年龄等各种歧视，保障员工身心健康
		69	企业是否按照产学研用相结合的社会需求，积极创建实习基地，大力支持有关方面培养、锻炼国家需要的应用型人才
		70	企业是否积极履行社会公益方面的责任和义务，关心帮助社会弱势群体，支持慈善事业
企业文化	企业文化培育	71	企业是否积极培育具有自身特色的企业文化，引导和规范员工行为，打造以主业为核心的企业品牌，形成整体团队的向心力，促进企业长远发展
		72	企业是否培育了体现企业特色的发展愿景、积极向上的价值观、诚实守信的经营理念、承担社会责任和开拓创新的企业精神，以及开拓创新、团队协作和风险防范意识
		73	企业是否通过总结优良传统，挖掘文化底蕴，提炼核心价值，确定文化建设的目标和内容，形成企业文化规范，并作为员工行为守则的重要组成部分
		74	董事、监事、经理和其他高级管理人员是否在企业文化建设中发挥了主导和垂范作用
		75	企业是否能够促进文化建设在内部各层级的有效沟通，加强企业文化的宣传贯彻，确保全体员工共同遵守
		76	企业文化建设是否融入了生产经营的全过程，并与发展战略有机结合
		77	企业是否重视并购重组过程中的文化建设，平等对待被并购的员工，促进并购双方的文化整合
	企业文化评估	78	企业是否建立了企业文化评估制度，明确评估的内容、程序和方法，落实评估责任制，避免企业文化建设流于形式

续表

评价要素		编号	评价指标
企业文化	企业文化评估	79	企业文化评估是否重点关注董事、监事、经理和其他高级管理人员在企业文化建设中的责任履行情况、全体员工对企业核心价值的认同感、企业经营管理行为与企业文化的一致性、企业品牌的社会影响力、参与企业并购重组各方文化的整合度,以及员工对企业未来发展的信心
		80	企业是否重视文化评估结果,巩固和发扬经验成果,针对评估过程中发现的问题,研究影响其建设的不利因素,分析深层次原因,及时采取改进措施

(二)业务层面内部控制

业务层面内部控制是指综合运用各种控制手段和方法,针对具体业务和事项实施的控制。

要点提示

业务层面内部控制一般包括资金活动、采购业务、资产管理、销售业务、研究与开发、工程项目、担保业务、业务外包、财务报告、全面预算、合同管理、内部信息传递、信息系统等。

实践中,企业可以根据自身的企业性质、业务规模、经营范围、业务特点、监管要求等进行适当增减。例如,上市公司内部控制评价还应包括有特别监管要求的**关联交易**、**并购**、**信息披露**各项控制制度的设计和执行是否有效,并符合相关监管法规的要求。

以采购业务为例,其内部控制评价指标设计思路如下。

采购业务是指企业购买物资(或接受劳务)及支付款项等相关活动。一般来说,企业采购业务可能面临的风险为:采购计划安排不合理,市场变化趋势预测不准确,造成库存短缺或挤压,导致企业生产停滞或资源浪费;供应商选择不当,采购方式不合理,招投标或定价机制不科学,授权审批不规范,导致采购物资质次价高,出现舞弊或遭受欺诈;采购验收不规范,付款审核不严,导致采购物资、资金损失或企业信用受损。

针对采购业务的主要流程、面临的风险、关键控制点和控制措施而设计的内部控制评价指标如表 5-2 所示。

表 5-2 采购业务内部控制评价指标

业务环节	关键控制点	编号	评价指标
采购计划管理	编制需求计划和采购计划	1	企业生产、经营、项目建设等部门是否能够根据实际需求准确、及时编制需求计划
		2	企业在制订年度生产经营计划过程中,是否能够根据发展目标实际需要,结合库存和在途情况,科学安排采购计划,防止采购计划过高或过低
		3	企业采购计划是否被纳入采购预算管理,经相关负责人审批后,作为企业刚性指令严格执行

续表

业务环节	关键控制点	编号	评价指标
采购申请与实施	请购审批	4	企业是否建立了采购申请制度,依据购买物资或接受劳务的类型,确定归口管理部门,授权相应的请购权,明确相关部门或人员的职责权限及相应的请购程序
		5	具有请购权的部门对于预算内的采购项目,是否能够严格按照预算执行进度办理请购手续,并根据市场变化提出合理采购申请
		6	对于超预算和预算外采购项目,企业是否先履行预算调整程序,由具有相应审批权限的部门或人员审批后,再办理请购手续
		7	具备相应审批权限的部门或人员审批采购申请时,是否重点关注采购申请内容的准确性、完整性,以及是否符合生产经营需要,是否符合采购计划,是否在企业采购预算范围内等
	供应商选择	8	企业是否建立科学的供应商评估和准入制度,对供应商资质信誉情况的真实性和合法性进行审查,确定合格的供应商清单,健全企业统一的供应商网络
		9	企业新增供应商的市场准入、供应商新增服务关系及调整供应商物资目录,是否都要由采购部门根据需要提出申请,并按规定的权限和程序审核批准后,才能纳入供应商网络
		10	采购部门是否按照公平、公正和竞争的原则,择优确定供应商,在切实防范舞弊风险的基础上,与供应商签订质量保证协议
		11	企业是否建立供应商管理信息系统和供应商淘汰制度,对供应商提供物资或劳务的质量、价格、交货及时性、供货条件及其资信、经营状况等进行实时管理和考核评价,根据考核评价结果,提出供应商淘汰和更换名单,经审批后对供应商进行合理选择和调整,并在供应商管理系统中做出相应记录
	采购方式确定	12	企业是否根据市场情况和采购计划,采取招标采购、询价或定向采购、直接购买等方式,合理选择采购方式
	采购价格确定	13	企业是否建立了健全的采购定价机制,采取协议采购、招标采购、询比价采购、动态竞价采购等多种方式,科学合理地确定采购价格
		14	采购部门是否定期研究大宗通用重要物资的成本构成与市场价格变动趋势,确定重要物资品种的采购执行价格或参考价格
		15	企业是否建立采购价格数据库,定期开展重要物资的市场供求形势及价格走势商情分析并合理利用
	采购协议或合同签订	16	企业是否根据确定的供应商、采购方式、采购价格等情况拟订采购合同,明确双方权利、义务和违约责任,并按照规定权限签订采购合同

续表

业务环节	关键控制点	编号	评价指标
采购申请与实施	采购协议或合同签订	17	对标准化程度高、需求计划性强、价格相对稳定的物资，企业是否通过招标、联合谈判等公开、竞争方式签订框架协议
		18	企业是否对拟签订框架协议的供应商的主体资格、信用状况等进行风险评估
		19	框架协议的签订是否引入了竞争制度，确保供应商具备履约能力
		20	对于影响重大、涉及较高专业技术或法律关系复杂的合同，是否组织法律、技术、财会等专业人员参与谈判，必要时聘请外部专家参与相关工作
		21	对重要物资验收量与合同量之间允许的差异，企业是否做出了统一规定
	供应过程管理	22	企业是否能够依据采购合同中确定的主要条款跟踪合同履行情况，对可能影响生产或工程进度的异常情况，出具书面报告并及时提出解决方案，采取必要措施，保证需求物资的及时供应
		23	企业是否对重要物资建立了合同履约过程中的巡视、点检和监造制度并贯彻执行
		24	企业是否对需要监造的物资，择优确定监造单位，签订监造合同，落实监造责任人，审核确认监造大纲，审定监造报告，并及时向技术等部门通报
		25	企业是否能够根据生产建设进度和采购物资特性等因素，选择合理的运输工具和运输方式，办理运输、投保等事宜
		26	企业是否实行全过程的采购登记制度或信息化管理，确保采购过程的可追溯性
采购验收与付款	验收审核与控制	27	企业是否制定了明确的采购验收标准，结合物资特性确定必检物资目录，规定此类物资只有出具质量检验报告后方可入库
		28	验收机构或人员是否根据采购合同及质量检验部门出具的质量检验证明，重点关注采购合同、发票等原始单据与采购物资的数量、质量、规格型号等核对一致
		29	对验收合格的物资，是否填制入库凭证，加盖物资"收讫章"，登记实务账，及时将入库凭证传递给财会部门
		30	物资入库前，采购部门是否检查质量保证书、商检证书或合格证等证明文件
		31	验收时涉及技术性强的、大宗的和新、特物资，是否还会进行专业测试，必要时甚至委托具有检验资质的机构或聘请外部专家协助验收

续表

业务环节	关键控制点	编号	评价指标
采购验收与付款	验收审核与控制	32	对于验收过程中发现的异常情况，如无采购合同或大额超采购合同的物资、超采购预算采购的物资、毁损的物资等，验收机构或人员是否立即向企业有权管理的相关机构报告，查明原因并及时处理
	退货管理	33	企业是否建立了退货管理制度，对退货条件、退货手续、货物出库、退货货款回收等做出明确规定
		34	企业是否在与供应商的合同中明确退货事宜，及时回收退货货款，对于符合索赔条件的退货，应在索赔期内及时办理索赔
	付款审核与控制	35	企业是否制定了完善的付款流程，明确付款审核人的责任和权力，严格审核采购预算、合同、相关单据凭证、审批程序等相关内容，审核无误后按照合同规定，合理选择付款方式，及时办理付款
		36	企业是否严格审查采购发票等票据的真实性、合法性和有效性，判断采购款项是否确实应予支付
		37	企业是否重视采购付款的过程控制和跟踪管理，发现异常情况时拒绝向供应商付款，避免出现资金损失和信用受损
		38	企业是否根据国家有关支付结算的相关规定和企业生产经营的实际情况，合理选择付款方式，并严格遵循合同规定，防范付款方式不当带来的法律风险，保证资金安全
		39	企业是否加强预付账款和定金的管理，涉及大额或长期的预付款项，是否定期进行跟踪核查，综合分析预付账款的期限、占用款项的合理性、不可回收风险等情况，发现有疑问的预付款项，及时采取措施，尽快回收款项
	会计控制	40	企业是否加强对购买、验收、付款业务的会计系统控制，详细记录供应商情况、采购申请、采购合同、采购通知、验收证明、入库凭证、退货情况、商业票据、款项支付等情况，做好采购业务各环节的记录，确保会计记录、采购记录与仓储记录核对一致
		41	企业是否指定专人通过函证等方式，定期向供应商寄发对账函，核对应付账款、应付票据、预付账款等往来款项，对供应商提出的异议应及时查明原因，报有权管理的部门或人员批准后，做出相应调整

第四节 内部控制评价程序和方法

内部控制评价程序一般包括制订评价工作方案、组成评价工作组、实施现场测试、认定控制缺陷、汇总评价结果、编报评价报告等环节。企业应该按照内部控制评价的基本程序，结合企业自身实际情况，综合运用个别访谈、调查问卷、专题讨论、穿行测试、实地查验、抽样和比较分析等各种内部控制评价方法，有序开展内部控制评价工作。

一、组织与准备工作

（一）制订内部控制评价工作方案

内部控制评价机构应当根据企业内部监督情况和管理要求，分析企业经营管理过程中的高风险领域和重要业务事项，确定检查评价方法，制订科学、合理的评价工作计划和方案，报经董事会批准后实施。

内部控制评价工作方案应当包括确立评价对象、确立控制区域对象重要性质、评价项目主体范围、工作任务、人员组织、进度安排和费用预算等相关内容。评价工作方案既可以以全面评价为主，也可以根据需要采用重点评价的方式。一般而言，内部控制建立与实施初期，实施全面综合评价有利于推动企业内部控制工作的深入有效开展；内部控制系统趋于成熟后，企业可在全面评价的基础上，更多地采用重点评价或专项评价，以提高内部控制评价的效率和效果。

表 5-3 列示了内部控制评价工作方案的一般格式。

表 5-3　内部控制评价工作方案格式

评价项目名称：		编制时间：	年　月　日
评价对象		评价时间	
评价依据和目的：			
评价项目主体范围：			
评价内容和重点：			
评价方式：			
组织分工和进度安排：			
费用预算：			
评价工作要求：			

续表

评价工作纪律：		
主管领导：	内部控制评价机构负责人：	编制人：

（二）组成内部控制评价工作组

内部控制评价工作组属于专责执行内部控制评价的工作团队。内部控制评价工作组应该由企业的内部控制、风险管理、审计或其他负责内部控制工作的组织具体牵头执行，根据内部控制评价项目的需要，吸收企业内部相关机构熟悉情况、参与日常监控的负责人或业务骨干参加，配备来自经营、财务、法律、审计、人力资源等部门的人员，确保这些人员掌握企业内部控制评价的内容、目标、流程和方法，并具备匹配的业务技能和责任心等。

二、评价实施工作

（一）了解被评价单位内部控制基本情况

内部控制按照其对企业的影响程度，可以分为对企业整体有普遍影响的内部控制和只对个别业务活动或流程有影响的内部控制两大类。因此，对内部控制的了解也应该分别在企业整体层面和业务层面展开。

评价工作组应与被评价单位进行充分沟通，了解其整体层面和业务层面内部控制设计和执行的相关情况。其中，整体层面的内部控制应包括内部环境、风险评估、控制活动、信息与沟通和内部监督等方面的内容；业务层面的内部控制应包括资金活动、采购业务、销售业务、资产活动、财务报告、全面预算等与企业经营密切相关的重要业务活动，具体评价内容可参照确定的内部控制评价指标。

以企业整体层面的内部环境-组织架构要素和业务层面的采购业务为例，企业可采用访谈、调查问卷、流程图等方法来了解其内部控制设计与执行的基本情况。具体如表 5-4、表 5-5 所示。

（二）实施现场检查测试

评价工作组根据初步了解的内部控制基本情况，按照评价人员具体分工，综合运用抽样法、穿行测试法、实地查验法等各种评价方法对内部控制设计和运行的有效性进行现场检查测试，按要求填写工作底稿，记录相关测试结果，并对发现的内部控制缺陷进行初步认定。评价人员应遵循客观、公平、公正原则，如实反映测试中所发现的问题，并及时与被评价单位进行沟通。

评价工作底稿应进行交叉复核签字，并由评价工作组负责人审核后签字确认。评价工作组将评价结果及现场评价报告向被评价单位进行通报，由被评价单位相关责任人签字确认后，提交企业内部控制评价机构。

表 5-4　企业内部环境-组织架构内部控制情况问卷调查表（示例）

被调查人（姓名/职务）			审核人（姓名/职务）							
被调查日期			审核日期							
评价要素	编号	评价指标	情况记录		相关证据				有效性	缺陷说明	责任部门
			是	否	对应的管理制度名称及编号	具体条款	对应的业务流程名称及编号	流程简要描述	其他（如通知、传真等）	是	否		
组织架构	组织架构的设计	1	董事会、监事会和经理层的职责权限、任职条件、议事规则和工作程序等是否根据国家有关法律法规的规定予以明确										
		2	企业的决策权、执行权和监督权是否相互分离，形成制衡										
		3	企业是否按照股东大会的有关决议，设立战略、审计、提名、薪酬与考核等专门委员会，明确其职责权限、任职资格、议事规则和工作程序										
		……										

表 5-5 采购活动内部控制情况问卷调查表（示例）

被调查人（姓名/职务）									审核人（姓名/职务）			
被调查日期									审核日期			
评价要素		编号	评价指标	是	否	情况记录					有效性	责任部门
						对应的管理制度		相关证据		是 / 否	缺陷说明	
						制度名称及编号	具体条款	对应的业务流程				
								流程名称及编号	流程简要描述	其他（如通知、传真等）		
采购计划管理	需求计划和采购计划编制	1	企业生产、经营、项目建设等部门是否能够根据实际需求准确、及时编制需求计划									
		2	企业在制订年度生产经营计划的过程中，是否能够根据目标实际需要，结合库存和在途情况，科学安排采购计划，防止采购计划过高或过低									
		3	企业采购计划是否被纳入采购预算管理，经相关负责人审批后，作为企业刚性指令严格执行									
			……									

对于企业整体层面的内部控制有效性评价，企业可在初步调查了解的基础上，以评价结论为"是"的控制为样本，通过抽样、证据检查等方法对其进行进一步核实，以确定评价结论是否准确。以内部环境-组织架构要素为例，具体评价程序如表 5-6 所示。

对于业务层面的内部控制有效性评价，企业可在初步调查了解的基础上，以评价结论为"是"的控制为样本，通过抽样、证据检查、穿行测试等方法对其进行进一步核实，以确定评价结论是否准确。以采购业务-采购计划管理为例，具体评价程序如表 5-7、表 5-8 所示。

案例探讨

请参照采购业务——采购计划管理样例，根据案例内容，编写采购业务——采购验收与付款内部控制有效性评价程序表及穿行测试表。

案例详见"DIB 内部控制与风险管理教学软件（试用版）——辅助资源——案例素材——内部控制评价——C 公司采购业务内部控制评价案例"。

登录地址：http://teachdemo.dibtime.com，登录账号：zhangmeng，登录密码：123456。

（三）认定内部控制缺陷

内部控制评价机构汇总评价工作组的评价结果，对工作组现场初步认定的内部控制缺陷进行全面复核、分类汇总，对控制缺陷的成因、表现形式及风险程度进行定性和定量的综合分析，按照对控制目标的影响程度判定缺陷等级。

对于认定的内部控制缺陷，内部控制评价机构应当结合董事会和审计委员会的要求，提出整改建议，要求责任单位及时整改，并跟踪整改落实情况；已经造成损失或负面影响的，应当追究相关人员的责任。

内部控制缺陷的具体认定程序和方法详见第五节。

三、报告与披露

内部控制评价结构以汇总的评价结果和认定的内部控制缺陷为基础，综合内部控制工作整体情况，客观、公平、公正、完整地编制内部控制评价报告，并报送企业经理层、董事会和监事会，由董事长最终审定后对外披露。

内部控制评价报告的编制与披露详见第六节。

四、内部控制评价常用方法

内部控制评价的方法通常包括个别访谈法、调查问卷法、穿行测试法、抽样法、实地查验法、比较分析法、标杆法、重新执行法、专题讨论法等方法。下面对其中几种方法做简单介绍。

表 5-6 企业整体层面内部环境—组织架构内部控制有效性评价程序

单位名称
编制人 会计期间
审核人 编制日期
　　　　审核日期

评价要素	编号	评价指标	责任部门	相关证据				评价程序	评价结论	执行人	复核人
				对应的管理制度		对应的业务流程		其他（如通知、传真等）				
				制度名称及编号	具体条款	流程名称及编号	流程简要描述					
组织架构	1	董事会、监事会和经理层的职责权限、任职条件、议事规则和工作程序等根据国家有关法律法规的规定予以明确	××	××	××	××	××	××	审阅《公司章程》及董事会、监事会和经理层的议事规则，检查其内容设计是否完整合理、职责是否明确			
组织架构的设计	3	企业按照股东大会的有关决议，设立了战略、审计、提名、薪酬与考核等专门委员会，明确其职责权限、任职资格、议事规则和工作程序	××	××	××	××	××	××	审阅《公司章程》及各专门委员会的议事规则，检查其内容设计是否完整合理、职责是否明确			
	4	董事会、监事会和经理层的产生程序合法合规，其人员构成、知识结构，能力素质及履行职责是否满足要求	××	××	××	××	××	××	审阅《公司章档》，相关文档，检查董事会、监事会、监事会和经理层的产生是否符合《公司法》的要求			

第五章　内部控制评价

续表

评价要素	编号	评价指标	情况记录							评价结论	执行人	复核人
			责任部门	相关证据				评评程序			
				对应的管理制度		对应的业务流程		其他（如通知、传真等）				
				制度名称及编号	具体条款	流程名称及编号	流程简要描述					
组织架构的设计	5	企业的重大决策、重大事项、重要人事任免及大额资金支付按照规定的权限和程序实行集体决策审批或联签制度	××					××	1. 审阅公司的《重大决策审批制度》，检查权限、程序设计是否明确、合理，是否实行集体决策审批或联签制度； 2. 从现有关于重大决策的审批文件中抽取适当样本，检查是否按照规定权限和程序进行恰当审批			
组织架构的运行	8	企业制定了组织结构图、业务流程图、岗位说明书和权限指引等内部管理制度或相关文件，使员工了解和掌握组织架构设计及权责分配情况，正确履行职责	××	××	××	××	××	××	取得公司的组织结构图、业务流程图、岗位说明书、权限指引表；检查其完整性、合理性及与实际情况的符合性			
	9	企业根据组织架构的设计规范，定期对现有治理结构和内部机构设置进行全面梳理	××	××	××	××	××	××	审阅相关工作底稿，确定公司相关部门是否定期对现有治理结构和内部机构设置的合理性进行全面梳理			

续表

评价要素	编号	评价指标	责任部门	相关证据				情况记录		
				对应的管理制度		对应的业务流程		其他（如通知、传真等）	评价程序	评价结论	执行人	复核人
				制度名称及编号	具体条款	流程名称及编号	流程简要描述					
组织架构	12	企业针对子公司建立了科学的投资管理控制制度，通过合法有效的形式维护出资人权益，重点关注子公司特别是异地、境外子公司的发展战略、年度财务预决算、重大投融资、重大担保、大额资金使用、主要资产处置、重大人事任免、内部控制体系建设等重要事项	××	××	××	××	××	××	1.取得公司的《关于子公司的投资管理控制制度》，检查其责任权限划分是否清晰，重点关注内容是否明确完整；2.从现有的审批文件中抽取适当事项的样本，检查是否按照规定的权限和程序进行了恰当审批			
组织架构的运行	13	企业定期对组织架构设计与运行的效率和效果进行全面评估，发现缺陷及时优化调整	××	××	××	××	××	××	审阅组织架构评估的工作底稿和其他文档，检查企业是否适当的样本，针对发现的组织架构设计和运行中的缺陷，提出相应的改进意见并跟踪反馈意见			

第五章 内部控制评价 157

续表

评价要素	编号	评价指标	情况记录						评价结论	执行人	复核人
			责任部门	相关证据				评价程序			
				对应的管理制度		对应的业务流程	其他（如通知、传真等）				
				制度名称及编号	具体条款	流程名称及编号	流程简要描述				
组织架构	14	组织架构的运行：组织架构调整时充分听取董事、监事、高级管理人员和其他员工的意见，并按照规定的权限和程序进行决策审批	××	××	××	××	××	××	从公司有关组织架构调整事项的决策文件中抽取适当样本，检查是否征求董事、监事、高级管理人员和其他员工的意见，并经过恰当人员的审批和确认		

表 5-7 采购业务—采购计划管理内部控制有效性评价程序

单位名称　　　　　　　　　会计期间
编制人　　　　　　　　　　编制日期
审核人　　　　　　　　　　审核日期

评价要素	编号	评价指标	责任部门	相关证据			情况记录			
				对应的管理制度名称及编号	对应的业务流程		评价程序	评价结论	执行人	复核人
				制度名称及编号	具体条款	流程名称及编号	流程简要描述	其他(如通知、传真等)				
采购计划管理	1	企业生产、经营、项目建设等部门是否能够根据实际需求准确、及时地编制需求计划和采购计划	××	××	××	××	××	××	1. 取得公司《采购业务管理办法》，检查采购计划编制的要求、时间、内容，采购需求计划的审批程序和权限划分是否明确； 2. 取得公司的采购需求计划编制、审批流程及流程描述，检查采购计划编制的流程是否合理； 3. 从现有已执行的采购需求计划中选择适当样本，检查其是否按照规定的程序进行编制和审批			

续表

评价要素	编号	评价指标	责任部门	相关证据					评价程序	评价结论	执行人	复核人
				对应的管理制度		对应的业务流程			情况记录			
				制度名称及编号	具体条款	流程名称及编号	流程简要描述	其他(如通知、传真等)				
采购计划管理	编制需求计划和采购计划	企业在制订年度生产经营计划的过程中,是否能够根据目标实际需要,结合库存和在途情况,科学安排采购计划,防止采购计划过高或过低						1. 取得公司《采购业务管理办法》,检查采购计划编制的要求、时间、内容、采购计划的审批程序和权限划分是否明确; 2. 取得公司的采购计划编制、审批流程及流程描述,检查采购计划编制的流程是否合理; 3. 从现有已执行的采购计划中选择适当的样本,检查采购计划编制依据是否合理			
	2		××	××	××	××	××				
	3	企业采购计划是否被纳入采购预算管理,经相关负责人审批后,作为企业刚性指令严格执行	××	××	××	××	××	从现有已执行的采购计划中选择适当的样本,检查采购计划是否在采购预算范围内,并经过恰当人员的审批;若属于预算范围外,是否需按照规定的程序经过恰当人员的审批才可执行			

表 5-8　采购业务—采购计划管理内部控制穿行测试实例

业务活动	测试内容	测试结果
采购计划管理	需求计划编号#（日期）	
	需求计划内容	
	需求计划是否得到适当审批	
	采购计划编号#（日期）	
	采购计划编制依据	
	采购计划内容	
	是否在预算范围内	
	采购计划是否得到适当审批	

1. 个别访谈法

个别访谈法是指企业根据检查与评价需要，对被评价单位员工进行单独访谈，以获取相关信息。个别访谈法主要用于了解企业内部控制现状，在公司层面和业务层面评价的初期阶段经常使用。访谈前应根据内部控制评价需求形成访谈提纲，撰写访谈纪要，记录访谈内容。对于统一问题应注意不同人员的解释是否相同。例如，分别访谈人资经理和其他核心岗位员工，是否存在薪酬结构不合理情况。

2. 调查问卷法

调查问卷法是指企业设置调查问卷表，分别针对不同岗位、不同层次的员工进行问卷调查，并根据调查结果对相关项目进行评价。调查问卷法主要用于公司层面的评价。在设计调查问卷时，应注意事先保密，题目应尽量简单易答（以客观判断题为主）。而在发放调查问卷时，应尽量扩大调查对象范围，包括企业各层级员工，并有针对性地在企业各个层级选取有代表性的员工填写问卷。

调查问卷法是评价工作中运用最广泛、最基础的一种内部控制评价方法。它具有节省时间、人力和经费；简单、易操作；便于数据统计处理与分析等优点。同时，也存在调查问卷设计过于简单、对问题无法深入探讨、调查结果广而不深的缺陷。

3. 抽样法

抽样法是指通过样本测试判断评价总体属性的测试方法。内部控制测试中的抽样法是指企业针对具体的内部控制业务流程，按照业务发生频率及固有风险的高低，从确定样本中抽取一定比例的业务样本，对业务样本遵循内部控制政策和程序的符合性进行审查，以判断业务流程内部控制运行的有效性。

4. 实地查验法

实地查验法主要应用于企业业务层面控制，通过对企业财产进行盘点、清查，以及针对业务流程中的各控制环节进行现场查验等方式，进行控制测试。例如，现场查验存货出、入库环节。

5. 比较分析法

比较分析法是指通过比较和分析数据间的关系、趋势或比率获取评价证据的方法。应用比较分析法时需关注比较分析的基础是否合理，是否具有可比性，并综合应用历史信息、外部信息等进行充分合理评价。

6. 标杆法

标杆法是指在评价内部控制设计是否合理和有效时，通过与公司外部同行业已普遍应用的内部控制最佳实务进行比较，识别出内部控制设计的缺陷或冗余的方法。任何评价均需要标准，内部控制评价的标杆法即建立内部控制评价的标准。应用该方法的关键是坚持风险导向原则，确定适合公司实际情况的内部控制制度设计的最佳实务典范。

7. 专题讨论法

专题讨论法是指集中与业务流程有关的专业人员就内部控制执行情况或控制缺陷进行分析，它既可以是内部控制评价的手段，也可以是形成缺陷整改方案的有效途径。例如，对于同时涉及企业多个业务部门的控制缺陷，就需要由内部控制管理部门组织召开专题会议，综合各部门意见，确定整改方案。

需要指出的是，以上列举的内部控制评价的方法通常不可以单独使用。评价工作组开展内部控制评价工作时应结合公司的情况，区别内部控制设计和执行，综合运用以上内部控制的评价方法。评价工作组也可以根据评价工作的需要和公司的特定情况应用其他有效的评价方法。

第五节 内部控制缺陷认定

内部控制缺陷是描述企业内部控制有效性的一个负向维度。内部控制评价的主要目的即通过检查和评价企业内部控制设计和运行的有效性，找出内部控制缺陷并进行有针对性的整改，以确保企业内部控制体系的持续有效和稳定运行。对内部控制缺陷的认定是企业内部控制评价的一个关键环节，它在一定程度上决定了内部控制评价的成效。

一、内部控制缺陷认定概述

（一）内部控制缺陷认定的范围和内容

内部控制缺陷认定，是指通过公认的科学合理的方法和标准，对企业内部控制设计和执行中存在的问题进行分析和评价，确定内部控制缺陷的重要性和对企业控制目标的影响程度的过程。

内部控制评价是内部监督的一个重要手段和工具，它与日常监督、专项监督互相补充、互相支撑，共同构成企业内部监督的完整体系。根据《企业内部控制评价指引》，企业对内部控制缺陷的认定，应当以日常监督和专项监督为基础，结合年度内部控制评价，由内部控制评价部门进行综合分析后提出认定意见，按照规定的权限和程序进行审核后予以最终认定。

可见，企业内部控制缺陷认定的范围应当包括企业在日常监督、专项监督过程中发现的控制缺陷，以及企业在年度内部控制评价及测试过程中发现的控制缺陷；根据内部控制缺陷的成因和来源不同，内部控制缺陷认定的具体内容包括公司层面和业务层面的设计有效性控制缺陷和运行有效性控制缺陷。

（二）内部控制缺陷的认定标准

内部控制缺陷的认定标准是企业内部控制评价结论形成的依据。对于内部控制评价过程中发现的控制缺陷，企业应当根据评价指引，结合自身的实际情况和关注重点，制定适合企业的内部控制重大缺陷、重要缺陷和一般缺陷的认定标准。一般来说，鉴于内部控制缺陷的表现形式和影响目标不同，为更好地衡量内部控制缺陷的重要性和对企业控制目标的影响程度，可以从公司层面与业务层面、财务报告与非财务报告两个方面来区分内部控制缺陷的认定标准。

1. 公司层面内部控制缺陷的认定标准

公司层面内部控制是业务层面内部控制的基石和土壤。公司层面内部控制属于与财务报告间接相关的内部控制。一般来说，公司层面的内部控制缺陷，虽未必会导致控制无效，但会增加业务层面控制的风险，缺陷的评估应基于公司层面的缺陷导致业务层面控制风险的可能性。

> **要点提示**
>
> 通常无法用量化的方法评价公司层面的缺陷，但应关注以下定性因素。
> （1）控制缺陷在公司中的普遍性，是否具有广泛影响。
> （2）控制缺陷对公司层面控制各组成要素的相对重要性。
> （3）管理层凌驾于内部控制之上的风险，包括考虑舞弊的可能性；过往内部控制缺陷记录，表明内部控制风险增加的迹象。
> （4）控制运行有效性方面已发现的例外情形的性质、原因和频次。
> （5）缺陷可能的潜在影响。

公司层面内部控制缺陷具体认定标准如表5-9所示。

表 5-9　公司层面内部控制缺陷具体认定标准

评价等级	评价标准
重大缺陷	以下任一情况可视为重大缺陷： （1）识别出高级管理层中任何程度的舞弊行为，包括财务报告舞弊；资产不当使用；不实的收入、费用及负债；资产的不当取得；偷税和高层舞弊等方面。其中，高级管理层人员包括公司总裁、财务总监、财务部总经理和副总经理；分、子公司总经理、副总经理、总会计师等。 （2）对已签发的财务报告进行重报以反映对错报的更正。 （3）审计发现的、最初未被公司财务报告内部控制识别的档期财务报告中的重大错报。其中，重大错报是指大于税前利润的 3%。 （4）审计委员会对公司的对外财务报告和财务报告内部控制监督无效，包括审计委员会不能履行对公司的对外财务报告和财务报告的内部控制实施有效的监督或不具备监督财务报告准确的资质及能力
重要缺陷	以下任一情况可视为重要缺陷： （1）沟通后的重大缺陷没有在合理的期间得到纠正。 （2）控制环境无效，如存在高级管理层不能或未在全公司范围内推动内部控制管理程序；管理层没有建立适当机制以获得会计准则变化及其他涉及财务报告要求的法规的更新；缺乏针对非常规、复杂或特殊交易的账务处理的控制等。 （3）公司内部审计职能和风险评估职能无效，如未制定内部审计工作的相关制度，明确内部审计工作的目标、职责、权利、标准等，或未按制度规定执行；内部审计部门缺乏独立性；内部审计人员资质不够；未制定风险评估程序和方法或未按规定定期开展风险评估等。 （4）对于是否根据一般公认会计原则对会计政策进行选择和应用的控制方面，没有相应的控制措施或有一项或多项措施没有实施，而且没有补充、补偿性控制的情况。 （5）对于非常规、复杂或特殊交易的账务处理的控制，没有建立相应的控制机制或没有实施，而且没有相应的补充、补偿性控制。 （6）未建立反舞弊程序和控制，如没有建立有效执行的职业道德规范、未建立举报和报告机制；董事会和审计委员会对反舞弊采取消极态度；管理层、审计委员会和董事会对认定的重要缺陷、重大缺陷及已发现的舞弊或疑似舞弊没有采取恰当的补救措施等。 （7）对于期末财务报告过程的控制，包括将交易总额总数过入总账，初始、授权、记录和处理总账中的日记账分录，记录财务报表中重复发生和非重复发生的调整等控制，存在一项或多项缺陷，而且没有补充性、补偿性控制，不能合理保证编制的财务报表达到真实、准确的目标。
一般缺陷	不属于重大缺陷、重要缺陷判断标准范畴内的缺陷

2. 业务层面内部控制缺陷的认定标准

业务层面内部控制可以分为与财务报告直接相关的内部控制和与财务报告间接相关

的内部控制。业务层面内部控制缺陷的认定可以采用与财务报告的直接或间接相关性分别采用定性、定量或定性与定量相结合的方法。

（1）财务报告内部控制缺陷的认定标准。

财务报告内部控制是指针对财务报告目标（包括资产安全目标及相应的会规目标）而设计和实施的内部控制。财务报告内部控制缺陷的认定标准，可由该缺陷可能导致财务报表错报的重要程度来确定。这种重要程度主要取决于两方面因素：一是该缺陷是否具备合理可行性导致内部控制不能及时防止、发现并纠正财务报表错报；二是该缺陷单独或连同其他缺陷可能导致的潜在错报金额的大小。财务报告内部控制缺陷一般可以通过定量的方法予以确定。

① 重大缺陷。如果一项内部控制缺陷单独或连同其他缺陷具备合理可行性导致不能及时防止、发现并纠正财务报表中的重大错报，应将其认定为重大缺陷。其中，合理可能性是指大于微小可能性（几乎不可能发生），一般需要通过定性判断来确定，主要涉及评价人员的职业判断，而且这种判断在不同评价期间应保持一致。重大错报中的"重大"，涉及企业确定的财务报表的重要性水平。一般而言，企业可以采用绝对金额法（如规定金额超过 10 000 元的错报应当认定为重大错报）或相对比例法（如规定超过净利润 5%或超过资产总额 1%的错报应当认定为重大错报）来确定重要性水平。

② 重要缺陷。如果一项内部控制缺陷单独或连同其他缺陷具备合理可能性导致不能及时防止、发现并纠正财务报表中的错报，虽然未达到和超过重要性水平，但仍应引起董事会和经理层的重视，应将其认定为重要缺陷。

③ 一般缺陷。不构成重大缺陷和重要缺陷的财务报告内部控制缺陷，应认定为一般缺陷。

业务层面财务报告内部控制缺陷具体认定标准如表 5-10 所示。

表 5-10　业务层面财务报告内部控制缺陷具体认定标准

缺陷等级	定量标准（1）
重大缺陷	考虑补偿性控制措施和实际偏差率后，总体影响水平高于重要性水平（上年税前利润的 2%）
重要缺陷	考虑补偿性控制措施和实际偏差率后，总体影响水平低于重要性水平（上年税前利润的 2%），但高于一般性水平（上年税前利润的 0.3%）
一般缺陷	考虑补偿性控制措施和实际偏差率后，总体影响水平低于一般性水平（上年税前利润的 0.3%）
缺陷等级	定性标准（2）
重大缺陷	对于根据定量标准确定的重要缺陷，考虑以下定性因素后，如果一位谨慎的管理者认为该控制缺陷将对财务报告产生重大错报，可将其调整为重大缺陷： • 会计科目及披露事项和相关认定的性质。 • 相关资产或债务受损或舞弊影响的程度。 • 确定涉及金额所需判断的主观性和复杂性或程度。

续表

缺陷等级	定量标准（2）
重大缺陷	• 例外事项产生的原因及频率。 • 与其他控制之间的互动关系，即控制的相互依赖和控制之间的冗余。 • 缺陷可能导致的未来后果。 • 历史上（包括当前年度）存在的错报情况所提示的处于增长趋势的风险。 • 调整后的影响水平与总体重要性水平的比较
重要缺陷	对于根据定量标准确定的一般缺陷，考虑以下定性因素后，如果一位谨慎的管理者认为该控制缺陷对财务报告产生错报的影响应引起企业董事会和经理层的重视，可将其调整为重要缺陷： • 会计科目及披露事项和相关认定的性质。 • 相关资产或债务受损或舞弊影响的程度。 • 确定涉及金额所需判断的主观性和复杂性或程度。 • 例外事项产生的原因及频率。 • 与其他控制之间的互动关系，即控制的相互依赖和控制之间的冗余。 • 缺陷可能导致的未来后果。 • 历史上（包括当前年度）存在的错报情况所提示的处于增长趋势的风险。 • 调整后的影响水平与总体重要性水平的比较

（2）非财务报告内部控制缺陷的认定标准。

非财务报告内部控制是指针对除财务报告目标之外的其他目标的内部控制，如战略目标、经营目标、合规目标等。相对而言，非财务报告内部控制缺陷的认定很难形成统一的标准，企业可以根据自身的实际情况，参照财务报告内部控制缺陷的认定标准，合理确定非财务报告内部控制缺陷的定量和定性认定标准。其中，定量标准既可以根据缺陷造成直接财产损失的绝对金额制定，也可以根据缺陷的直接损失占本企业资产、销售收入或利润等的比率确定；定性标准可以根据缺陷潜在负面影响的性质、范围等因素确定。

对于重大、重要和一般缺陷的具体认定标准，企业可以在上述基础上结合自身的实际情况进行进一步细化和明确。总体来说，企业在判断和认定内部控制缺陷是否构成重大/重要缺陷时，应当考虑下列因素：

• 影响整体控制目标实现的多个一般缺陷的组合是否构成重大/重要缺陷。
• 针对同一细化目标所采取的不同控制活动之间的相互作用。
• 针对同一细化控制目标是否存在其他补偿性控制活动。

如果为实现单个或整体控制目标而设计和运行的控制不存在重大缺陷，应当认定针对这些控制目标的内部控制是基本有效的；如果为实现单个或整体控制目标而设计和运行的控制存在一个或多个重大缺陷，就不能得出该企业内部控制有效的结论。重要缺陷并不影响企业内部控制的整体有效性，但是应当引起董事会和经理层的重视，应当及时向董事会和经理层报告。

业务层面非财务报告内部控制缺陷具体认定标准如表 5-11 所示。

表 5-11 业务层面非财务报告内部控制缺陷具体认定标准

缺陷等级	直接财产损失	人员健康安全影响	潜在负面影响
重大缺陷	≥5 000 万元	造成 10 人以上死亡，或者 50 人以上重伤	关于公司安全、环保、社会责任、执业道德、经营状况的负面消息流传全国各地，被政府或监管机构专项调查，引起公众媒体连续专题报道，企业因此出现资金借贷和回收、行政许可被暂停或吊销、资产被质押、大量索偿等不利事件（发生Ⅰ级群体性事件）
重要缺陷	1 000 万（含）~5 000 万元	造成 3 人以上 10 人以下死亡，或者 10 人以上 50 人以下重伤	关于公司安全、环保、社会责任、执业道德、经营状况的负面消息，被全国性媒体持续报道三次以上，受到行业或监管机构关注、调查，在行业范围内造成较大不良影响（发生Ⅱ级群体性事件）
一般缺陷	<1 000 万元	造成 3 人以下死亡，或者 10 人以下重伤	关于公司安全、环保、社会责任、执业道德、经营状况的负面消息，被全国性媒体报道两次及以下，省政府部门或公司要求报告，对公司声誉造成一定不良影响（发生Ⅲ或Ⅳ级群体性事件）

答疑解惑

Q：企业常见的内部控制重大缺陷有哪些？

A： 当有确凿证据表明企业在评价期末存在下列情形之一时，通常应认定为内部控制存在重大缺陷：

- 注册会计师发现当期财务报告存在重大错报，而内部控制在运行过程中未能发现该错报。
- 企业财务报表已经或很可能被注册会计师出具否定意见或拒绝表示意见。
- 企业审计委员会和内部审计机构未能有效发挥监督职能。
- 企业董事、监事和高级管理人员已经或涉嫌舞弊，或者企业员工存在串谋舞弊情形并给企业造成重大损失和不利影响。
- 企业更正已公布的财务报告。
- 国有企业缺乏民主决策程序，如缺乏"三重一大"决策程序等。
- 企业决策程序不科学，如决策失误，导致并购不成功。
- 企业在财务会计、资产管理、资本运营、信息披露、产品质量、安全生产、环境保护等方面发生重大违法违规事件和责任事故，给企业造成重大损失和不利影响，或者遭受重大行政监管处罚。
- 管理人员或技术人员纷纷流失。
- 重要业务缺乏制度控制或制度系统性失效。

- 媒体负面新闻频现。
- 内部控制评价的结果特别是重大或重要缺陷未得到整改。

上述控制缺陷如果对企业财务报表的真实可靠性产生直接影响,则为财务报告内部控制重大缺陷;如果不直接影响财务报表的真实可靠性,则为非财务报告内部控制重大缺陷。

(三)内部控制缺陷认定的程序

内部控制缺陷认定应当针对公司层面和业务层面内部控制缺陷分别展开,具体包括单个控制缺陷评估阶段、控制缺陷汇总评估阶段和缺陷结果认定阶段。

1. 单个控制缺陷评估阶段

对于识别的单个内部控制缺陷,一般应采取以下评价步骤。

(1)确定受缺陷影响的具体控制目标,定性分析控制缺陷与财务报告错报或漏报的直接相关性。

(2)判断因缺陷导致控制无效的可能性。

(3)根据确定的缺陷认定标准,评估控制缺陷导致控制无效的严重程度。

(4)检查是否存在补偿性控制措施。

(5)评价补偿性措施的有效性及可实现控制目标的程度。

(6)确定考虑补偿性措施后未覆盖的控制目标的严重程度。

(7)考虑控制无效发生的可能性和严重程度,结合定性印象确定缺陷类型。

单个控制缺陷评估模板如表 5-12 所示。

表 5-12 单个控制缺陷评估模板

编号	控制目标(主题/业务活动/会计科目)	控制缺陷描述(说明及原因)	缺陷类别(设计/运行)	补偿性控制措施	定量标准	定性因素	缺陷评估结果	备注

编制人:　　　编制时间:　　　　　　审核人:　　　审核时间:

2. 控制缺陷汇总评估阶段

针对同一细化控制目标(如同一会计科目、同一业务活动或同一主题)的多个一般缺陷和重要缺陷,采用定性或定量的方法对多个缺陷之间的相关性进行分析,确定具有相互作用的多个缺陷汇总后的综合影响程度。具体来说,定量分析可以是在多个一般缺陷或重要缺陷影响下的同一会计科目下不同的子项,将经调整的影响水平相加,然后再同一般性水平或重要性水平进行比较;定性判断是将汇总后的一般缺陷或重要缺陷重新进行定性因素的考虑,判断其重要程度。

控制缺陷汇总评估模板如表 5-13 所示。

表 5-13　控制缺陷汇总评估模板

编号	控制目标（主题/业务活动/会计科目）	汇总缺陷主要内容	汇总的补偿性控制措施	定量判断标准	综合定性因素	缺陷评估结果	备注

编制人：　　　　编制时间：　　　　审核人：　　　　审核时间：

3. 缺陷结果认定阶段

整理单个缺陷分析结果和汇总分析结果，确定控制缺陷等级及类别。企业内部控制评价部门应当编制内部控制缺陷认定汇总表，结合在日常监督和专项监督过程中发现的内部控制缺陷及其持续改进情况，对内部控制缺陷及其成因、表现形式和影响程度进行综合分析和全面复核，提出认定意见，按照规定的权限和程序进行审核后予以最终认定。

内部控制缺陷汇总认定表如表 5-14 所示。

表 5-14　内部控制缺陷汇总认定表

编号	缺陷描述	控制目标（主题/业务活动/会计科目）	缺陷类别（设计/运行）	缺陷成因及表现	缺陷影响程度	缺陷评估结果	备注

编制人：　　　　编制时间：　　　　审核人：　　　　审核时间：

> **拓展阅读**　某公司内部控制缺陷评估程序
>
> 详见"DIB 内部控制与风险管理教学软件（试用版）—辅助资源—拓展阅读—阅读 15　某公司内部控制缺陷评估程序"。
>
> 登录地址：http://teachdemo.dibtime.com，登录账号：zhangmeng，登录密码：123456。

二、内部控制缺陷的报告与整改

（一）内部控制缺陷的报告

企业内部控制基本规范和评价指引都明确要求，企业应当对发现的内部控制缺陷及其认定情况，以适当的形式向董事会、监事会或经理层报告，以使管理层及内部控制部门能够有效地整改、完善内部控制。

企业应该制定内部缺陷报告制度，明确报告的职责、内容、程序及对象等。一般来说，内部控制缺陷报告应当采取书面形式，既可以作为一份单独的报告汇报给公司管理层，也可以作为企业内部控制评价报告的一部分。对于一般缺陷和重要缺陷，通常应当向企业经理层报告，并视情况考虑是否需要向董事会及审计委员会、监事会报告；对于重大缺陷，应当及时向董事会及审计委员会、监事会和经理层报告。如果出现不适合向经理层报告的情形，如存在与经理层舞弊相关的内部控制缺陷，或者存在经理层凌驾于内部控制之上的情形等，应当直接向董事会及审计委员会、监事会报告。企业应根据内部控制缺陷的影响程度合理确定内部控制缺陷报告的时限，一般缺陷、重要缺陷应定期报告，重大缺陷即时报告。

（二）内部控制缺陷的整改

内部控制缺陷认定结束后，企业应根据缺陷评价和认定结果，确定缺陷整改的先后顺序，制订整改方案，按规定权限和程序审批后执行。

一般来说，企业针对每个控制缺陷都必须提出整改建议。整改建议可以由问卷和测试的填写人与相关部门管理层讨论后拟定完成，内容必须具体、切实可行，同时要列出缺陷的等级。对于认定的重大缺陷，还应及时采取应对策略，切实将风险控制在可承受度之内，并追究有关机构或相关人员的责任。

在制订整改方案时，企业应当根据内部控制缺陷发生的原因，结合缺陷的等级和整改的难易程度，以及自身的实际情况，综合考虑后制订整改计划。整改计划的目标必须针对缺陷产生的原因，而非针对缺陷的表象；必须符合针对性、可衡量性、可完成性、符合实际情况、及时性五项原则。整改方案一般包括整改目标、内容、步骤、措施、方法和期限等，整改期限超过一年的，还应在整改方案中明确近期目标和远期目标及对应的整改工作任务等。

在整改方案实施过程中，企业还应当重视对整改措施的落实情况进行监督，并填写缺陷跟踪表。管理层还可以考虑给予相对合理的时间来实施整改措施，在新的控制措施运行一段时间以后，重新测试来证明其运行的有效性。

值得注意的是，无论是缺陷判定还是缺陷整改，评价人员都应与被评价部门相关控制负责人或流程责任人充分沟通。当意见相左时，应要求其说明不接受缺陷认定或不采纳整改意见的原因，作为对评价结果的补充，相关内容应该记录在缺陷跟踪表中。

缺陷跟踪表模板如表 5-15 所示。

表 5-15　缺陷跟踪表模板

测试流程编号：　　　　　　　　测试流程名称：
测试部门：　　　　　　　　　　测试时间：
编制人：　　　　　　　　　　　复核人：
测试结果确认人：

编号	缺陷	建议	责任人	缺陷是否符合实际情况	不符合依据	是否采纳建议	不采纳依据	反馈时间	反馈结果	尚需工作

> **仿真模拟**
>
> 请点击网址或扫二维码收看"DIB 内部控制与风险管理教学软件仿真模拟操作视频——内部控制评价"（视频密码：4321）。
>
> 网址：http://teachdemo.dibtime.com/video.html

第六节 内部控制评价报告

一、内部控制评价报告的编制

企业内部控制评价机构应当根据年度内部控制评价结果，结合内部控制评价工作底稿和内部控制缺陷汇总表等资料，按照规定的程序和要求，及时编制内部控制评价报告。公司监管机构对内部控制评价报告的编制、审议和披露有特别监管要求的，公司应当按照监管机构的要求去做；公司自行开展的内部控制专向评价工作可以根据公司管理需要，自行设计内部控制评价报告的内容和格式。

内部控制评价报告是内部控制评价工作的结论性成果。根据《企业内部控制评价指引》，内部控制评价报告应当按照内部环境、风险评估、控制活动、信息与沟通、内部监督等要素进行设计，对内部控制评价过程、内部控制缺陷认定及整改情况、内部控制有效性结论等相关内容进行披露。具体来说，内部控制评价报告一般至少包括下列内容：

- 董事会对内部控制报告真实性的声明。
- 内部控制评价工作的总体情况。
- 内部控制评价的依据。
- 内部控制评价的范围。
- 内部控制评价的程序和方法。描述内部控制评价工作遵循的基本流程，以及评价过程中采用的主要方法。
- 内部控制缺陷及其认定。
- 内部控制缺陷的整改情况及重大缺陷拟采取的整改措施。
- 内部控制有效性的结论。

二、内部控制评价报告的报送与披露

2014年1月，为规范上市公司内部控制信息披露行为，保护投资者的合法权益，依据《公司法》《证券法》《企业内部控制基本规范》及其配套指引，证监会和财政部联合发布了《公开发行证券的公司信息披露编报规则第 21 号——年度内部控制评价报告的一般规

定》，这是目前我国上市公司内部控制评价信息披露规范格式。上市公司在编制并披露内部控制评价报告时应当严格遵循该规范格式的要求。

本章小结

- 内部控制评价就是对企业现有的内部控制系统的设计、实施及运行的结果进行调查、测试、分析、评价，并得出相应报告的活动。它是企业内部控制体系中一个重要的系统性活动，通过"评价—反馈—再评价"的过程促进企业内部控制的有效实施与持续改善。对于上市公司，有效的内部控制评价有助于其内部控制体系的自我完善、市场形象和公众认可度的提升，以及实现与政府监管的协调互动。
- 内部控制评价的主体是董事会或类似的权力机构，董事会对内部控制评价承担最终的责任，对内部控制评价报告的真实性负责。
- 内部控制评价应围绕内部控制五要素展开，在涵盖企业及其所属单位各种业务和事项的同时，重点关注重要业务单位、重大业务实现和高风险领域，从公司层面和业务层面建立评价指标体系，从而客观评价内部控制设计和运行的有效性。
- 公司层面内部控制是指对企业控制目标的实现具有重大影响，与内部环境、风险评估、控制活动、信息与沟通、内部监督等直接相关的控制。
- 业务层面内部控制是指综合运用各种控制手段和方法，针对具体业务和事项实施的控制。一般包括资金活动、采购业务、资产管理、销售业务、研究与开发、工程项目、担保业务、业务外包、财务报告、全面预算、合同管理、内部信息传递、信息系统、关联交易、并购、信息披露等。
- 内部控制评价程序一般包括制订评价工作方案、组成评价工作组、实施现场测试、认定控制缺陷、汇总评价结果、编报评价报告等环节。企业应该按照内部控制评价的基本程序，结合企业自身实际情况，综合运用个别访谈、调查问卷、专题讨论、穿行测试、实地查验、抽样和比较分析等各种内部控制评价方法，有序开展内部控制评价工作。
- 对内部控制缺陷的认定是企业内部控制评价的一个关键环节，它在一定程度上决定了内部控制评价的成效。
- 内部控制评价报告是内部控制评价工作的结论性成果。报告应当按照内部环境、风险评估、控制活动、信息与沟通、内部监督等要素进行设计，对内部控制评价过程、内部控制缺陷认定及整改情况、内部控制有效性结论等相关内容进行披露。

课后习题

1. 说说企业内部控制评价的目的和作用。
2. 在企业中，内部控制评价的参与主体涉及哪些部门？各参与主体在内部控制评价中的职责分工是怎样的？

3. 在评价企业内部控制设计及运行有效性时，需要考虑的事项有哪些？
4. 什么是公司层面内部控制？公司层面内部控制包含哪些范畴？
5. 什么是业务层面内部控制？业务层面内部控制包含哪些范畴？
6. 说说对发展战略实施进行内部控制有效性评价时，需要考虑哪些指标。
7. 说说在采购协议或合同签订环节进行内部控制有效性评价时，需要考虑哪些指标。
8. 评价公司层面的内部控制缺陷，应关注哪些因素？
9. 企业常见的内部控制重大缺陷有哪些？
10. 内部控制评价报告一般包含哪些内容？

第六章

内部控制审计

【导入案例】

2017年1月23日,安泰股份(600408.SH)被其年报审计机构立信会计师事务所出具否定意见内部控制审计报告。

报告中指出:"在本次内部控制审计中,我们注意到安泰集团的财务报告内部控制存在以下重大缺陷。安泰集团2016年存在对关联方山西新泰钢铁有限公司新增应收账款30 599 224.72元,对关联方山西安泰集团冶炼有限公司其他应收款384 623 498.77元逾期未收回的情况,形成控股股东对安泰集团的经营性资金占用。截至2016年12月31日,安泰集团控股股东控制的关联方累计有应收账款1 734 292 981.88元逾期尚未收回。上述情况违反了安泰集团防止控股股东及关联方占用公司资金专项制度的规定。"

安泰集团《防止控股股东及关联方占用公司资金专项制度》第十八条明确规定:"公司与关联方发生采购、销售等经营性关联交易事项时,其资金审批和支付流程必须严格执行关联交易协议和公司资金管理制度的有关规定,不得形成非正常的经营性资金占用,应明确资金往来的结算期限,防止控股股东及其他关联方通过资金违规占用侵占公司利益。"

审计机构认为:"由于存在上述重大缺陷及其对实现控制目标的影响,安泰集团于2016年12月31日未能按照《企业内部控制基本规范》和相关规定在所有重大方面保持有效的财务报告内部控制。"

内部控制审计是第三方独立机构会计师事务所对企业内部控制有效性进行确认和评价的过程,是衡量企业内部控制有效性的一种非常重要的外部监督手段,其效用甚至比企业内部控制评价更高。

本章我们将一起来学习和探讨内部控制审计的主要知识和方法。

【学习目标】

✦ 掌握内部控制审计的定义、范围和内容。
✦ 掌握内部控制审计工作计划的编制、工作程序及工作方法。
✦ 掌握公司层面和业务层面内部控制的测试和评价。
✦ 掌握不同类型内部控制审计报告的编制。

【学习导航图】

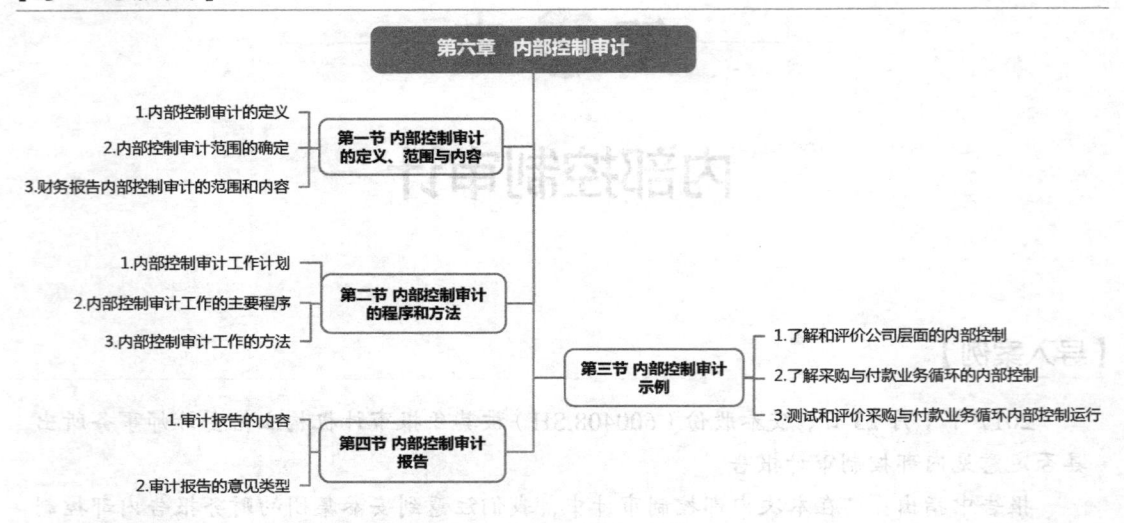

```
                        第六章  内部控制审计
                               │
      ┌────────────────────────┼────────────────────────┐
      │                        │                        │
1.内部控制审计的定义    第一节 内部控制审计
2.内部控制审计范围的确定  的定义、范围与内容
3.财务报告内部控制审计的范围和内容

1.内部控制审计工作计划    第二节 内部控制审计
2.内部控制审计工作的主要程序   的程序和方法
3.内部控制审计工作的方法
                                          第三节 内部控制审计   1.了解和评价公司层面的内部控制
                                              示例             2.了解采购与付款业务循环的内部控制
                                                              3.测试和评价采购与付款业务循环内部控制运行
1.审计报告的内容         第四节 内部控制审计
2.审计报告的意见类型          报告
```

第一节　内部控制审计的定义、范围与内容

一、内部控制审计的定义

根据《企业内部控制审计指引》的相关规定，内部控制审计是指会计师事务所及其注册会计师接受委托，对特定基准日企业内部控制设计与运行的有效性进行审计。内部控制审计定义明确了内部控制审计的实施主体是会计师事务所及其注册会计师，客体是企业的内部控制，包括内部控制的设计是否适当，运行是否有效。显而易见，内部控制审计的工作重心是内部控制的设计和运行的有效性。广义上的内部控制审计包括企业运营的各个方面，包括运营的效率和效果，但我们知道运营的效率和效果取决于管理层的意愿，是管理的目标，评价结论的基础是评价者的专业判断。其衡量和评价标准很难统一，审计评价工作缺乏尺度。有鉴于此，国外内部控制审计的范围往往被限定在财务报告的内部控制。《企业内部控制审计指引》明确指出，注册会计师应当对财务报告内部控制的有效性发表审计意见，并对内部控制审计过程中注意到的非财务报告内部控制的重大缺陷，在内部控制审计报告中增加"非财务报告内部控制重大缺陷描述段"予以披露。这表明我国内部控制审计指引也将注册会计师的审计范围限定在财务报告内部控制，这与当前理论界的主流看法一致，也与注册会计师内部控制审计的专业胜任能力匹配。为更好地指导会计师事务所及其注册会计师开展内部控制审计工作，本章有关内部控制审计的内容，包括具体的审计程序、方法和审计报告等，也被限定在财务报告内部控制。

从内部控制审计的定义看，注册会计师承担评价企业内部控制有效性的责任，这就要求注册会计师保持应有的独立性。企业及注册会计师要正确处理内部控制咨询和内部控制审计的关系，《企业内部控制基本规范》第十条明确规定"为企业内部控制提供咨询的会计师事务所，不得同时为同一企业提供内部控制审计服务"。

从注册会计师对内部控制的审计责任界定看，注册会计师应当对财务报告有关的内部控制有效性发表审计意见，并对注意到的非财务报告内部控制缺陷进行披露，这就要求注册会计师正确处理内部控制审计和财务报告审计的关系。财务报告内部控制为财务报告合规编制和披露提供了合理的基础。现代会计与报告风险审计理论往往要求注册会计师了解和测试公司的内部控制，但财务报告审计的目标是对财务报告合规性发表审计意见，内部控制审计的目标是对财务报告内部控制有效性发表意见，两者的目标不同，但又相互联系。内部控制审计为财务报告审计提供了合理的基础，内部控制审计的结论往往影响财务报告审计程序的性质和范围，因此《企业内部控制审计指引》允许注册会计师单独进行内部控制审计，也可将内部控制审计与财务报表审计整合进行。需要指出的是，因内部控制的重要缺陷，无论是设计缺陷还是运行缺陷，而对内部控制发表非无保留意见的，并不必然导致也对财务报告发表非无保留意见，控制的缺陷并不必然导致财务报告的差错。

二、内部控制审计范围的确定

《企业内部控制基本规范》明确将企业实施内部控制的目标细分为合理保证企业经营管理合法合规，资产安全，财务报告及相关信息真实完整，提高经营效率和效果，促进企业实现发展战略五类。内部控制目标细分的好处在于允许不同的人因不同的目的从不同的角度关注内部控制的不同层面，但公司自身内部控制建设应覆盖所有目标，以实现公司的战略目标。我国公司内部控制评价的范围通常也包括五个目标。但有关方面在内部控制审计范围的问题上一直存在争议，有的主张内部控制审计范围应限定在与财务报告相关的内部控制，也有的主张应将内部控制审计扩大到企业内部控制的方方面面，即全面内部控制。这两种观点的差异实质上是期望差距，当然也有成本方面的考虑。

美国《萨班斯法案》第404条款规定，公司管理层和外部审计应对与财务报告有关的内部控制的有效性和充分性发表意见。第404条款之所以将审计师对企业内部控制的审计限定在与财务报告相关的内部控制，主要基于以下考虑：首先，对于运营效率的评估很难有统一的标准；其次，现在一般注册会计师并没有足够的能力进行全方位的内部控制审计；最后，即使注册会计师有这个能力进行全方位的内部控制审计，这种审计的开销也将十分高昂。

实质上，我国现阶段也存在类似的问题，但由于我国对内部控制审计的范围尚没有进行统一的规定，目前实务中对内部控制审计范围的界定五花八门，存在"与财务报表相关的内部控制""与财务报告相关的内部控制""重大方面与财务报告相关的内部控制""所有重大方面的内部控制""与现时经营规模和业务性质相关的内部控制"等多种内部控制审计范围版本。《内部控制审计指引》要求实施内部控制审计的会计师事务所及注册会计师"对财务报告内部控制的有效性发表审计意见"，其附录的内部控制审计报告模板也载明"我们审计了××股份有限公司（以下简称××公司）××年××月××日的财务报告内部控制的有效性"，这表明，我国内部控制审计的范围同样限定在财务报告内部控制。

我国《内部控制审计指引》将内部控制审计定义为对"特定基准日"内部控制的审计，该指引附录的内部控制审计报告模板也特别载明"审计了××年××月××日的财务报告内部控制"。可以看出，我国内部控制审计责任时间范围的标准选择了"时点"（Point-of-time）的概念，这可能使很多人认为，针对"时点"的内部控制的报告责任和认为内部控制是一个过程的观点在概念上不一致，并且与认为应该对内部控制进行持续监控的观点也不一致，因此坚持认为应该出具针对"时期"（Period-of-time）的报告。反对观点认为，报告曾经发生的缺陷意义不大（该缺陷已经矫正），因为这些已被矫正的缺陷不再对资产负债表日的财务信息产生影响，并且不应该影响对某一时点内部控制有效性的结论；同时，报告曾经发生的缺陷增大了审计师发表内部控制有效性意见的困难。然而从财务报告内部控制审计服务于财务报告可靠性这一内部控制目标来看，对"时点"内部控制有效性进行报告更有现实意义。这样可以满足证券市场信息使用者的需要，且成本较低。我国《内部控制审计指引》接受了国际上普遍采用的"时点"概念。

需要特别指出的是，采用"时点"的概念并不意味着进行内部控制审计的会计师事务所及其注册会计师仅需对某一特定时点的内部控制进行审计。因为内部控制被定义为一个过程，要得出某一特定时点内部控制有效性的结论，内部控制审计测试的范围绝不可能限定在某一特定时点。而且，从节约审计成本的角度考虑，《萨班斯法案》第404条款中规定，财务报告内部控制审计与财务报表审计应当同时结合进行。尽管我国《内部控制审计指引》规定，注册会计师可以将内部控制审计与财务报表审计整合进行，也可以单独进行内部控制审计，但实务中单独进行财务报告内部控制审计的很少看到，而财务报告审计需要对审计期间内部控制风险进行评估，客观上也要求注册会计师对整个审计期间的内部控制有效性进行测试。

三、财务报告内部控制审计的范围和内容

财务报告内部控制审计的范围和内容包括：公司层面内部控制；业务流程层面内部控制；财务报告、公司层面内部控制与业务循环层面内部控制之间的关系。

（一）公司层面内部控制

公司层面内部控制又称公司整体内部控制，属于与财务报告间接相关的内部控制。由于财务事项贯穿于企业经营的几乎全部环节，财务报告内部控制与公司层面内部控制或者说公司整体内部控制紧密关联。按照《内部控制审计指引》，公司层面内部控制审计应当把握重要性原则，但至少应当关注以下内容：

- 与内部环境相关的控制。
- 针对董事会、经理层凌驾于控制之上的风险而设计的控制。
- 企业的风险评估过程。
- 对控制有效性的内部监督和评价。
- 对内部信息传递和财务报告流程的控制。

（二）业务流程层面内部控制

财务报告内部控制同样涉及各个业务环节的控制。业务流程层面内部控制，同样应把握重要性原则，结合公司实际、企业内部控制各项应用指引的要求和公司层面控制的测试

情况，重点对公司生产经营活动中的重要业务流程与事项的控制进行审计测试。通常重要的业务流程包括以下七大业务循环：
- 财务与会计业务循环。
- 采购与付款业务循环。
- 工薪与人事业务循环。
- 生产与仓储业务循环。
- 销售与收款业务循环。
- 筹资与投资业务循环。
- 固定资产业务循环。

（三）财务报告、公司层面内部控制与业务循环层面内部控制之间的关系

公司层面内部控制是业务层面内部控制的基石和土壤，良好的公司层面内部控制为业务层面内部控制有效性提供了合理的基础。

业务层面内部控制所涉及的七大业务循环也可以分为与财务报告直接相关的内部控制和与财务报告间接相关的内部控制。其中财务与会计业务循环属于与财务报告直接相关的内部控制，其他业务循环属于与财务报告间接相关的内部控制。

无论是与财务报告直接相关的内部控制，还是与财务报告间接相关的内部控制，均属于与财务报告相关的内部控制。这并不意味着直接相关的内部控制就重要，间接相关的内部控制就相对不重要，直接相关内部控制和间接相关内部控制对财务报告内部控制同等重要。实务中，有些注册会计师并不重视与财务报告间接相关的公司层面的内部控制，也有些注册会计师忽视与财务报告直接相关的财务与会计业务循环流程层面的内部控制。这两种倾向均是不可取的。

拓展阅读 内部控制评价与内部控制审计的关系

详见"DIB 内部控制与风险管理教学软件（试用版）—辅助资源—拓展阅读—阅读16 内部控制评价与内部控制审计的关系"。

登录地址：http://teachdemo.dibtime.com，登录账号：zhangmeng，登录密码：123456。

第二节 内部控制审计的程序和方法

一、内部控制审计工作计划

工作计划是内部控制审计工作开展的基础，周全的内部控制审计计划能为内部控制审计工作提供有效的指导，提高工作的效率。注册会计师应当恰当地制订内部控制审计工作计划，配备具有专业胜任能力的项目组，并适当地对助理人员进行督导。内部控制审计的计划工作建立在对审计单位内部控制相关风险初步评估和对内部控制系统初步了解的基础上。注册会计师应当评估下列事项对内部控制审计工作的影响：
- 与企业相关的风险。

- 影响企业经营的法律环境，包括适用的法律、法规。
- 企业所处行业的状况。
- 企业组织结构、经营特点和资本结构等相关重要事项。
- 公司的治理水平，在治理方面存在的不足和缺陷。
- 企业内部控制最近发生变化的程度。
- 企业内部控制评价开展情况及结论。
- 与企业沟通过的内部控制缺陷及整改情况。
- 重要性、风险等与确定内部控制重大缺陷相关的因素。
- 对内部控制有效性的初步判断。
- 可获取的、与内部控制有效性相关的证据的类型和范围。

注册会计师应当以风险评估为基础，识别内部控制的重大风险领域，选择拟测试的内部控制的范围和内容。在此基础上，确定内部控制审计组的人员组成和分工。由于不同行业的企业内部控制的风险领域和重要控制程序差异较大，确定内部控制审计组人员组成时，应充分考虑专业胜任能力的要求，特别是相关行业工作经验的要求。

注册会计师应在对企业内部控制评价工作进行充分评估的基础上，判断是否利用企业内部审计人员、内部控制评价人员和其他相关人员的工作，以及可利用的程度。注册会计师在决定利用企业内部审计人员、内部控制评价人员和其他相关人员的工作时，应当对其专业胜任能力和客观性进行充分评价。对于识别的内部控制高风险领域和关键内部控制，注册会计师应当亲自执行相关测试工作。

要点提示

审计重要性是指被审计单位会计报表中错报或漏报的严重程度，这一严重程度在特定环境下可能影响会计报表使用者的判断或决策。其在量上表现为审计重要性水平。

与财务报表审计相同，在计划内部控制审计工作时，注册会计师同样应当确定重要性，以识别重要账户、列报及其相关认定、重大业务流程，并根据所识别的控制缺陷对财务报表的影响程度对缺陷进行评价。

在计划内部控制审计工作时，注册会计师应当确定一个可接受的重要性水平，以发现在金额（数量）上重大的错报。具体来说，在确定重要性水平时，需要考虑以下因素：一是对被审计单位及其环境的了解（可通过风险评估实现）；二是审计目标；三是财务报表各项目的性质及其相互关系；四是财务报表项目的金额及其波动的幅度。

财务报表层次的重要性水平在数量的确定上一般采用经验法则：

$$重要性水平=基准\times 百分比$$

选择基准时应考虑的因素如下：

- 财务报表要素（如资产、负债、所有者权益、收入和费用）。
- 是否存在特定会计主体的财务报表使用者特别关注的项目。
- 被审计单位的性质、所处生命周期阶段及所处行业和经济环境。
- 被审计单位的所有权结构和融资方式。

- 基准的相对波动性。

选择基准示例如表 6-1 所示。

表 6-1　选择基准示例

被审计单位的情况	可能选择的基准
企业的盈利水平保持稳定	经常性业务的税前利润
企业近年来经营状况大幅波动，盈利和亏损交替发生	过去 3~5 年经常性业务的税前利润/亏损绝对数的平均值
新设企业，处于开办期	总资产
新兴行业，目前侧重于抢占市场份额、扩大企业知名度和影响力	主营业务收入

确定百分比时应考虑的因素如下：
- 应当运用职业判断（经验）。
- 考虑百分比与基准的关系，如税前利润对应的百分比通常比营业收入对应的百分比要高。
- 无须考虑与具体项目计量相关的固有不确定性。

百分比选择示例如表 6-2 所示。

表 6-2　百分比选择示例

选择的基准	通常可能选择的百分比
经常性业务的税前利润	不超过 10%
主营业务收入	不超过 2%
总资产	不超过 2%
非营利机构：收入或费用总额	不超过 2%

二、内部控制审计工作的主要程序

内部控制审计工作的主要程序可以归纳为六个字，即了解、测试、评价。从财务报表层面出发，以注册会计师对财务报告内部控制整体风险的了解开始，然后，将关注重点放在公司层面的控制上，并将工作逐渐下移至重要账户、列报及其相关认定。随后，确认其对被审计单位业务流程中风险的了解，选择能足以应对评估的每个相关认定的重大错报风险的控制进行测试，并对测试出的内部控制缺陷进行评价认定，最后出具内部控制审计报告。

总体而言，了解工作是内部控制审计工作的前提和基础，测试工作是内部控制审计工作的核心，评价工作贯穿内部控制审计工作始终。

（一）识别、了解和测试公司层面控制

注册会计师应当识别、了解和测试对内部控制有效性有重要影响的公司层面控制。注册会计师对公司层面控制的评价，可能增加或减少本应对其他控制进行的测试。公司层面

控制应关注的内容在上节中已有介绍。

1. 公司层面控制对其他控制及其测试的影响

不同的公司层面控制在性质和精确度上存在差异,注册会计师应当从下列方面考虑这些差异对其他控制及其测试的影响:

- 某些公司层面控制,如与控制环境相关的控制,对及时防止或发现并纠正相关认定的错报的可能性有重要影响。虽然这种影响是间接的,但这些控制仍然可能影响注册会计师拟测试的其他控制,以及测试程序的性质、时间安排和范围。
- 某些公司层面控制旨在识别其他控制可能出现的失效情况,能够监督其他控制的有效性,但还不足以精确到及时防止或发现并纠正相关认定的错报。当这些控制运行有效时,注册会计师可以减少对其他控制的测试。
- 某些公司层面控制本身能够精确到足以及时防止或发现并纠正相关认定的错报。如果一项公司层面控制足以应对已评估的错报风险,注册会计师就不必测试与该风险相关的其他控制。

2. 对期末财务报告流程的评价

期末财务报告流程对内部控制审计有重要影响,注册会计师应当对期末财务报告流程进行评价。

期末财务报告流程包括:

- 将交易总额登入总分类账的程序。
- 与会计政策的选择和运用相关的程序。
- 总分类账中会计分录的编制、批准等处理程序。
- 对财务报表进行调整的程序。
- 编制财务报表的程序。

应对这些风险的不同的控制,注册会计师应当分别予以考虑。

注册会计师应当从下列方面评价期末财务报告流程:

- 被审计单位财务报表的编制流程,包括输入、处理及输出。
- 期末财务报告流程中运用信息技术的程度。
- 管理层中参与期末财务报告流程的人员。
- 纳入财务报表编制范围的组成部分。
- 调整分录及合并分录的类型。
- 管理层和治理层对期末财务报告流程进行监督的性质及范围。

(二)识别重要账户、列报及其相关认定

注册会计师在确定重要性水平之后,应当识别重要账户、列报及其相关认定。

如果某账户或列报可能存在一个错报,该错报单独或连同其他错报将导致财务报表发生重大错报,则该账户或列报为重要账户或列报。判断某账户或列报是否重要,应当依据其固有风险,而不应考虑相关控制的影响。

如果某财务报表认定可能存在一个或多个错报，这些错报将导致财务报表发生重大错报，则该认定为相关认定。判断某认定是否为相关认定，应当依据其固有风险，而不应考虑相关控制的影响。

> **要点提示**
>
> 为识别重要账户、列报及其相关认定，注册会计师应当从下列方面评价财务报表项目及附注的错报风险因素：
> - 账户的规模和构成。
> - 易于发生错报的程度。
> - 账户或列报中反映的交易的业务量、复杂性及同质性。
> - 账户或列报的性质。
> - 与账户或列报相关的会计处理及报告的复杂程度。
> - 账户发生损失的风险。
> - 账户或列报中反映的活动引起重大或有负债的可能性。
> - 账户记录中是否涉及关联方交易。
> - 账户或列报的特征与前期相比发生的变化。

（三）了解潜在错报的来源并识别业务层面的控制

注册会计师通过实施下列程序，了解业务流程、应用系统或交易层面的控制，以进一步了解潜在错报的来源，并为选择拟测试的控制奠定基础。

（1）了解与相关认定有关的交易的处理流程，包括这些交易如何生成、批准、处理及记录。

（2）验证注册会计师识别出的业务流程中可能发生重大错报（包括由于舞弊导致的错报）的环节。

（3）识别被审计单位用于应对这些错报或潜在错报的控制。

（4）识别被审计单位用于及时防止或发现并纠正未经授权的、导致重大错报的资产取得、使用或处置的控制。

注册会计师应当亲自执行能够实现上述目标的程序，或者对提供直接帮助的人员的工作进行督导。

穿行测试通常是实现上述目标的最有效方式。

（四）信息系统控制的测试

在信息技术环境下，传统的手工控制越来越多地被自动控制所替代。概括地讲，在自动控制为企业带来信息处理及时性、准确性等好处的同时，对自动控制的依赖也可能给企业带来下列财务报表重大错报风险。

（1）信息系统或相关系统程序可能对数据进行错误处理，也可能处理本身存在错误的数据。

（2）自动信息系统、数据库及操作系统的相关安全控制如果无效，会增加对数据信息非授权访问的风险,这种风险可能导致系统内数据遭到破坏和系统对非授权交易或不存在的交易做出记录,系统、系统程序、数据遭到不适当的改变,系统对交易进行不适当的记录,以及信息技术人员获得超过其职责范围的过大系统权限等。

(3)数据丢失风险或数据无法访问风险,如系统瘫痪。

(4)不适当的人工干预,或者人为绕过自动化控制。

因此,注册会计师在确定审计策略时,需要结合以下五个方面,对信息技术审计范围进行适当考虑:

- 被审计单位业务流程复杂度。
- 信息系统复杂度。
- 系统生成交易数量。
- 信息和复杂计算的数量。
- 信息技术环境规模和复杂度。

(五)选择拟测试的控制

注册会计师应当针对每一相关认定获取控制有效性的审计证据,以便对内部控制整体的有效性发表意见,但没有责任对单项控制的有效性发表意见。

注册会计师应当对被审计单位的控制是否足以应对评估的每个相关认定的错报风险形成结论。因此,注册会计师应当选择对形成这一评价结论具有重要影响的控制进行测试。

对特定的相关认定而言,可能有多项控制用以应对评估的错报风险;反之,一项控制也可能应对评估的多项相关认定的错报风险。注册会计师没有必要测试与某项相关认定有关的所有控制。

在确定是否测试某项控制时,注册会计师应当考虑该项控制单独或连同其他控制是否足以应对评估的某项相关认定的错报风险,而无论该项控制的分类和名称如何。

(六)测试控制的有效性

控制有效性分为设计有效性和运行有效性,详细内容见第五章第三节"内部控制评价内容"相关介绍。

注册会计师测试控制有效性的程序,按其提供审计证据的效力,由弱到强排序通常为询问、观察、检查和重新执行。询问本身并不能为得出控制是否有效的结论提供充分、适当的审计证据。

测试控制有效性的程序,其性质在很大程度上取决于拟测试控制的性质。某些控制可能存在反映控制有效性的文件记录,而另一些控制,如管理理念和经营风格,可能没有书面的运行证据。

对缺乏正式的控制运行证据的被审计单位或业务单元,注册会计师可以通过询问并结合运用其他程序,如观察活动、检查非正式的书面记录和重新执行某些控制,获取有关控制是否有效的充分、适当的审计证据。

注册会计师在测试控制设计的有效性时,应当综合运用询问适当人员、观察经营活动和检查相关文件等程序。注册会计师执行穿行测试通常足以评价控制设计的有效性。

注册会计师在测试控制运行的有效性时，应当综合运用询问适当人员、观察经营活动、检查相关文件及重新执行等程序。

（七）内部控制缺陷评价

注册会计师应当评价内部控制测试中发现的各项内部控制缺陷的严重程度，以确定这些缺陷单独或组合起来是否构成重大缺陷。在确定一项内部控制缺陷或多项内部控制缺陷的组合是否构成重大缺陷时，注册会计师应当评价补偿性控制的影响。有效的补偿性控制应当能够实现控制的目标。根据《企业内部控制审计指引》，表明企业财务报告内部控制可能存在重大缺陷的迹象，包括但不限于以下方面：

- 注册会计师发现董事、监事和高级管理人员舞弊。
- 企业更正已经公布的财务报表。
- 注册会计师发现当期财务报表存在重大错报，而内部控制在运行过程中未能发现该错报。
- 企业审计委员会和内部审计机构对内部控制的监督无效。

注册会计师应就内部控制审计工作中识别的内部控制设计及运行方面的所有缺陷，与适当层次的管理层或治理层进行沟通。对于重大缺陷和重要缺陷，应当以书面形式与董事会和经理层沟通。沟通时应当注意沟通的级次。通常，对识别的直接责任部门（责任人）的控制缺陷，应与对其直接负责的上一级沟通，发现的管理层舞弊行为应直接与治理层沟通。

（八）获取书面声明

为确保公司及其董事会理解其内部控制的责任及在内部控制审计工作所应履行的职责，从事内部控制审计的注册会计师需要取得公司签署的书面声明。声明内容一般包括，但不限于以下内容：

- 企业董事会认可并理解其对建立健全和有效实施内部控制负责。
- 企业已对内部控制的有效性做出评价，并说明评价时采用的标准及得出的结论。
- 企业没有利用注册会计师执行的审计程序及其结果作为评价的基础。
- 企业已向注册会计师披露识别出的所有内部控制缺陷，并单独披露其中的重大缺陷和重要缺陷。
- 企业对注册会计师在以前年度审计中识别的重大缺陷和重要缺陷，是否已经采取措施予以解决。
- 企业在内部控制评价基准日后，内部控制是否发生重大变化，或者是否存在对内部控制具有重要影响的其他因素。

虽然注册会计师进行内部控制审计时不可以依赖公司签署的书面声明，但不能取得内部控制相关声明则被视为审计范围受到限制。注册会计师应当考虑解除业务约定或出具无法表示意见的内部控制审计报告。

（九）出具内部控制审计报告

注册会计师在完成内部控制审计工作后，应当出具内部控制审计报告。注册会计师需要在审计报告中清楚地表达对内部控制有效性的意见,并对出具的审计报告负责。在整合审计中,注册会计师在完成内部控制审计和财务报表审计后,应当分别对内部控制和财务报表出具审计报告,并签署相同的日期。

三、内部控制审计工作的方法

内部控制审计工作的方法主要包括询问适当人员、观察经营活动、检查相关文件、穿行测试和重新执行等方法。需要指出的是询问本身并不足以获取充分、适当的证据,应结合其他内部控制审计方法一并进行。另外,注册会计师在确定内部控制测试的时间时,应当在下列两个因素之间做出平衡,以获取充分、适当的证据:

- 尽量在接近公司内部控制评价基准日时实施测试。
- 实施的测试需要涵盖足够长的期间。

注册会计师在连续公司内部控制审计时可以考虑利用以前年度内部控制测试的结论,包括对没有识别出特别风险的内部控制领域或业务流程采用轮换测试计划,但通常轮换测试计划的轮换期最长不超过 3 年,以获取内部控制持续有效性的结论。轮换测试计划的方法是对纳入轮换测试的内部控制业务流程在第一个测试年度有效的前提下,允许在未来合理年度内免于测试,而继续依赖第一个测试年度的内部控制测试结论。采用内部控制轮换测试方法的前提是,公司整体内部控制风险评估为低水平,纳入轮换测试计划的业务循环没有识别出特别风险,且在轮换期内业务控制流程没有发生变化。有时候,关键控制人员发生异常变化可能表明相关控制领域存在执行的风险,而继续将受影响的业务循环纳入轮换计划则变得不再适当。

测试内部控制运行是否有效,通常应用抽样的方法,样本规模取决于各项控制活动发生的频率。实务中可以参考以下样本数量确定方法,如表 6-3 所示。

表 6-3　内部控制测试抽样表

控制的性质	执行的频率	选择的样本数量(个)
手工	每天多次	25
手工	每天	15
手工	每周	5
手工	每月	2
手工	每季	1
手工	每年	1
程序化	对每个程序化控制测试一次	

仿真模拟

请点击网址或扫二维码收看"DIB 内部控制与风险管理教学软件仿真模拟操作视频——内部控制审计"(视频密码:4321)。

网址:http://teachdemo.dibtime.com/video.html

第三节 内部控制审计示例

如第二节所述,内部控制审计方法本身并不复杂,但在执行内部控制具体审计程序时,很多注册会计师由于缺乏内部控制的系统知识或缺少可以利用的工具,在进行内部控制审计时无从着手;或者仅凭借自己积累的经验片面地执行不完整的审计测试程序,导致审计测试程序的性质、时间和范围不当。为解决内部控制审计实务中的难题,COSO《内部控制——整合框架》也对内部控制评价工具给出了一些示例,为内部控制审计实务提供参考。2007 年 8 月,中国注册会计师协会发布了《财务报表审计工作底稿编制指南》,其中包括内部控制审计工作底稿编制指南,这也为内部控制审计实务提供了一个很好的指引。中国注册会计师协会发布的底稿编制指南充分借鉴了 COSO《内部控制——整合框架》附录的内部控制评价工具及国际上应用较为广泛的评价工具,表明我国内部控制审计在实务操作上已与国际同行接轨。为更好地指引注册会计师有效地开展内部控制审计工作,本节以示例的形式列举内部控制了解、测试和评价工作的具体内容、方法、步骤和审计工作底稿记录的要求,如表 6-4 所示。由于仅出于示例的目的,本节仅针对公司层面的内部控制、采购与付款业务循环层面的内部控制的了解和测试程序进行举例,供内部控制审计实务参考之用。需要指出的是,本示例并不意味着示例所涉及的所有内部控制事项均需在内部控制评价中加以考虑,也并不意味着这些示例的评价工具是内部控制审计时优先采用的方法。企业所处的营商环境千差万别,注册会计师在内部控制审计中应基于专业判断,选择最适合企业应用的评价工具或内部控制评价事项,这也是内部控制审计的难点和企业内部控制的魅力所在。

一、了解和评价公司层面的内部控制

表 6-4 给出了了解和评价公司层面内部控制的示例。

表 6-4 了解和评价控制监督工作表

被审计单位:
项目:了解和评价控制监督　　　　　编制:　　　　日期:　　　　索引号:
财务报表截止日/期间:　　　　　　　复核:　　　　日期:　　　　页　次:

索引号	控制目标	被审计单位的控制	实施的风险评估程序	结论	存在的缺陷
JD-1	内部控制定期评价	建立内部控制评价体系,由内部审计部门定期评价内部控制			

续表

索引号	控制目标	被审计单位的控制	实施的风险评估程序	结论	存在的缺陷
JD-2	评价内部控制制度对常规工作活动有效运行的保障程度	负责业务活动的管理人员将其在日常经营活动中获得的生产、库存、销售或其他方面的信息与信息系统产生的信息相比较;将用于管理业务活动的经营信息与由财务报告系统所产生的财务资料相整合或比较,并分析差异			
JD-3	外界沟通所获取的信息能够反映内部控制运行的有效性	顾客按销货发票所列金额付款,即银行发票金额正确无误,顾客投诉账单有错误,即表明处理销售业务的系统可能存在缺陷;当顾客投诉时,调查出现问题的原因;记录来自供应商的信息(如供应商寄来的对账单),公司将其用作控制和监督的工具;考虑监管机构告知本企业遵循相关法律法规和规章的情况或其他有助于判断内部控制系统作用的事项			
JD-4	管理层对内部审计人员和注册会计师提出的内部控制方面的意见和建议进行适当的处理	设置具有适当权限的管理人员处理内部审计师和注册会计师所提的意见和建议,并形成记录;跟踪相关决策并验证其落实情况			
JD-5	管理层能够获得关于控制有效的反馈信息	通过培训课程、规划会议和其他会议,掌握提出的争议及问题;员工建议自下而上传递			
JD-6	定期询问员工遵循公司行为守则的情况、重要控制活动执行的有效性	要求员工定期确认其切实遵循了行为守则的规定;要求员工在执行重要控制工作(如调节指定账户金额)之后签名,留下执行证据			
JD-7	内部审计工作有效	内部审计人员的能力及经验水平适当;内部审计人员在组织中的地位适当;建立内部审计人员直接向董事会或审计委员会报告的渠道;内部审计人员的审计范围、责任和审计计划适当			
JD-8	政策和程序得到有效执行	管理层定期审查政策和程序的遵循情况			

续表

索引号	控制目标	被审计单位的控制	实施的风险评估程序	结论	存在的缺陷
JD-9	对内部控制进行专门评价,专门评价的范围和频率适当	专门评价的范围(包括广度和深度)及频率适当			
JD-10	评价过程适当	负责专门评价的人员具备必要的知识和技能;评价人员充分了解企业的活动;评价人员了解系统应当如何运作,以及实际如何运作;评价人员将评估结果与既定标准进行比较并对发现的差异进行分析			
JD-11	用以评价内部控制系统的方法适当,并合乎逻辑	评价方法使用核对清单、问卷及其他评价工具;评价小组成员一起设计评价程序,并保证各成员工作的协调;负责管理该项评价工作的高层管理人员具备足够的权威			
JD-12	书面记录适当	书面记录评价的过程;审计委员会会议记录中包括评价的记录			
JD-13	内部审计主要集中于经营责任审计,工作能够降低财务报表重大错误风险	内部审计人员定期检查财务信息;内部审计人员定期评价经营效率和经营效果			
JD-14	内部审计的独立性适当	内部审计部门定期直接向董事会、审计委员会或类似的独立机构报告			
JD-15	信息系统审计人员能够胜任职责	定期对信息系统审计人员进行培训,以应对复杂的高度自动化的环境			
JD-16	内部审计人员坚持适用的专业准则	建立内部审计人员的定期培训制度;建立内部审计自查制度			
JD-17	内部审计人员记录了计划、风险评估和执行的过程,形成的结论适当	内部审计定期制订内部审计计划;内部审计记录适当			

编制说明:

1. 本审计工作底稿中列示的被审计单位的控制目标和控制,仅为说明有关表格的使用方法,并非对所有控制目标和控制的全面列示。在执行财务报告内部控制审计业务时,注册会计师应根据被审计单位的实际情况予以填写。

2. 如果我们拟信赖以前审计获取的审计证据,应通过询问并结合观察或检查程序,获取控制是否已经发生变化的审计证据,并予以记录。

3. "被审计单位的控制"一栏应记录被审计单位实际采取的控制;"实施的风险评估程序"一栏应填写注册会计师针对控制目标计划采取的审计程序,包括询问、观察和检查。

4. 注册会计师对控制的评价结论可能是:① 控制设计合理,并得到执行;② 控制设计合理,未得到执行;③ 控制设计无效或缺乏必要的控制。

二、了解采购与付款业务循环的内部控制

表 6-5 是了解采购与付款业务循环内部控制的示例。

表 6-5 采购与付款穿行测试表

被审计单位:
项目:采购与付款穿行测试　　　　　　编制:　　　　　日期:　　　　　索引号:
财务报表截止日/期间:　　　　　　　　复核:　　　　　日期:　　　　　页　次:

采购与付款循环穿行测试——与采购材料有关的业务活动的控制		
主要业务活动	测试内容	测试结果
采购	请购单编号#(日期)	
	请购内容	
	请购单是否得到适当审批(是/否)	
	采购订单编号#(日期)	
记录应付账款	采购发票编号#(日期)	
	验收单编号#	
	采购发票所载内容与采购订单、验收单的内容是否相符(是/否)	
	发票上是否加盖"相符"章(是/否)	
	转账凭证编号#(日期)	
	是否计入应付账款贷方(是/否)	
付款	付款凭证编号#(日期)	
	付款凭证是否得到会计主管的适当审批(是/否)	
	有关支持性文件是否加盖"核销"章(是/否)	
	支票编号#/信用证编号#(日期)	
	收款人名称	
	支票/信用证是否已支付给恰当的供应商(是/否)	
申请	费用申请单编号#(日期)	
	申请内容	
	费用申请单是否得到适当审批(是/否)	
	供应商名称	

续表

采购与付款循环穿行测试——与采购材料有关的业务活动的控制

主要业务活动	测试内容	测试结果
记录应付账款	发票编号#（日期）	
	发票是否得到适当审批（是/否）	
	费用申请单、发票与其他支持性文件所载内容是否相符（是/否）	
	发票上是否加盖"相符"章（是/否）	
	转账凭证编号#（日期）	
	是否计入应付账款贷方（是/否）	
付款	付款凭证编号#（日期）	
	付款凭证是否得到会计主管的适当审批（是/否）	
	有关支持性文件是否加盖"核销"章（是/否）	
	支票编号#/信用证编号#（日期）	
	收款人名称	
	支票/信用证是否已支付给恰当的供应商（是/否）	

采购与付款循环穿行测试——与比较采购信息报告和相关文件（请购单）是否相符有关的业务活动的控制

序号	选择的采购信息报告期间	应付账款记账员是否已复核采购信息报告（是/否）	采购订单是否连续编号（是/否）	如有不符，是否已进行调查（是/否）	对不符事项是否已进行处理（是/否）

采购与付款循环穿行测试——与应付账款调节表有关的业务活动的控制

序号	供应商名称	应付账款调节表编号#（日期）	是否与支持文件相符（是/否）	是否经过适当审批（是/否）	是否已调节应付账款（是/否）

采购与付款循环穿行测试——与银行存款余额调节表有关的业务活动的控制

序号	月份	银行对账单金额	银行存款日记账金额（人民币）	编制人是否签名（是/否）	复核人是否签名（是/否）	调节项目是否真实（是/否）

续表

采购与付款循环穿行测试——与供应商档案更改记录有关的业务活动的控制

序号	更改申请表号码	更改申请表是否经过适当审批（是/否）	是否包含在月度供应商信息更改报告中（是/否）	月度供应商信息更改报告是否经适当复核（是/否）	更改申请号码是否包含在编号记录表中（是/否）	编号记录表是否经复核（是/否）

采购与付款循环穿行测试——与供应商档案的及时维护有关的业务活动的控制

序号	供应商名称	档案编号	最近一次与公司发生交易的时间	是否已按照规定对供应商档案进行维护

编制说明：

1. 本审计工作底稿记录的穿行测试内容是示例设计，仅为说明应对执行的穿行测试程序记录的内容。在执行财务报表审计业务时，注册会计师应运用职业判断，结合被审计单位的实际情况设计和执行穿行测试。

2. 注册会计师通常应执行穿行测试程序，以取得控制是否得到执行的审计证据，并记录测试过程和结论。注册会计师可以保留与所测试的控制活动相关的文件或记录的复印件，并与审计工作底稿进行索引。

3. 注册会计师应对整个流程执行穿行测试，涵盖交易自发生至记账的整个过程。

4. 如拟实施控制测试，在本循环中执行穿行测试检查的项目也可以作为控制测试的测试项目之一。

三、测试和评价采购与付款业务循环内部控制运行

测试本循环控制运行有效性的工作包括：

- 针对了解的被审计单位采购与付款循环的控制活动，确定拟进行测试的控制活动。
- 测试控制运行的有效性，记录测试过程和结论。
- 根据测试结论，确定对实质性程序的性质、时间和范围的影响。

测试本循环控制运行有效性，形成的审计工作底稿如表 6-6 所示。

表 6-6　采购与付款业务循环测试工作底稿

被审计单位：
项目：采购与付款业务循环测试　　　　编制：　　　　日期：　　　　索引号：
财务报表截止日/期间：　　　　　　　　复核：　　　　日期：　　　　页　次：

工作底稿名称	执 行 人	索 引 号
控制测试汇总表		
控制测试程序及结果记录		
控制测试过程记录		

编制说明：

本审计工作底稿用以记录下列内容。

1. 控制测试汇总表：汇总对本循环内部控制运行有效性进行测试的主要内容和结论。
2. 控制测试程序及结果记录：记录控制测试程序。
3. 控制测试过程记录：记录控制测试过程。

下面我们对三个方面的工作底稿逐一举例。

1. 采购与付款业务循环控制测试汇总表

（1）相关交易和账户余额的审计方案。相关交易和账户余额的审计方案包括对未进行测试的控制目标的汇总、对未达到控制目标的主营业务活动的汇总，以及对相关交易和账户余额的审计方案。

① 对未进行测试的控制目标的汇总。根据计划实施的控制测试，我们未对下列控制目标、相关交易和账户余额及其认定进行测试，如表6-7所示。

表6-7 未进行测试控制目标汇总表

被审计单位：						
项目：采购与付款业务循环——控制测试			编制：	日期：	索引号：	
财务报表截止日/期间：			复核：	日期：	页　次：	
业务循环	主要业务活动	控制目标	相关交易和账户余额及其认定		原　　因	
采购与付款	记录应付账款	接受劳务交易均记录于适当期间	应付账款：完整性		没有设计控制活动	
			管理费用：截止			
			销售费用：截止			
采购与付款	付款	付款均已记录	应付账款：存在		控制未得到执行	
采购与付款	付款	付款均记录于恰当期间	应付账款：存在、完整性		控制未得到执行	

② 对未达到控制目标的主营业务活动的汇总。根据控制测试的结果，我们确定下列控制运行无效，在审计过程中不予信赖，拟实施实质性程序获取充分、适当的审计证据，如表6-8所示。

表6-8 未达到控制目标的主营业务活动汇总表

被审计单位：						
项目：采购与付款业务循环——控制测试			编制：	日期：	索引号：	
财务报表截止日/期间：			复核：	日期：	页　次：	
业务循环	主要业务活动	控制目标	相关交易和账户余额及其认定		原　　因	
采购与付款	维护供应商档案	确保供应商档案数据及时更新	应付账款：权利和义务、存在、完整性		未按政策及时维护供应商信息	
			管理费用：完整性、发生			
			销售费用：完整性、发生			

注：如果本期执行控制测试的结果表明本循环与相关交易和账户余额及其认定有关的控制不能予以信赖，应重新考虑本期拟信赖的以前审计获取的有关其他循环的控制运行有效性的审计证据是否恰当。

③ 对相关交易和账户余额的审计方案。根据控制测试的结果，制订下列审计方案，如表6-9所示。

表 6-9 交易和账户余额审计方案表

被审计单位：							
项目：采购与付款业务循环——控制测试			编制：	日期：		索引号：	
财务报表截止日/期间：			复核：	日期：		页次：	
受影响的交易和账户余额	对各类认定控制测试结果及需要从实质性程序中获取的保证程度						
	完整性	发生/存在	准确性/计价和分摊	截 止	权利和义务	分 类	列 报
应付账款	不适用/高	支持/低	支持/低	不适用	支持/低	不适用	不适用/高
管理费用	支持/低	支持/低	支持/低	不适用/高	不适用	支持/低	不适用/高
销售费用	支持/低	支持/低	支持/低	不适用/高	不适用	支持/低	不适用/高

编制说明：

本审计工作底稿提供的审计方案示例，系以××公司财务报表层次不存在重大错报风险，受本循环影响的交易和账户余额层次也不存在特别风险为例，并假定不拟信赖与交易和账户余额列表认定相关的控制活动，仅为说明审计方案的记录内容。在执行财务报表审计业务时，注册会计师应运用职业判断，结合被审计单位的实际情况进行适当修改，不可一概照搬。

另外，如果本期执行控制测试的结果表明本循环与相关交易和账户余额及其认定有关的控制不能予以信赖，应重新考虑本期拟信赖的以前审计获取的有关其他循环的控制运行有效性的审计证据是否恰当。

（2）沟通事项。审计过程中应记录是否需要就已识别出的内部控制设计及运行方面的重大缺陷与适当层次的管理层或治理层进行沟通，如表 6-10 所示。

表 6-10 需要沟通的事项

需要与管理层沟通的事项：
1. 未按政策编制银行存款余额调节表，控制未得到执行
2. 未按政策及时维护供应商信息
3. 对已经接受劳务而尚未取得费用发票的支出，公司未设计相应的控制活动以确保费用记录于适当期间

2. 采购与付款业务循环控制测试程序及结果记录

（1）了解采购与付款业务循环内部控制的初步结论（见表 6-11）。

表 6-11 了解采购与付款业务循环内部控制的初步结论

被审计单位：						
项目：采购与付款业务循环——控制测试程序及结果记录		编制：	日期：		索引号：	
财务报表截止日/期间：		复核：	日期：		页次：	
结论：						

注：根据了解本循环控制的设计并评估其执行情况所获取的审计证据，注册会计师对控制的评价结论可能是：① 控制设计合理，并得到执行；② 控制设计合理，未得到执行；③ 控制设计无效或缺乏必要的控制。

（2）采购与付款业务循环控制测试程序与结果（见表 6-12）。

表 6-12　采购与付款业务循环控制测试程序与结果

主要业务活动	控制目标	被审计单位的控制活动	了解内部控制		控制测试程序				控制测试结果	
			控制活动对实现控制目标是否有效（是/否）	控制活动是否得到执行（是/否）	控制测试程序	执行控制的频率	所测试的项目数量	控制测试过程记录索引号	控制活动是否有效运行	控制测试结果是否支持风险评估结论
采购	只有经过核准的采购订单、费用申请单才能发给供应商	采购部门收到请购单后，金额在×××元以下的请购单由采购经理负责审批；金额在×××~×××元的请购单由总经理负责审批；金额超过×××元的请购单需经董事会审批。发生销售（管理）费用支出的部门需填写费用申请单，其部门经理可以审批金额×××元以下的费用；金额在×××~×××元的费用由总经理负责审批；金额×××元以上的费用则需要得到董事会的批准	是	是	抽取请购单并检查是否得到适当审批	每日执行多次	**		是	支持
	已记录的采购订单与请购单内容准确	采购信息管理员将有关信息输入 Y 系统，系统将自动生成联系编号的采购订单（此时系统显示为"待处理"状态）。每周，财务部门应付账款记账员将采购订单与请购单核对相符，如有不符，应付账款记账员即在采购信息报告上签字。与其共同调查该事项，应付账款记账员将通知采购信息管理员，与其共同调查该事项及其调查结果在采购信息报告中注明不符事项及其调查结果	是	是	抽取采购信息报告，检查其是否已复核，如有不符，行一次，是否已经及时调查和处理	每周执行一次	**		是	支持

续表

主要业务活动	控制目标	被审计单位的控制活动	了解内部控制的结果 控制活动对实现控制目标是否有效(是/否)	控制活动是否得到执行(是/否)	控制测试程序 控制测试程序	控制测试程序 执行控制的频率	控制测试程序 所测试的项目数量	控制测试过程记录索引号	控制活动是否有效运行	控制测试结果 控制测试结果是否支持风险评估结论
采购	采购订单均得到处理	采购订单由Y系统按顺序的方式予以编号。每周,采购信息管理员核对采购订单,应付账款记账员编制采购信息报告,也会核对采购订单编号的连续编号及对任何不符合连续编号的情况进行调查		是	检查应付账款记账员是否已复核采购信息报告。同时,检查报告上的采购订单是否按顺序编号及是否出现任何不符合连续编号的情况	每周执行一次	**		是	支持
记录应付账款	已记录的采购均确已收到物品	收到采购发票后,采购订单进行核对。如所有单据核对"相符",采购订单在发票上加盖"相符"印戳,应付账款记账员凭证至明细账和总账。如果发现任何差异,将立即通知采购经理或采购部门的经理,实施进一步调查。如果采购经理或可以合理解释,需在发票上签字并注明原因,特别批准授权应付账款记账员将该发票输入系统		是	抽取采购订单、验收单和采购发票,检查所载内容是否核对一致。检查发票上是否盖有"相符"印戳	每日执行多次	**		是	支持

第六章 内部控制审计　195

续表

主要业务活动	控制目标	了解内部控制 被审计单位的控制活动	了解内部控制的结果 控制活动对实现控制目标是否有效（是/否）	了解内部控制的结果 控制活动是否得到执行（是/否）	控制测试程序 控制测试程序	控制测试程序 执行控制的频率	控制测试程序 所测试的项目数量	控制测试程序 控制过程记录索引号	控制测试结果 控制活动是否有效运行	控制测试结果 结果是否支持风险评估结论
记录应付账款	已记录的采购均确已接受劳务	发生销售（管理）费用的部门收到费用发票后，其部门经理签字确认并交至应付账款记账员。应付账款记账员对收到的费用发票、费用申请单和其他单据进行核对，核对内容包括有关单据是否经当事人员审批，金额是否相符等。如所有单据核对一致，应付账款记账员在发票上加盖"相符"印戳并将有关信息输入系统，系统自动生成记账凭证过至明细账和总账。如果发现任何差异，将立即通知支出部门的经理，以实施进一步调查。如果发生费用支出部门的经理认为该项差异可以合理解释，需在发票上签字并注明原因，特别批准授权应付账款记账员将该发票输入系统	是	是	抽取费用发票，检查发票是否得到适当审批，并加盖"相符"印戳	每日执行多次	**		是	支持
	已记录的采购交易已计价正确	每月末，应付账款主管编制应付账款账龄分析报告，其内容还应包括应付账款明细账与应付账款总额与供应商对账单的核对情况。如有差异，应付账款主管将立即进行调查。如调查结果表明需调整账簿记录，应付账款主管将编制应付账款调整报告，经财务经理批准后方可进行财务处理	是	是	抽取应付账款调节表，检查调节项目与有效的支持性文件是否相符，以及是否与应付账款明细账相符	每月执行一次	**		是	支持

续表

主要业务活动	控制目标	被审计单位的控制活动	控制活动对实现控制目标是否有效（是/否）	控制活动是否得到执行（是/否）	控制测试程序	执行控制的频率	所测试的项目数量	控制测试过程记录索引号	控制活动是否有效运行	控制测试结果是否支持风险评估结论
记录应付账款	与采购商品相关的义务均已确认并记录至应付账款	每月末，应付账款主管编制应付账款账龄分析报告，其内容还应包括应付账款明细账与应付账款总额应与供应商对账单的核对情况。如有差异，应付账款主管将立即进行调查，如调查结果表明需调整账簿记录，应付账款主管将编制应付账款调节表和调整分录并附同应付账款账龄分析报告一并交至主管会计复核，经财务经理批准后方可进行财务调整	是	是	抽取应付账款调节表，检查调节项目与有效的支持性文件是否相符，以及是否与应付账款明细账相符	每月执行一次	**		是	支持
	与接受劳务相关的义务均已确认并记录至应付账款	每月末，应付账款主管编制应付账款账龄分析报告，其内容还应包括应付账款明细账与应付账款总额应与供应商对账单的核对情况。如有差异，应付账款主管将立即进行调查，如调查结果表明需调整账簿记录，应付账款主管将编制应付账款调节表和调整分录并附同应付账款账龄分析报告一并交至主管会计复核，经财务经理批准后方可进行财务调整	是	是	抽取应付账款调节表，检查调节项目与有效的支持性文件是否相符，以及是否与应付账款明细账相符	每月执行一次	**		是	支持

第六章　内部控制审计 | 197

续表

主要业务活动	控制目标	被审计单位的控制活动	了解内部控制的结果		控制测试程序				控制测试结果	
^	^	^	控制活动对实现控制目标是否有效（是/否）	控制活动是否得到执行（是/否）	控制测试程序	执行控制的频率	所测试的项目数量	控制测试过程记录索引号	控制活动是否有效运行	控制测试结果是否支持风险评估结论
记录应付账款	采购物品交易记录于适当期间	每月末，应付账款主管编制应付账款账龄分析报告，其内容还应包括应付账款总额与应付账款明细账的核对情况。如有差异，应付账款明细账与供应商对账单的核对情况。如有差异，应付账款主管将立即编制调整账簿记录，应付账款主管将编制应付账款账龄分析报告一并交至会计主管复核，经财务经理批准后方可进行财务调整	是	是	抽取应付账款调节表，检查调节项目与有效的支持性文件是否相符，以及是否与应付账款明细账相符	每月执行一次	**		是	支持
^	接受劳务交易记录于适当期间	每月月终了，对已发生但尚未收到费用发票的支出，公司不进行账务处理	否	不适用					不适用	不适用
付款	仅对已记录的应付账款办理支付	应付账款记账员编制付款凭证、申请单、费用发票及付款申请单等，提交会计主管审批，在完成对付款凭证及相关单据的复核后，会计主管在付款凭证上签字，作为复核证据，并在所有单证上加盖"核销"印戳	是	是	抽取付款凭证，检查其是否经由会计主管复核和审批，并检查有	每日执行多次	**		是	支持

续表

主要业务活动	控制目标	被审计单位的控制活动	了解内部控制活动对实现控制目标是否有效（是/否）	控制活动是否得到执行（是/否）	控制测试程序	执行控制的频率	所测试的项目数量	控制测试过程记录索引号	控制活动是否有效运行	控制测试结果是否支持风险评估结论
付款	仅对已记录的应付账款办理支付				关的支票和信用证授权适合人员的复核和审批					
	准确记录付款	应付账款记账员编制付款凭证、费用付款凭证及发票及付款申请单等，在完成对付款凭证的复核后，会计主管审批，会计主管在凭证上签字，作为复核证据，并在所有单证上加盖"核销"印戳	是	是	抽取付款凭证，检查其是否经由会计主管复核和审批，并检查有关的支票和信用证授权适合人员的复核和审批	每日执行多次	**		是	支持

第六章 内部控制审计 199

续表

主要业务活动	控制目标	被审计单位的控制活动	了解内部控制的结果		控制测试程序					控制测试结果	
^	^	^	控制活动对实现控制目标是否有效（是/否）	控制活动是否得到执行（是/否）	控制测试程序	执行控制的频率	所测试的项目数量	控制测试过程记录索引号	控制活动是否有效运行	控制测试结果是否支持风险评估结论
付款	付款均已记录	每月末，由会计主管指定出纳员以外的人员核对银行存款日记账和银行对账单，编制银行存款余额调节表，交给财务经理复核，财务经理在银行存款余额调节表上签字作为其复核的证据	是	否					不适用	不适用
^	付款均于恰当期间进行记录	每月末，由会计主管指定出纳员以外的人员核对银行存款日记账和银行对账单，编制银行存款余额调节表，交给财务经理复核，财务经理在银行存款余额调节表上签字作为其复核的证据	是	否					不适用	不适用
维护供应商档案	对供应商档案变更的真实和有效的	如需要对系统内的供应商信息做出修改，采购员填写更改申请表，经采购经理审批后，由采购信息管理员负责对更改申请表预先连续编号并在系统内进行更改	是	是	抽取更改申请表，检查其是否已经审批	每月执行一次			是	支持
^	供应商档案变更均已进行处理	采购信息管理员负责对更改供应商信息报告。每月末，采购信息管理员编制月度供应商信息变更报告，附同采购申请表的编号记录交由财务经理复核。财务经理根据月度供应商信息变更报告，检查实际更改情况和更改申请	是	是	抽取更改申请表，检查其是否已经复核	每月执行一次			是	支持

续表

主要业务活动	控制目标	被审计单位的控制活动	了解内部控制的结果		控制测试程序				控制测试结果	
			控制活动对实现控制目标是否有效（是/否）	控制活动是否得到执行（是/否）	控制测试程序	执行控制的频率	所测试的项目数量	控制测试过程记录索引号	控制活动是否有效运行	控制测试结果是否支持风险评估结论
维护供应商档案	对供应商档案的变更均是准确的	供应商档案变更均已进行复核处理——表是否一致，所有变更是否得到适当审批及编号记录表上签字否正确，在月度供应商信息变更改报告和编号记录表作为复核的证据。如发现任何异常情况，将进一步调查处理								
		如需要对系统内的供应商信息做出修改，采购员填写更改申请表，经采购经理审批后，由采购信息管理员负责对更改申请表预先连续编配号码并在系统内进行更改。每月末，采购信息管理员编制月度供应商信息变更改报告，附同更改申请表的编号记录表交由财务经理复核。检查实际更改情况和更改申请表是否一致，所有变更是否得到适当审批及编号记录表上签字否正确，在月度供应商信息变更改报告和编号记录表作为复核的证据。如发现任何异常情况，将进一步调查处理	是	是	抽取更改申请表，检查其是否已经复核	每月执行一次			是	支持

第六章 内部控制审计

续表

主要业务活动	控制目标	被审计单位的控制活动	了解内部控制的结果		控制测试程序					控制测试结果	
			控制活动对实现控制目标是否有效（是/否）	控制活动是否得到执行（是/否）	控制测试程序	执行控制的频率	所测试的项目数量	控制测试过程记录索引号		控制活动是否有效运行	控制测试结果是否支持风险评估结论
维护供应商档案	供应商档案变更均已于适当期间进行处理	采购信息管理员负责对更改申请表预先连续编配号码。财务经理复核对月度供应商更改信息报告，检查实际更改情况和更改申请表是否一致，所有变更是否得到适当批准，在月度供应商信息更改报告和编号记录表上签字作为复核的证据。如发现任何异常情况，将进一步调查处理	是	是	抽取更改申请表，检查其是否已经复核	每月执行一次				否	支持
	确保供应商档案数据及时更新	采购信息管理员每月复核供应商档案。对于两年内未与公司发生业务往来的供应商，采购员填写更改申请表，经采购经理审批后交采购信息管理员删除该供应商档案。每半年，采购经理复核供应商档案	是	是	抽取供应商档案，检查其是否已及时更新	不定期					

编制说明：

本审计工作底稿记录注册会计师对控制测试的执行情况，包括拟执行的控制测试具体程序、有关控制执行的频率、拟测试的样本数量及执行相关程序的工作底稿的索引。

3. 采购与付款业务循环控制测试过程记录

（1）询问程序。通过实施询问程序，被审计单位×××已确定下列事项，如表6-13所示。

表6-13 被审计单位确定事项

询问内容	询问对象	询问结果	执 行 人	相关底稿索引
本年度未发现任何特殊情况、错报和异常项目				
财务或采购部门的人员在未得到授权的情况下无法访问或修改系统内的数据				
本年度未发现公司制定的有关采购与付款控制活动未得到执行的情况				
本年度未发现有关采购与付款的控制活动发生变化				

（2）与采购材料有关的业务活动的控制测试（见表6-14）。

表6-14 与采购材料有关的业务活动的控制测试

主要业务活动	测试内容	测试项目1	测试项目2	测试项目3	测试项目4	测试项目5	……
采购	请购单编号#（日期）						
	请购内容						
	请购单是否得到适当的审批（是/否）						
	采购订单编号#（日期）						
记录应付账款	采购发票编号#（日期）						
	验收单编号#（日期）						
	采购发票所载内容与采购订单、验收单的内容是否相符（是/否）						
	发票上是否加盖"相符"章（是/否）						
	转账凭证编号#（日期）						
	是否记入应付账款贷方（是/否）						
付款	付款凭证编号#（日期）						
	付款凭证是否得到会计主管的适当审批（是/否）						
	有关支持性文件是否加盖"核销"章（是/否）						
	支票编号#/信用证编号#（日期）						
	收款人名称						
	支票/信用证是否已支付给恰当的供应商（是/否）						

(3)与费用有关的业务活动的控制测试(见表6-15)。

表6-15　与费用有关的业务活动的控制测试

主要业务活动	测试内容	测试项目1	测试项目2	测试项目3	测试项目4	测试项目5	……
请购	费用申请单编号#(日期)						
	申请内容						
	费用申请单是否得到适当审批(是/否)						
	供应商名称						
记录应付账款	发票编号#(日期)						
	发票是否得到适当审批(是/否)						
	费用申请单、发票与其他支持性文件所载内容是否相符(是/否)						
	发票上是否加盖"相符"章(是/否)						
	转账凭证编号#(日期)						
	是否记入应付账款贷方(是/否)						
付款	付款凭证编号#(日期)						
	付款凭证是否得到会计主管的适当审批(是/否)						
	有关支持性文件是否加盖"核销"章(是/否)						
	支票编号#/信用证编号#(日期)						
	收款人名称						
	支票/信用证是否已支付给恰当的供应商(是/否)						

(4)与比较采购信息报告和相关文件(请购单)是否相符有关的业务活动的控制测试(见表6-16)。

表6-16　与比较采购信息报告和相关文件(请购单)是否相符有关的业务活动的控制测试

序号	选择的采购信息报告期间	应付账款记账员是否已复核采购信息报告(是/否)	采购订单是否连续编号(是/否)	如有不符,是否已进行调查(是/否)	对不符事项是否已进行处理(是/否)
1					
2					
……					

(5)与应付账款调节表有关的业务活动的控制测试(见表6-17)。

表6-17　与应付账款调节表有关的业务活动的控制测试

序号	供应商名称	应付账款调节表号码#(日期)	是否与支持文件相符(是/否)	是否经过适当审批(是/否)	是否已调节应付账款(是/否)
1					

续表

序号	供应商名称	应付账款调节表号码#（日期）	是否与支持文件相符（是/否）	是否经过适当审批（是/否）	是否已调节应付账款（是/否）
2					
……					

（6）与供应商档案更改记录有关的业务活动的控制测试（见表6-18）。

表6-18 与供应商档案更改记录有关的业务活动的控制测试

序号	更改申请表	更改申请表是否经过适当审批（是/否）	是否包含在月度供应商信息更改报告中（是/否）	月度供应商信息更改报告是否经适当复核（是/否）	更改申请表号码是否包含在编号记录表中（是/否）	编号记录表是否经适当复核（是/否）
1						
2						
……						

（7）与供应商档案及时维护有关的业务活动的控制测试（见表6-19）。

表6-19 与供应商档案及时维护有关的业务活动的控制测试

序号	供应商名称	档案编号	最近一次与公司发生交易的时间	是否已按照规定对供应商档案进行维护（是/否）
1				
2				
……				

第四节 内部控制审计报告

一、审计报告的内容

内部控制审计报告是注册会计师执行内部控制审计工作的成果，通常应报告内部控制审计的对象、范围、公司及注册会计师各自的责任、审计意见及其他需披露的事项等内容。《企业内部控制审计指引》对审计报告的内容做了具体规定，标准内部控制审计报告应当包括下列要素：

- 标题。
- 收件人。
- 引言段。
- 企业对内部控制的责任段。
- 注册会计师的责任段。
- 内部控制固有局限性的说明段。

- 财务报告内部控制审计意见段。
- 非财务报告内部控制重大缺陷描述段。
- 注册会计师的签名和盖章。
- 会计师事务所的名称、地址及盖章。
- 报告日期。

二、审计报告的意见类型

内部控制审计报告的意见类型不同于财务报表审计报告的意见类型。内部控制审计报告的意见类型包括标准无保留意见、带强调事项段无保留意见、否定意见和无法表示意见、没有财务报表审计报告的保留意见等。对于按照内部控制各项规章、制度在所有重大方面保持了有效的内部控制，并且审计范围没有受到限制的，注册会计师应当出具标准无保留审计意见；对于财务报告内部控制虽不存在重大缺陷，但仍有一项或多项重大事项需要提请内部控制审计报告使用人注意的，注册会计师应当在内部控制审计报告中增加强调事项段予以说明；对于财务报告内部控制存在一项或多项重大缺陷的，除非审计范围受到限制，注册会计师应当对财务报告内部控制发表否定意见；对于审计范围受到限制的，注册会计师应解除业务约定或发表无法表示意见的审计报告，并详细载明已实施的审计程序中识别的内部控制重大缺陷。《内部控制审计指引》拟定了内部控制审计报告四种意见类型的报告参考格式，可供出具内部控制审计报告时参考。

本章小结

- 内部控制审计是指会计师事务所及其注册会计师接受委托，对特定基准日企业内部控制设计与运行的有效性进行审计。
- 公司层面控制的测试是自上而下的方法中的重要步骤，公司层面控制包括：与内部环境相关的控制；针对董事会经理层凌驾于控制之上的风险而设计的控制；企业的风险评估过程；对内部信息传递和财务报告流程的控制；对控制有效性的内部监督和评价。
- 企业内部控制审计以注册会计师对财务报告内部控制整体风险的了解开始，然后，将关注重点放在公司层面的控制上，并将工作逐渐下移至重要账户、列报及其相关认定。随后，确认其对被审计单位业务流程中风险的了解，并选择能足以应对评估的每个相关认定的重大错报风险的控制进行测试，并对测试出的内部控制缺陷进行评价认定，最后出具内部控制审计报告。
- 注册会计师在确定审计策略时，需要结合被审计单位业务流程复杂度、信息系统复杂度、系统生成交易数量、信息和复杂计算的数量、信息技术环境规模和复杂度五个方面，对信息技术审计范围进行适当考虑。
- 注册会计师应当评价其识别的各项控制缺陷的严重程度，以确定这些缺陷单独或组合起来是否构成内部控制的重大缺陷。

✦ 注册会计师在完成内部控制审计工作后,应当出具内部控制审计报告。注册会计师需要在审计报告中清楚地表达对内部控制有效性的意见,并对出具的审计报告负责。内部控制审计报告的意见类型包括为标准无保留意见、带强调事项段无保留意见、否定意见和无法表示意见、没有财务报表审计报告的保留意见等。

课后习题

1. 什么是内部控制审计?内部控制审计的实施主体是谁?
2. 内部控制审计与财务报告审计的关系是什么?
3. 财务报告内部控制审计包括哪些内容?
4. 什么是审计重要性?一般如何确定审计重要性?
5. 企业内部控制审计工作是如何开展和实施的?
6. 为识别重要账户、列报及其相关认定,注册会计师应当从哪些方面评价财务报表项目及附注的错报风险因素?
7. 内部控制审计报告应当包含哪些内容?
8. 注册会计师出具的内部控制审计意见有哪几种类型?

第七章

案 例

案例一：万科内部控制管理体系

【导读】

> 成立于1984年、于1988年进入房地产行业的万科，凭借其创新精神及专业开发优势，目前已发展成为中国最大的专业住宅开发企业之一，业务涉足全国66个大中城市，累计开发住宅超过147万套。它在国内房地产行业中最早实现千亿元销售额，并连续八年获得"中国最受尊敬企业"称号。那么，在万科取得的巨大商业成功背后，内部控制发挥了怎样的作用？万科的特色内部控制对我们又有哪些启示呢？

万科取得的卓越成就

- 2008年7月，在英国《金融时报》公布的2008年全球市值500大企业排行榜（FT Global 500）中，万科首次进入该榜单，也是其中唯一一家中国大陆房地产企业。
- 2009年3月，万科因在探索工业化与城市低收入住宅方面的成绩入选2009年3月出版的《财富》（中文版）"十大绿色公司"名单。
- 2010年12月1日，万科销售额突破1 000亿元，提前实现了2004年制定的千亿目标，成为国内首家年销售额超过千亿元的房地产公司。
- 2013年3月，全球三大评级机构标普、穆迪和惠誉分别给予万科"BBB+""Baa2"和"BBB+"的长期企业信用评级，展望稳定，为当时中国房地产企业获得的最高国际信用评级。
- 2016年7月20日，《财富》"世界500强"企业排行榜出炉，万科凭借2015年度1 843.18亿元（293.29亿美元）的营收首次跻身《财富》"世界500强"，位列榜单第356位。
- 2017年7月20日，《财富》"世界500强"企业排行榜出炉，万科继续跻身《财富》"世界500强"，位列榜单第307位。

万科财务指标与行业对比

- 从近五年营业收入和归属于母公司净利润这两个指标来看（见表7-1、表7-2及图7-1、图7-2），万科基本都处于房地产行业整体水平之上，尤其是2014年和2015

年的行业调整期，房地产销售普遍低迷，2014年行业利润甚至出现负增长，但万科仍保持双增长态势，并在2015年率先跳出行业低迷，实现营业收入与利润的大幅增长。

表7-1 近五年万科与房地产行业营业收入及增长率对比

年　份	2012	2013	2014	2015	2016
万科营业收入（亿元）	1 031.16	1 354.19	1 463.88	1 955.49	2 404.77
万科营业收入增长率（%）	43.65	31.33	8.1	33.58	22.98
房地产行业营业收入（亿元）	5 467.50	7 023.77	8 205.44	12 182.99	15 858.31
房地产行业营业收入增长率（%）	27.24	27.89	13.48	5.29	28.42

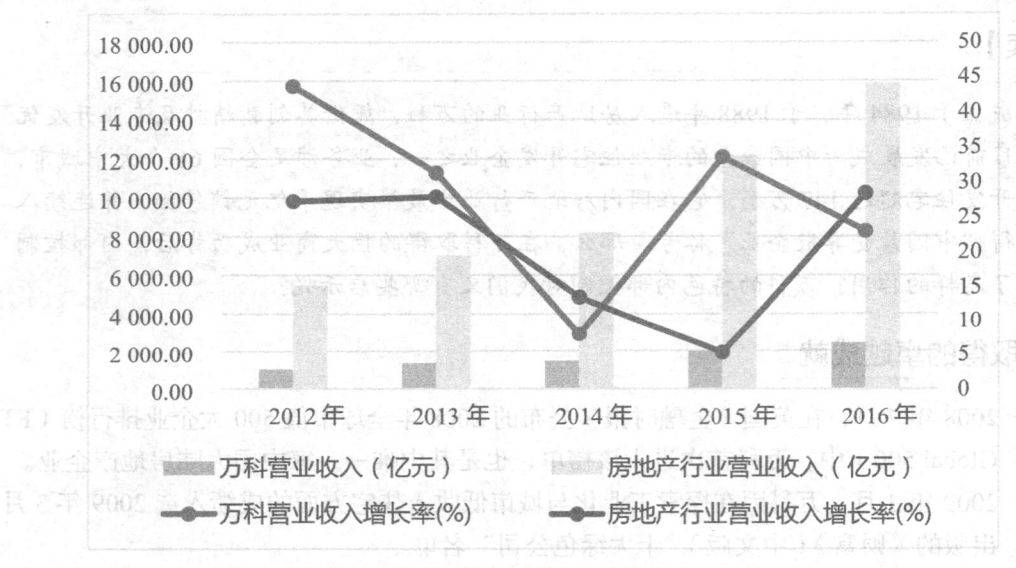

图7-1 近五年万科与房地产行业营业收入对比

表7-2 近五年万科与房地产行业归属母公司净利润及增长率对比

年　份	2012	2013	2014	2015	2016
万科归属母公司净利润（亿元）	125.51	151.19	157.45	181.19	210.23
万科归属母公司净利润同比增长率（%）	30.4	20.46	4.15	15.08	16.02
房地产行业归属母公司净利润（亿元）	721.12	832.83	854.01	1 002.08	1 419.06
房地产行业归属母公司净利润同比增长率（%）	15.13	15.61	−0.58	3.92	37.81

从近五年存货周转率来看，将持续优化存货周转率视为公司长期关注经营目标的万科更始终处于房地产行业整体水平之上，而且存货周转天数保持逐年缩短的趋势（见表7-3、图7-3）。

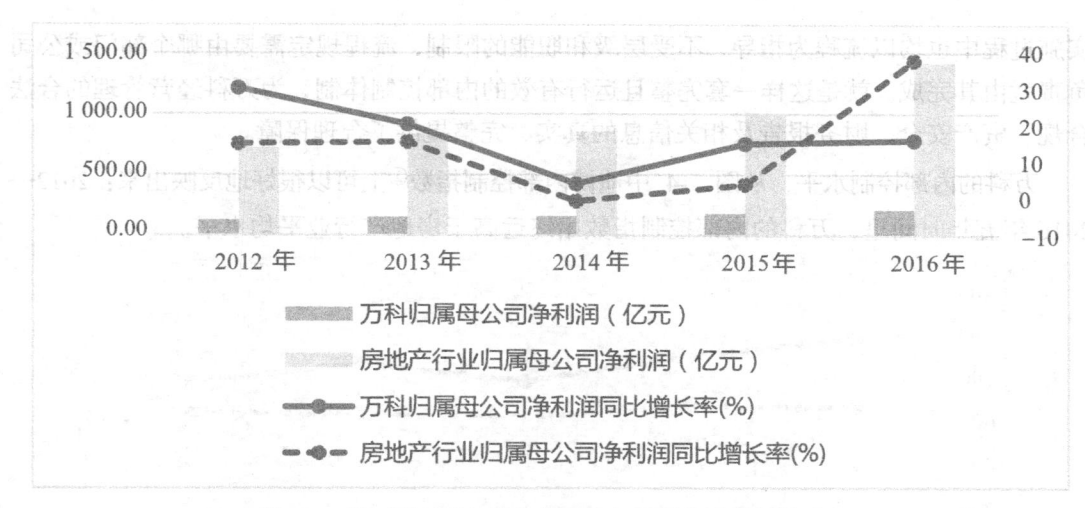

图 7-2　近五年万科与房地产行业归属母公司净利润对比

表 7-3　近五年万科与房地产行业存货周转率

年　份	2012	2013	2014	2015	2016
万科存货周转率（次）	0.28	0.32	0.32	0.4	0.41
房地产行业存货周转率（次）	0.25	0.28	0.27	0.33	0.35

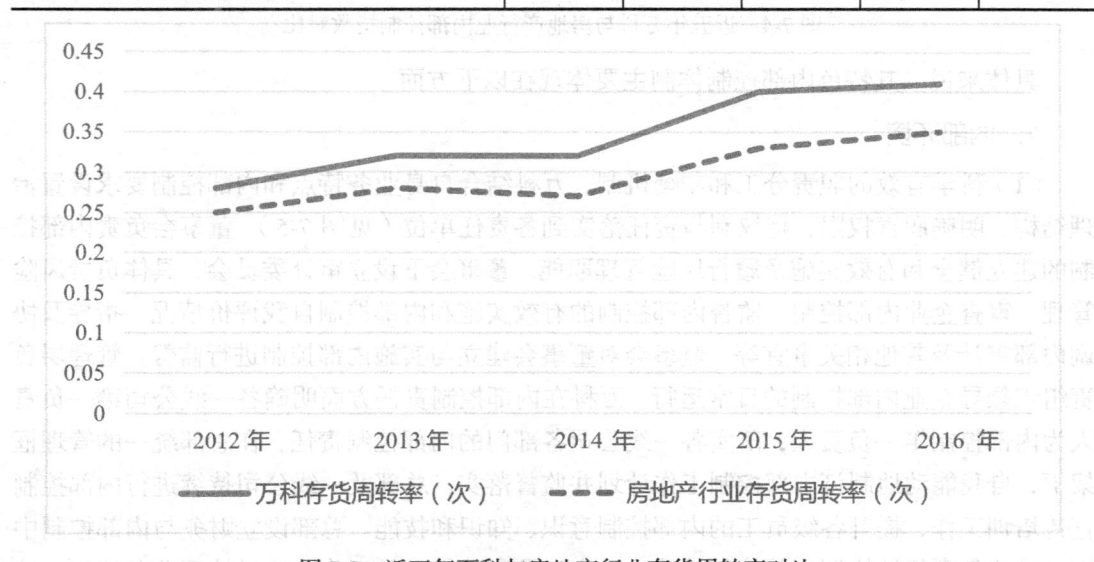

图 7-3　近五年万科与房地产行业存货周转率对比

万科特色内部控制体制

万科从公司层面到各业务流程层面均建立了系统的内部控制及必要的内部监督机制。规范化、流程化是其内部管理的主要特色：万科的内部网站上有一个制度规范库，其制度主要是工作指引型的，告诉员工遇见各种状况应该如何操作，而无须层层请示。而每项制度首页就是流程图，从合同审批到项目决策，员工均可按照流程执行，非常明晰。在工作实施过程中也均以流程为指导，不受层级和职能的限制，流程规定需要由哪个部门或公司负责就由其完成。就是这样一套完整且运行有效的内部控制体制，为万科经营管理的合法合规、资产安全、财务报告及相关信息的真实、完整提供了合理保障。

万科的内部控制水平，从图 7-4 中迪博内部控制指数[①]上可以很好地反映出来：2012—2016 年五年时间里，万科的内部控制指数始终远高于房地产行业平均水平。

数据来源：迪博数据资讯（http://www.dibdata.cn）。

图 7-4　近五年万科与房地产行业内部控制指数对比

具体来说，其特色内部控制体制主要体现在以下方面。

1. 内部环境

（1）科学有效的职责分工和制衡机制。万科结合自身业务特点和内部控制要求设置治理结构，明确职责权限，将权利与责任落实到各责任单位（见图 7-5）。董事会负责内部控制的建立健全和有效实施及履行风险管理职能。董事会下设立审计委员会，具体负责风险管理，审查企业内部控制，监督内部控制的有效实施和内部控制自我评价情况，指导及协调内部审计及其他相关事宜等。监事会对董事会建立与实施内部控制进行监督。管理层负责组织领导企业内部控制的日常运行。万科在内部控制责任方面明确各一线公司第一负责人为内部控制第一负责人，落实各一线公司各部门的内部控制责任，在总部统一的管理框架下，自我能动地制订内部控制工作计划并监督落实。总部及一线公司持续进行内部控制宣传培训工作，提升各级员工的内部控制意识、知识和技能。总部设立财务与内部控制中心，具体负责组织协调内部控制的建立、实施及完善等日常工作，通过梳理业务流程、编

[①] 迪博内部控制指数源于 2010 年财政部立项批准的国家重点会计科研课题"中国上市公司内部控制指数研究"，同时也是国家自然科学基金重点项目"基于中国情境的企业内部控制有效性研究"的研究成果，是首个反映中国上市公司内部控制与风险管理控制能力的指数体系。该指数围绕上市公司合法合规、报告、资产安全、经营、战略五大目标的实现程度进行设计，将内部控制缺陷作为修正变量，形成由基础层级、经营层级、战略层级和修正指数构成的量化体系，对 2000 年以来上市公司历年的内部控制水平进行有效衡量。

制内部控制评估表、内部控制调查表、调查问卷、专项研讨会等，组织总部、各一线公司、各业务部门进行自我评估及定期检查，推进内部控制体系的建立健全。总部各专业部门及各一线公司均设有内部控制专员等相关内部控制管理岗位，负责本单位内部控制的日常管理工作。总部财务与内部控制中心下设二级部门财务共享中心，负责总部及各一线公司款项支付审核与核算。财务共享中心通过统一的系统平台、规范的业务流程、标准的作业程序，促进集团财务核算规范化水平的提升。万科集团公司治理结构如图7-5所示。

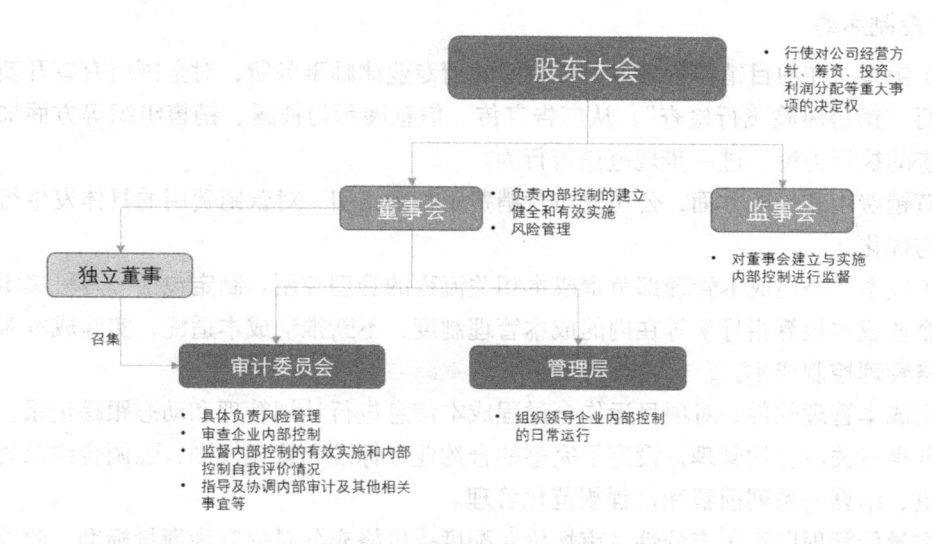

图7-5 万科集团公司治理结构

（2）可持续发展的人力资源政策。万科始终将职业道德和专业能力作为选拔和聘用员工的重要标准，并且为进一步完善万科职业道德风险防范体系，设立了"万科阳光网"作为举报职务舞弊的专门网站，用于宣传万科的反舞弊政策，收集各类举报信息，预防和发现职务舞弊。同时建立并完善了员工奖惩信息管理系统，严重违法违纪行为可通过集团外部网站进行查询。

（3）充满人文关怀的企业文化。万科秉承"创造健康丰盛的人生"的核心价值观，倡导"客户是我们永远的伙伴""人才是万科的资本""阳光照亮的体制"及"持续的增长和领跑"等价值理念，专注于为客户提供优质的生活空间和服务，充分尊重人才，追求开放透明的体制和公平的回报，积极促进公司业绩的持续增长和市场地位的提升，推动公司向绿色企业转型，在投资者、客户、员工等各方面，实现产品和服务的共同发展。

万科还积极建设事业合伙人文化，倡导"共创、共担、共享"的文化。公司高度重视企业文化的宣传和推广，每年组织全公司范围内的"目标与行动"专题活动，由公司管理层进行公司目标和价值观的宣讲。在任用和选拔优秀人才时，把持续培养专业化、富有激情和创造力的职业经理人队伍作为公司发展的一项重要使命。

2. 风险评估

为促进公司持续、健康、稳定发展，实现经营目标，万科根据既定的发展策略，结合不同发展阶段和业务拓展情况，全面、系统、持续地收集相关信息，及时进行风险评估，动态进行风险识别和风险分析，并相应调整风险应对策略。万科还在董事会下设立风险管理工作委员会，由总部、事业部/区域、一线公司相关部门负责对经济形势、产业政策、市场竞争、资源供给等外部风险因素及财务状况、资金状况、资产管理、运营管理等内部风险因素进行收集、研究，并采用定量及定性相结合的方法进行风险识别及评估，为管理层制定风险应对策略提供依据。

3. 控制活动

（1）销售。在项目销售管理方面，集团聘请专业律师事务所，对全国所有首开新项目统一进行"销售风险飞行检查"，从广告宣传、信息展示与披露、销售组织等方面加强对一线检查的执行力度，进一步规范销售行为。

在营销费用和采购方面，公司发布营销费用管理指引，对营销费用的具体发生行为进行规范与优化。

（2）成本。公司成本管理部负责成本相关流程的管理控制。制定包括《万科集团房地产开发企业成本核算指导》等在内的成本管理制度，不断推动成本适配，实施成本对标管理，严格管理控制成本。

使用成本管理软件，对项目运作全过程成本信息进行计划管理和动态跟踪记录。成本现场业务重点关注合约管理，设定了完整的合约业务标准和管理规则，强调合约策划、招标、变更、结算一系列前置和过程规范化管理。

成本量价管理以竞争充分性、市场价匹配度、价格充分对标等为衡量标准。此外，各公司财务部和成本部通过定期的成本清查、成本核对工作，保障子公司动态成本数据准确性，总部与区域通过开展成本检查等工作对子公司成本信息反映的及时性和准确性进行监督。

（3）资金。公司的融资与结算业务由总部统一管理。制定包括《万科集团资金管理制度》《万科集团资金业务操作细则》等在内的制度，明确公司资金管理、结算要求，加强资金业务管理和控制，从而降低资金使用成本并保证资金安全。各子公司银行账户开销户均需由资金中心审批确认；所有对外融资也由资金中心统一安排，经各级负责人审批后方可进行；付款方面，公司主要经营付款由资金中心统一结算。同时，资金中心通过定期编制月度动态资金计划、年度资金计划以加强资金管理的计划性，并对子公司的资金计划完成情况进行跟踪，及时调整资金安排。

（4）采购。公司建筑研究与工程采购中心负责采购业务的管理控制。制定包括《工程采购管理办法》《工程采购实施细则》《供应商管理细则》等在内的工程采购管理制度，以规范采购业务操作。

为进一步提升采购透明度，万科集团内网建立了采购公示平台；每次采购均严格进行资质预审、经济标和技术标评审，在公平、公正、充分竞争的基础上择优选择供应商，以保证质量、服务和性价比的合理性；通过建立采购事件合伙人的方式进一步完善集中采购机制，整合内部需求和外部资源，扩大集中采购的范围，最大限度发挥采购规模优势，实现规模效益;为进一步把控材料质量,建立了从采购技术标准制定到招标采购再到质量飞行检查的新常态化采购质量管理体系。集团各子公司均使用采购平台进行采购业务和供应商管理,将工程质量综合评估、质量飞行检查、客户维修与供应商评估、分级挂钩,并对外发布万科合格供应商名录。

(5)重大投资。公司事业发展部负责管理控制投资业务,制定包括《万科集团新项目发展制度》《万科集团投融资管理办法》等在内的投资管理制度,定期发布投资策略指引,并使用新项目决策平台对新项目投资进行管理。万科始终坚持"精挑细选、坚持投资主流市场"的策略,重点考虑价格的合理性和风险的可控性,严格评估项目收益的可行性,通过严格的分级授权审批程序对新项目投资实施全程监控,确保新项目获取安全、合法、审慎、有效,并建立项目跟投制度,员工将同步跟投公司所获取的新项目。集团总部把握投资战略和原则,统筹资源配置及风险管理控制,主导新进入城市、非传统住宅业务的投资决策;区域本部在集团投资额度管理办法及投资管理制度引导下,负责本区域各一线公司普通新项目的投资决策,所决策新项目经总部相关专业部门联合评审后,报由公司管理层组成的集团投资决策委员会在董事会授权范围内进行决策备案;项目投资金额超过公司董事会对公司授权的,需在报董事会决议通过后方可实施。

(6)对子公司的管理。万科构建了总部、事业部/区域、一线公司的多层级架构体系。在多层级架构体系下,总部对区域本部和子公司的授权和职责划分坚持职责分离原则;总部各专业部门统一制定相关制度,对一线公司进行专业指导;并通过内部审计、专业检查、监事巡查等手段,检查、监督公司各层级职责的有效履行。

① 公司对子公司的设立、转让、注销等业务实施控制,制定了包括《万科集团法人事项管理办法》在内的一系列管理制度,建立法人信息系统平台,实现信息化管理,规范各项股权变更业务的控制流程。对于超过公司董事会授权范围的子公司设立、对外转让股权、子公司注销清算等业务,除履行公司内部审批程序外,还需报公司董事会审议通过后方可加以实施;对于董事会授权公司管理层决策的法人事项则在管理层履行决策后,报董事会备案。

② 在重大事项报告与审议方面,公司建立了统一规范的报告渠道和方式,制定了《万科集团信息管理办法》,建立各类定期、不定期专题办公会议制度,以及时把握集团的整体经营状况,决策重大经营管理事项。子公司定期向总部上报各类经营信息,对临时重大事项,即时向区域或总部相关职能部门专项报告。

③ 在财务核算管理方面,各子公司执行统一的会计政策,总部财务与内部控制中心制定并修订了《万科集团会计管理及核算规范》《万科集团内部往来、内部交易核算规范》等一系列财务核算管理制度,指导子公司的财务核算工作。财务报告期末,各子公司须按照总部财务与内部控制中心发布的结算通知要求报送各项财务报表及管理报表,每季度末由总部财务与内部控制中心对各子公司的核算质量进行考核与评价。

④ 在日常经营管理方面,公司相关部门制定了《万科集团地产系统奖励制度》《地产公司计息负债率管理办法》《地产公司内部融资管理办法》等,分别从激励考核、资本与负债管理、新项目投资资金管理、内外部融资管理等方面规范子公司资本投资、融资及运

营管理等经营行为，以保证集团经营导向的贯彻落实。

⑤ 对于新并购的子公司，公司积极加强业务整合，通过应用集团统一的内部信息系统平台，实现信息及时沟通及传递。与此同时，公司还通过企业文化宣讲、内部培训、内部交流等方式，促进企业融合进程。

4. 信息与沟通

万科制定了包括《万科集团信息管理办法》《万科集团信息保密制度》等在内的各项制度，规范公司经营管理信息传递活动。在日常经营过程中，万科建立了定期与不定期的业务与管理快报、专项报告等信息沟通制度，便于全面、及时了解公司经营管理信息。

同时，万科还致力于信息安全管理体系建设，制定了一系列信息安全方针、策略和制度，以保护公司信息资产安全。通过持续运用信息化手段、优化信息流程、整合信息系统，不断提高管理决策及运营效力。变革管理与流程信息中心作为信息化工作的执行及管理机构，负责公司财务系统、业务运营系统和办公管理系统的规划、开发与管理，组织公司各类信息系统的开发与维护，在全公司范围内提供信息系统共享服务。

在与客户、合作伙伴、投资者和员工关系方面，万科也建立起较完整、透明的沟通渠道，在完善沟通的同时，也使其发挥了对公司管理的监督作用。对客户，公司本着"与客户一起成长，让万科在投诉中完美"的客户理念，设立了覆盖总部、地产、物业及网络方式的多种投诉沟通渠道，与客户进行良性互动；对投资者，公司除了通过法定信息披露渠道发布公司信息外，还允许投资者通过电话、电子邮件、访问公司网站、直接到访公司、参与公司组织的网络路演和见面会等方式了解公司信息，公司建立网络辅助系统及时响应投资者的各类需求，保证投资者及时了解公司的经营动态；对员工，设立多条内部沟通渠道，保证沟通顺畅有效；对合作伙伴，倡导合作、共生、共赢，保持良好的合作关系。

万科统一要求签订阳光合作协议，表明万科价值观和对员工的廉洁要求，明确举报渠道。各子公司重大节日主动向合作伙伴发出廉洁提示，维护与合作伙伴的健康商业合作关系。

5. 内部监督

万科已经建立起涵盖总部、事业部/区域、一线公司多层级的监督检查体系，通过常规审计、专项调查及聘请第三方检查等多种形式对各业务领域的控制执行情况进行评估和督查。同时设立了专门负责受理违反职业道德行为的专业反舞弊网站万科阳光网（http://5198.vanke.com），并对外公示，提供多种举报渠道，鼓励实名举报，实行查实有奖政策。

公司监察审计部负责内部监察及内部审计工作，通过开展综合审计、专项审计或专项调查等业务，评价内部控制设计和执行的效率与效果，对公司内部控制设计及运行的有效性进行监督检查，促进集团内部控制工作质量的持续改善与提高。对在审计或调查中发现的内部控制缺陷，依据问题严重程度向监事会、审计委员会或管理层报告，并督促相关部门采取积极措施予以整改。

监事会建立了对各子公司的巡查机制，通过现场走访、员工约谈等方式，共同促进内部控制管理水平提高。

针对内部管理风险,万科提出了"实质内部控制"的内部控制管理模式,关注内部控制的建设,强调对风险的实质性消除或降低,避免内部控制缺陷的重复发生。

案例小结

随着经济体制改革的逐步深入、市场经济的进一步发展和资金投资渠道的多元化趋势,建立健全有效的内部控制机制显得尤为重要。它不仅能保证企业会计信息的真实正确,财务收支的有效合法,财产物资的安全完整,而且能保证企业经营活动的效率、效果及企业经营决策和国家法律法规的贯彻执行。由此可见,企业健全有效的内部控制是规避风险的有力保证。而万科正是因为建立了这样一套与企业发展相适应的内部控制体制并严格实施,才一步步在国内外经济洪流中站稳脚跟,并在房地产行业中独占鳌头。

案例二:超日太阳的陨落

导读

> 2010年年底,上海超日太阳能科技股份有限公司(以下简称"超日太阳")成功在深圳证券交易所挂牌上市,成为中小板第一光伏企业,并被投资机构冠以"崛起的光伏产业新星""光伏产业新力军""高成长光伏企业"等美称。然而好景不长,2011年起,公司开始债台高筑,陷入亏损旋涡。2014年3月7日,因流动性危机未化解,无法全额支付公司债券到期利息,"11 超日债"成为国内首例违约债券。此外,由于超日太阳2011—2013年连续三个会计年度净利润为负值,公司股票已于2014年5月28日起暂停上市,"11 超日债"自2014年5月30日起终止上市。超日太阳的连年亏损,除受到光伏行业萧条等宏观因素影响外,很大程度上是公司缺乏行之有效的内部控制导致的。2013年度超日太阳内部控制评价与内部控制审计意见双双"非标",因在销售业务控制、投资管理控制、财务报告控制、部分重要事项决策程序及信息披露控制等方面存在重大缺陷,超日太阳内部控制评价意见为整体无效,内部控制审计报告被出具否定意见。此外,因公司持续经营能力存在重大不确定性,2013年度超日太阳被审计机构出具无法表示意见的财务报表审计报告。

"11 超日债"违约的背后

"11 超日债"违约打破了中国债券市场零违约的神话,成为国内债券市场首单公募债券违约事件。从上市之初的百亿身家到现在的资不抵债,超日太阳仅用了三年的时间。这一中国债市首单付息违约事件,既与光伏行业产能过剩的大环境有关,也是公司无序扩张、内部控制失效结出的苦果。

- 外部原因——光伏行业产能过剩

成也光伏,败也光伏。在经历了2004—2010年光伏行业快速发展期后,产业无序扩张导致行业供需失衡、产能过剩的弊端开始凸显，过多的产能积压终于在 2011 年爆发，中国光伏行业步入"寒冬"。

祸不单行，2011 年下半年，欧债危机加剧并迅速扩散至欧元区核心国家。欧债危机的爆发，一方面导致欧元贬值，使得作为上游原材料供应商的中国光伏企业外汇损失严重；另一方面也使得欧洲各国政府纷纷下调太阳能补贴，以欧洲为主战场的中国光伏企业面临市场需求萎缩，利润下滑。与此同时，国际贸易主义抬头，美国于 2011 年年底开始对中国光伏企业开展反倾销和反补贴调查，欧盟也于 2012 年对中国光伏企业展开反倾销调查。在诸多外部不利因素的影响之下，超日太阳陷入经营困境，2011 年起公司开始连年亏损。

（一）直接原因——过度融资

1. 融资模式

2010 年 11 月，超日太阳登陆中小板，以每股 36 元的发行价募集资金 23.76 亿元；2012 年 3 月，超日太阳通过发行公司债券，募集资金 10 亿元。除了股权融资和债券融资，超日太阳第一大股东倪开禄、第二大股东倪娜还通过信托融资，将所持股权几乎全部质押。截至 2013 年 12 月 31 日，倪开禄所持股权的 99.9%都用于质押融资，而倪娜[①]名下的股权也全部质押，连大股东苏维利、张剑的股权也被质押给信托公司用于申请贷款。通过信托融资，超日太阳获得约 8 亿元融资额。除此之外，超日太阳还大举向银行借款，截至 2013 年 12 月 31 日，超日太阳银行短期借款约 13.80 亿元，长期借款 8.68 亿元。股权融资、债券融资、信托融资、银行借贷，上市短短三年多的时间里，倪开禄和其控制下的超日太阳几乎用遍了所有的融资模式，通过各种渠道累计对外融资超 60 亿元。手握巨额融资款，却走向巨亏泥潭，超日太阳的钱都去哪里了？

2. 资金去向

2011 年起，超日太阳开始加快对外投资步伐，进行全新的产业链布局，由中游的组件生产向上游硅料和下游电站领域延伸。其中，海外电站是超日太阳进行产业链转型升级的重中之重。为此，超日太阳特意投资设立了香港超日太阳能科技股份有限公司，用以开拓海外太阳能市场及投资海外太阳能电站项目。2011 年，超日太阳投资建设了 44 家境外全资或控股项目公司，对境外投资公司实际出资额累计高达 4.95 亿元。

在投资设立海外电站的同时，超日太阳还开拓式地创立了"海外电站直销模式"，通过与境外合作方共同投资设立光伏电站，并要求合作方采购该电站规模所需的组件，待电站项目取得贷款或股权转让后再收回组件销售回款的方式应对光伏行业不景气带来的组件销量下滑困境。

此外，超日太阳还对外提供了巨额担保。2011 年，超日太阳累计为境外投资公司及投建电站提供共计 46 亿元人民币的银行贷款担保额度。截至 2013 年 12 月 31 日，超日太阳累计对外担保额高达 13.88 亿元，并且已有部分逾期未履行的担保事项进入法律程序，超日太阳为此需承担连带清偿责任。

---

① 倪开禄、倪娜为父女关系，倪娜是超日太阳实际控制人倪开禄的一致行动人。

在大肆对外投资和担保的同时，超日太阳股票上市时承诺的几大募投项目却纷纷亏损。"年产50MW单晶硅太阳能电池片项目（从硅片到电池片）"中切片环节的建设计划被取消，"年产2 000吨多晶硅项目"处于完全停工状态，另有部分募投资金被变更为永久补充流动资金。截至2013年12月31日，超日太阳股权融资募集所得的22.87亿元资金净额仅剩6.10万元，公司通过债权融资所得的资金净额也已全部使用完毕，其中，4亿元用于偿还银行贷款，5.85亿元用于补充流动资金。

3. 无度融资的后果

（1）应收账款黑洞。融资无度使得超日太阳应收账款规模迅速增长且居高不下。2010年上市之初，超日太阳的应收账款总额为6.50亿元，然而，2011年，公司应收账款规模迅速上升到22.11亿元，较2010年同比增长240.16%；2012年，公司应收账款额仍高达21.40亿元；2013年，公司应收账款额为14.74亿元，略有下降也是计提坏账准备大幅增加所致。

应收账款的突飞猛涨，很大程度上受公司海外电站建设及"海外电站直销模式"的影响。截至2013年12月31日，超日太阳前五大客户均为海外客户，前五大客户应收账款额占应收账款总额的比例已高达78.28%。与此同时，因海外应收账款规模大、回收周期长，海外应收账款面临着巨大的坏账风险。2011年，超日太阳对海外客户应收账款余额为165 208.15万元，已计提坏账准备16 847.10万元；2012年，公司对海外客户应收账款239 650万元，已计提坏账准备48 619万元；2013年，公司应收包括Solarprojekte GmbH Andreas Damm在内的38户客户款项总额238 597万元，已计提坏账准备92 522万元。截至2013年年末，这些应收款项多数已逾期，公司2013年仅收回11 525万元。

（2）贷款逾期。过度的融资还使得超日太阳的银行借款尤其短期借款迅速增加。截至2011年年末，超日太阳短期借款总额达22.08亿元，较2010年同期增长了105.27%。超日太阳流动性危机令多家银行贷款陷入泥沼。从2012年开始，公司的银行贷款开始陆续出现逾期情况。截至2013年年报出具日，超日太阳累计有14.75亿元银行贷款，共涉及12家银行，其中有13.25亿元银行贷款逾期，涉及11家银行。

另外，根据11超日债募集说明书，广发银行上海分行和中信银行苏州分行与超日太阳就"11超日债"签订共计8亿元的专项偿债流动资金支持协议，以在公司债券付息和本金兑付发生临时资金流动性不足时，分别给予3亿元和5亿元的流动性支持贷款额度。然而，两家银行均认为超日太阳的财务问题是长期性亏损而非流动性资金短缺，拒绝执行支持协议，导致超日债利息兑付失去保障。与此同时，多家银行对超日太阳的紧急抽贷则成了压垮超日的最后一根稻草。

（3）巨额诉讼。因到期债务未能如期偿还，超日太阳面临着债权人大量的法律诉讼。2012年起，超日太阳陆续被债权人起诉。截至2013年年报出具日，超日太阳被诉案件达114宗，总涉案金额约为23.76亿元。其中，截至2013年12月31日，超日太阳及其子公司因未能偿还逾期贷款，被中国农业银行奉贤支行等15家金融机构起诉，上述涉诉事项均已判决超日太阳败诉或已经调解，涉诉金额共计133 227.03万元，尚未偿还贷款本金共计 116 712.84 万元，利息 5 223.69 万元；此外，2013 年，因买卖合同纠纷，超日太阳及子公司被东方日升新能源股份有限公司等 78 家供货商或其他单位起诉，该等涉诉事项也均判决超日太阳败诉，诉讼涉及的金额共计 6 888 259 万元，尚未偿还欠款共计 64 389.14 万元，违约金 3 608.95 万元，利息 3 176.84 万元。

（4）破产重整。2014 年 4 月 3 日，超日太阳债权人上海毅华金属材料有限公司以其无法清偿到期债务，且资产不足以清偿全部债务、明显缺乏清偿能力为由，向上海市第一中级人民法院提出对超日太阳进行破产重整的申请。受债券违约、涉诉案件及被债权人申请破产重整等事件影响，超日太阳客户认为公司持续经营能力受限，公司的计划订单被取消，超日太阳上海总部生产线也已全部停产。2014 年 6 月 26 日，上海市第一中级人民法院做出《民事裁定书》及《决定书》，裁定受理上海毅华金属材料有限公司对超日公司的重整申请。

（二）根本原因——内部控制失效

1. 投资管理存在缺陷

2011 年，在光伏行业整体进入低迷状态、欧债危机加剧等情形下，超日太阳背道而驰，加剧对外扩张，导致投资规模过大，投、筹资现金流无法在时间和规模上保持一致，引发流动性危机，公司的投资管理尤其对海外电站的投资管理在内部控制上存在严重欠缺。此外，公司重大投资决策也未按规定履行相应的审批程序，如 2011 年超日太阳通过与合作方共同开发海外电站项目，对海外投资公司实际出资额达 4.95 亿元。上述海外投资项目既未按规定履行审议程序，也未履行及时信息披露义务。

此外，因海外投资管理不善，公司大笔海外应收账款不断增加。巨额海外应收款长期无法回收，导致公司应收账款坏账风险不断增加，对运营资金造成了巨大的影响，也在一定程度上反映出超日太阳在应收账款回收管理上存在的不足。

2. 财务报告内部控制存在漏洞

（1）业绩大变脸。2011—2013 年，超日太阳累计修正经营业绩达 10 次，成为当之无愧的"变脸王"。其中，超日太阳四次修正 2011 年度经营业绩预告，由最初预计的盈利，同比增长 50%~70%到盈利且同比下降 35%~65%，再到最终实际亏损 5 478.88 万元，同比下降 124.85%，预计的 2011 年度净利润与经审计的净利润之间的差异可谓重大，公司也因此受到深圳证券交易所的通报批评。然而超日太阳对此并未引起足够的重视，2012 年、2013 年仍频频修正经营业绩，超日太阳财务报告内部控制漏洞可见一斑。

（2）重大前期会计差错更正。除了业绩频繁变更外，超日太阳还连续两次更正重大前期会计差错，对 2011 年、2012 年度财务报表进行了追溯调整。其中，对 2011 年财务报表的追溯调整，直接将超日太阳 2011 年度归属于上市公司股东的净利润由亏损 5 478.88 万元变更为亏损 11 029.77 万元，调整后公司 2011 年度经营业绩亏损额较调整前翻倍增长；对公司 2012 年度财务报表进行调整，使得公司负债总额由 637 941.57 万元变更为 662 769.04 万元。

（3）内部控制问题频受罚。自上市以来，因公司内部控制信息披露、对外投资、关联担保、募集资金使用等方面存在缺陷，超日太阳累计五次受到监管部门的通报批评处分、行政监管等处罚，并遭到中国证监会的立案调查。此外，因公司公告信息披露不详细、公司持续经营能力存疑，超日太阳还两度收到深圳证券交易所出具的问询函。

2010—2013年主要财务数据

上市融资本可以改善企业的资本结构和现金流，然而，上市却成了超日太阳流动性恶化的魔咒。从2011年起，超日太阳流动性危机不断加剧。截至2014年3月31日，超日太阳公司账面资产总额为35.17亿元，负债合计为43.01亿元，所有者权益合计为−7.83亿元。因公司已资不抵债，无法按期偿还债务，债权人提出对超日太阳进行破产重整申请并被上海市第一中级人民法院受理。

1. 现金流量

2010年上市以来，因产能扩张、投资规模过大，超日太阳后续经营开支不断上升。与此同时，公司主营业务不断亏损，非但不能通过主营业务补充流动性，反而加剧现金消耗，直接导致最终公司的现金流断裂（见表7-4）。

表7-4　2010—2013年超日太阳现金流量净额　　　（单位：万元）

年　份	经营活动产生的现金流量净额	投资活动产生的现金流量净额	筹资活动产生的现金流量净额	现金及现金等价物净增加额
2010	−45 966.09	−21 281.86	310 072.62	242 824.68
2011	−98 753.11	−202 671.75	107 405.97	−194 018.89
2012	−9 102.26	−166 100.89	135 337.16	−39 865.99
2013	15 010.02	1 619.06	−22 576.66	−5 946.46

2. 资产负债

自上市以来，超日太阳负债规模不断增加，同时资产规模总体呈下滑趋势，公司资产负债率直线上升。截至2013年年末，公司资产总额为626 970.91万元，负债总额为654 781.13万元，资产负债率高达104.44%，公司已陷入资不抵债困境，资产质量严重下滑（见图7-6）。

3. 利润水平

自2010年上市以来，超日太阳营业收入逐年下降。2011年，超日太阳上市后首度亏损，2012年公司亏损额度进一步扩大（见图7-7）。因2011—2013年连续三个会计年度公司经营持续亏损，超日太阳公司股票已于2014年5月28日起暂停上市，"11超日债"自2014年5月30日起终止上市。

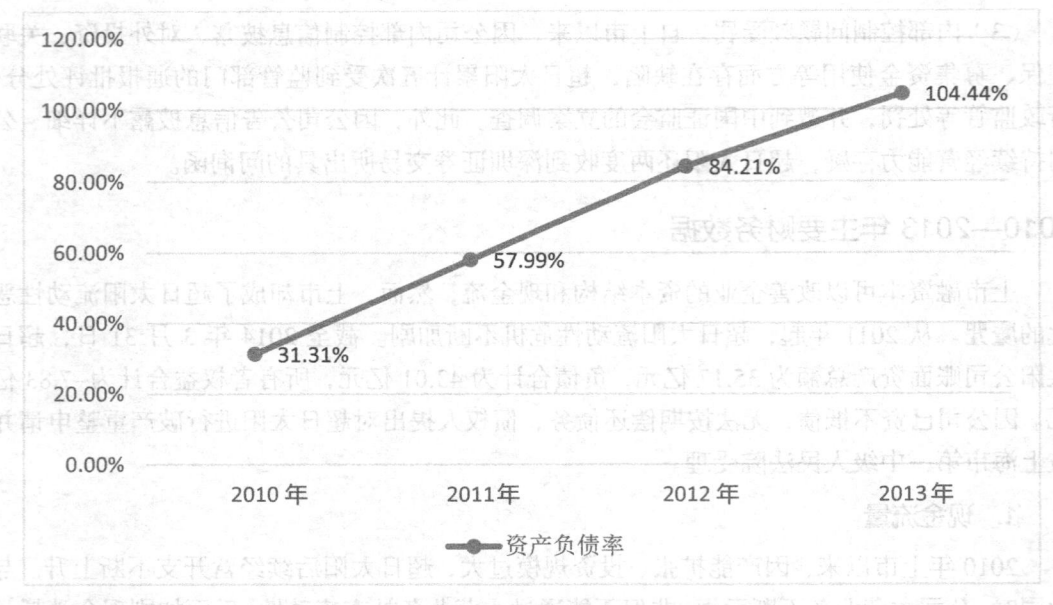

图 7-6　2010—2013 年超日太阳资产负债率变化趋势

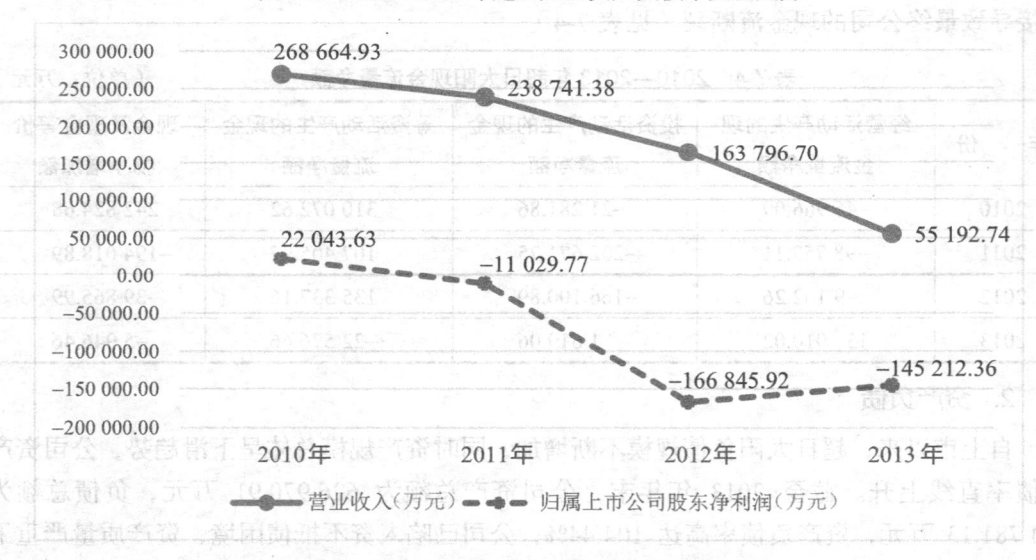

图 7-7　2010—2013 年超日太阳营业收入和净利润变化趋势

4. 财务报表审计情况

2010 年，天健会计师事务所对超日太阳财务报表出具了标准无保留的审计意见，2011—2013 年，超日太阳财务报表审计意见均为非标意见。其中，2011 年、2012 年，因未能提供适当的审计条件，外部审计机构对超日太阳出具了保留意见财务报表审计意见；2013 年，因超日太阳持续经营能力存在重大不确定性，大信会计师事务所对公司出具了无法表示意见的财务报表审计意见。

内部控制信息披露

1. 内部控制评价报告

2010—2013年,超日太阳披露了内部控制评价报告,其中2010—2012年内部控制自我评价的结论均为有效,公司2013年内部控制自我评价报告结论为无效。

2010—2013年,超日太阳内部控制评价报告均有披露内部控制缺陷。除2013年外,其余年度披露的内部控制缺陷均为一般缺陷。其中,公司销售管理、境外电站投资管理、信息披露、对外担保等内部控制缺陷在2010—2013年评价报告中多次出现,也从侧面反映了超日太阳对上述内部控制缺陷未引起足够重视,导致上述缺陷未得到有效整改而长期存在。

2013年,超日太阳内部控制评价报告中披露了公司存在四项财报内部控制缺陷和一项非财报内部控制缺陷,并披露了缺陷整改情况。值得注意的是,超日太阳2013年内部控制评价报告内容上存在前后不符的情况,在评价结论段中称公司存在一项非财报重大缺陷,而具体的缺陷描述披露的是存在非财报重要缺陷。评价报告内容上存在重大不一致,导致公司内部控制信息披露质量大打折扣,且容易对投资者形成误导。

2. 内部控制审计报告

因2010年超日太阳股票发行上市时有聘请外部审计机构对公司内部控制有效性出具审计报告,故2010年公司在披露年度报告的同时未单独披露内部控制审计报告。2011年,外部审计机构对超日太阳出具了标准无保留意见的内部控制审计报告;2012年,公司未聘请外部审计机构对公司内部控制有效性进行认定;2013年,因在销售业务控制、资产管理控制、财务报表控制及部分重要事项决策程序和信息披露四个方面存在重大缺陷,大信会计师事务所对公司出具了否定意见的内部控制审计报告。

案例小结

从2010年10月上市至今,在短短不到四年的时间里,超日太阳不仅败光百亿身家,而且负债累累,官司缠身;"11超日债"违约,首开国内债券违约的先河;同时连续三个会计年度累计亏损30多亿元,公司股票被暂停上市,公司债券也被终止上市;因在投资管理、销售管理、财务报告内部控制及信息披露等方面存在重大内部控制缺陷引发流动性危机,资不抵债,无法清偿全部债务,超日太阳债权人提出对其进行破产重整申请,这是第一次发行债券的公司被申请破产重整;2014年6月,超日太阳破产重组进入司法程序,成为沪上首家破产重整民营上市公司。

"11超日债"债券付息违约,对缺乏责任担当的中介服务机构敲响了警钟。事实上,2013年8月2日,评级机构鹏元就因未在债券发行主体超日太阳的经营环境和财务状况发生重大变化时及时出具不定期跟踪评级报告等被深圳证监局出具警示函,这也是深圳证监局首次公开警示资信评估公司。

此外,中国债券市场的刚性兑付预期的打破,也给监管机构敲响了警钟。超日太阳公司债违约事件出现后，证监会及交易所逐步完善了交易所债券市场规则，2012年6月17日，上交所和深交所分别发布《关于对公司债券实施风险警示相关事项的通知》和《关于对公司债券交易实行风险警示等相关事项的通知》，拟从2014年9月1日开始对未达标公司债实施风险警示，受到风险警示的公司债名称前将冠以"ST"头衔。

中国债市首宗债权违约事件，在给债权人带来了实质性损失的同时，也使得投资者、中介机构、上市公司正视和重估债市信用风险，在某种意义上来说有利于资本市场的健康发展。不管是债券还是股票，都是为了改善实体企业的资本结构和现金流，为了给实体经济带来活力。然而，融资是一把双刃剑，在融资过程中，只有始终坚持规模适度和风险可控原则，构建行之有效的内部控制体系，才能将融资变为助力企业做大做强的利器。

参考文献

[1] 胡为民. 内部控制与企业风险管理：实务操作指南（第3版）[M]. 北京：电子工业出版社, 2013.

[2] 赵立新, 程绪兰, 胡为民. 上市公司内部控制实务[M]. 北京：电子工业出版社, 2010.

[3] 赵立新, 程绪兰, 胡为民. 上市公司内部控制评价实务[M]. 北京：电子工业出版社, 2012.

[4] 企业内部控制编审委员会. 企业内部控制配套指引讲解[M]. 上海：立信会计出版社, 2011.

[5] 方红星, 池国华. 内部控制（第3版）[M]. 大连：东北财经大学出版社, 2017.

[6] 王清刚. 内部控制与风险管理：理论、实践与案例[M]. 北京：北京大学出版社, 2016.

[7] 中国注册会计师协会. 企业内部控制审计工作底稿编制指南[M]. 北京：中国财政经济出版社, 2011.

[8] 田利军, 刘光才. 机场内部控制目标与要素实证研究[J]. 重庆大学学报(社会科学版), 2013, 19(1):84-91.

[9] 谢力. 内部控制要素再认识[J]. 新会计（月刊）, 2015, 11:63-64.

[10] 张莹华. 集团公司财务风险控制体系的建设[J]. 会计之友, 2013, 2(下):102-104.

[11] 卞晔峰. 基于财务风险防范的财务管理实务研究[J]. 经济管理, 2016, 1(4):140-143.

[12] 郑艳玲. 企业财务风险控制与防范对策研究[J]. 中国管理信息化, 2017, 20(16):22-23.

[13] 曾丽旋. 企业财务风险控制和预防措施研究[EB/OL]. www.chinabt.net, 2015, 11:11-14.

[14] 王阳, 高翠莲. 企业财务风险控制新思维[J]. 会计之友, 2013, 4(中):68-70.

[15] 黄婉婷. 企业财务风险控制研究[J]. 会计之友, 2013, 8(中):77-79.

[16] 李小彦. 企业财务风险管理探析[J]. 会计之友, 2012, 8(中):10-12.

[17] 陆来安. 浅谈企业财务风险管理的体系构建[J]. 中国市场, 2012(32):41-42.

[18] 孙宁. 财务风险分析与防范[J]. 冶金财会, 2010(3):38-40.

[19] 许开录. 基于价值最大化目标下企业财务风险的控制与防范[J]. 财会研究, 2006(1):45-46.

[20] 马海涛, 肖鹏. 现代预算制度概念框架与中国现代预算制度构建思路探讨[J]. 经济研究参考, 2015(34):3-10.

[21] 喻育. 预算控制在管理控制中的作用探讨[J]. 经营与管理, 2008(9):92-93.

[22] 黄卓美. 健全全面预算管理体系提升预算管理水平[J]. 社会科学（文摘版），2017, 7(2): 111.
[23] 张素会. 论全面预算管理在我国企业中的运用[J]. 经济论坛, 2011(12):203-207.
[24] 宋良荣, 江红. 基于经济附加值的企业全面预算管理研究[J]. 技术经济与管理研究, 2014(1):59-63.
[25] 陈贸平, 刘通, 黄娇娇. 基于全面预算管理的企业内部控制研究[J]. 会计之友, 2011(8): 96-97.
[26] 徐驰. 关键绩效指标在企业绩效管理中的应用[J]. 经济管理（文摘版），2016, 4(13): 142-142.
[27] 任洪正. 加强企业绩效考核与绩效管理分析[J]. 科研, 2016, 7(25):114-114.
[28] 陈世芬, 朱辉. 浅析绩效沟通在绩效管理中的误区及对策[J]. 经济, 2016, 7(13):110-112.
[29] 王明霞. 资金集中管理存在的常见内部控制问题及建议[J]. 中国国际财经(中英文). 2017(4):125.
[30] 王辛辛. 企业货币资金内部控制的重要性及途径[J].财经界, 2015(8):69.
[31] 杨丽君. 企业集团资金集中管理的现金池模式分析[J]. 企业改革与管理, 2014(16):2.
[32] 伍显清. 集团资金管理优化问题浅析[J]. 财经界, 2013(27):73.
[33] 白万纲. 资金集中管理概述[EB/OL]. http://blog.sina.com.cn/s/blog_4b2fce870102vzyc.html##3.
[34] 戴高城. 浙江最大航运企业负债 84 亿宣告破产：该来的总会来[EB/OL]. 澎湃新闻, 2016.10.28. http://finance.qq.com/a/20161028/004507.htm?pgv_ref=aio2015&ptlang=2052
[35] 代秀辉. 雀巢怎么了:48 天卷入 5 起负面事件 暴露公司管理隐患[EB/OL]. 法治周末, 2017-08-29. http://finance.sina.com.cn/chanjing/gsnews/2017-08-29/doc-ifykkfat1959410.shtml.
[36] 侯隽. 雀巢而立之年的信任危机[J]. 中国经济周刊, 2017(33):54-55.
[37] 陈奇锐. 突围：核心力营销[M]. 上海：上海交通大学出版社, 2008.
[38] 童楚平. 华为流程管理体系介绍[EB/OL]. http://blog.sina.com.cn/s/blog_83cf11ae0102vgvj.html.
[39] 华为流程变革之"道法器术". 中国信息产业网-人民邮电报（北京）[EB/OL]. http://news.163.com/16/1024/09/C44Q8OQT00014SEH.html.
[40] 秦爱英. 从万科的特色内部控制看房地产企业内部控制问题[J]. 现代商业, 2012(35):141.
[41] 梅路瑶, 杨汉明. 从万科看战略导向的内部控制[J]. 财务与会计(理财版), 2014(6).
[42] 程双霞. 浅谈万科集团内部控制[J]. 技术与市场, 2011(7):318.
[43] 刘华, 张冉冉. 万科内部控制的特色及启示[J]. 财务与会计(理财版), 2011(8):13-16.
[44] 王石. 规范化流程化 万科以制度成就霸业[J]. 现代营销(创富信息版), 2017(8):40-41.
[45] 万晓晓. 超日太阳资金链断裂详情[N]. 经济观察报, 2013-01-07.